破译历史真相系列 ③

历史大丑闻

我们不可不知道的历史事实

HISTORY'S GREATEST SCANDALS

ED WRIGHT ［澳］埃德·赖特 著 李天紫 译

群 众 出 版 社

读点

即使是世界上最优秀、最有智慧、最有钱有势的人，也无法保证不掉链子。本书全面介绍历史上的大丑闻。这些奇特的丑闻玷污，甚至毁灭了许多成就辉煌的大人物。在书里，你会发现，谋杀、欺诈、勒索、变态、叛国等种种令人难以启齿的丑恶行为早已渗透到了社会的最高层。

虽然我们生活在一个私欲膨胀的时代，被媒体所左右，被安然公司亿万逃税案之类的事件所包围，然而，对于丑闻，我们却一如既往地充满好奇心。

丑闻无处不在！越是上流社会，就越容易滋生丑闻。追逐利益的人受到诱惑，去破坏规则；其他人则不能控制自己的欲望。丑闻，哪怕是些许的丑闻，都极有可能被爱嫉妒的人们所利用，成为将无辜者拖下水的可怕工具。

美国前总统比尔·克林顿。在“莫妮卡门”事件中因伪证和妨碍司法公正遭到弹劾动议。1998年

丑闻的动机犹如宝石，棱角颇多。贪婪、欲望、嫉妒、无能乃至纯粹的变态只不过是产生丑闻的部分动机，性欲无疑才是导致腐败的最常见原因。英国的普罗富摩就是典型的例子。这位大权在握、大腹便便的矮胖子终因贪恋美色，被欲望拖下了水。同样，比尔·克林顿也因为不光彩的性行为差点儿付出了总统宝座的代价，还由此大大损毁了他第二次担任美国总统时期的政治声誉。值得注意的是，克林顿并不是第一个陷入性爱丑闻的美国总统。托马斯·杰斐逊与黑人女佣有染，并生有子嗣，受到联邦政府中敌对势力的攻击；沃伦·哈丁的

费迪南德·马科斯和妻子伊梅尔达把菲律宾的国库当成了私人银行

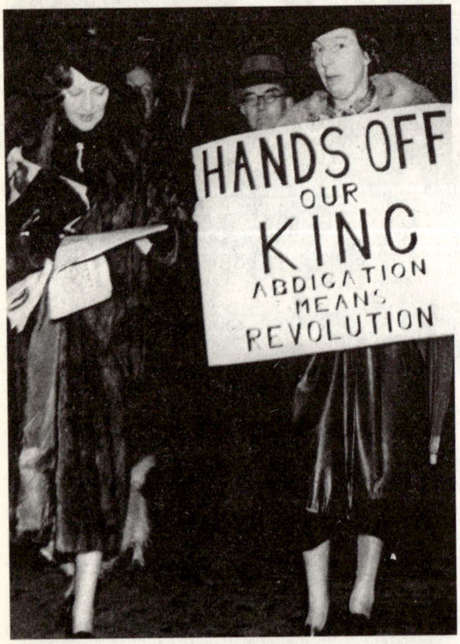

愤怒的人群抗议国王爱德华八世逊位，把指责的矛头直接对准他的情人、离过婚的沃利斯·辛普森

情人试图利用他们之间隐秘的爱情关系进行敲诈，胁迫他作出对德国有利的决策。

然而，最近一些最敏感的性丑闻却与传教士有关。在电视福音传道的美妙世界里，福音传道者们一边靠着信众的供奉大吃大喝，一边与妓女和女秘书友好交往，电视网络成了他们最偏爱的谋取私利的工具。吉米·史华格和金·贝克以上帝的名义行骗，被抓住时都来不及提上裤子。

窥测隐私和闲话八卦的人们对带有污点、变态性质的性丑闻尤其着迷。长期以来，同性恋被视为社会的异类，竭尽自我丑化之能事的史华格和贝克之流就常常打着上帝的幌子谴责他们。卫理公会神职人员的身份没能阻止前津巴布韦总统卡南·巴纳纳吸毒和鸡奸男职员的不光彩行径。牢牢锁在同性恋柜子里的还有俄国作曲家彼得·柴可夫斯基，心理上备受同性恋的折磨。性倾向暴露后，有人甚至劝他自杀。同样，英国前自由党领导人杰里米·索普在被同性老情人告发之后，曾想用不正当手段抹去自己的性历史。

本书其他人物的性取向更为古怪。澳大利亚作曲家珀西·格兰杰那满脑子北欧人种优越论的母亲用强硬的手腕挥动鞭子，驱使他走向成功。萨德侯爵因为各种变态性行为，包括把刀子刺进女仆的臀部，多次被丈母娘送进监狱。“施虐狂”一词就起源于他。还有谣传说，凯瑟琳大帝喜欢和种马做爱。但这也许只是她的仇敌故意散布的耸人听闻的谣言。

人类在偷吃禁果之后似乎就被设置了欲望的程序。罗曼·波兰斯基的人生充满骇人听闻的故事——吸毒、强奸十三岁少女。从他的成长背景看，他的行为极有可能是缺失童年纯真而诱发的一种扭曲的追寻。

一般而言，性丑闻是指特定历史时期有人对当时社会准则和道德观念的违背而引发的现象。两百年前，人们听到男人与十三岁女孩睡觉的事情连眼皮都不会眨一下。曾经一度作为主要犯罪行为的同性恋在当今西方社会却得到了广泛接受。爱德华八世不幸的遭遇提醒我们，在丑闻圈子里，社会环境和舆论该有多么可怕！由于他钟爱的女人曾经离过婚，爱德华被迫从国王宝座上退位。

美国实业家霍华德·休斯在疏于照料中令人遗憾地度过晚年。死后尸体难以辨认，不得不通过指纹鉴定来确定身份

性行为有时甚至会引发谋杀。当美国国会议员丹尼尔· 西克尔斯发现自己的妻子与美国国歌《星条旗永不落》的作者之子睡在一起后，拾掇好三把手枪，在街上拦住他，开枪把他打死了。最终，西克尔斯却以间歇性精神病为由被无罪释放。不过，这次丑闻的焦点在于，他是如何能从事件中全身而退。美国副总统艾伦·伯尔因在决斗中枪杀亚历山大·汉密尔顿，被政治对手赶出了政治圈——他甚至认为自己的行为——尽管充满悲剧——是合法的。

谋杀并非全都是有预谋的。意大利画家卡拉瓦乔在一次激烈的争吵之后，在决斗中用剑刺死了对方；卢肯伯爵莫名其妙地用一根金属管击打孩子保姆的脑袋。然而，一旦杀了人，就要为后果负责。卡拉瓦乔和卢肯虽然未曾遭受酷刑或牢狱之灾，但他们的余生都是在漫长的逃亡之路上度过的。

当然，即使丑闻制造者做足准备，也不一定意味着每次都能成功逃脱。为了逃避生意上的债务，也许是为了逃避自己的妻子，英国政治家约翰·斯通豪斯伪造了溺水身亡的假象，而后以新的身份移居澳大利亚。令人难以置信的是，澳大利亚警方误以为他是上文提到的卢肯伯爵而逮捕了他。19世纪英国商业巨头雅比斯·巴尔弗在商业活动中的为所欲为，使得许多英国人的房产和积蓄化为乌有，不少人甚至家破人亡。通缉令发出之后，他逃亡阿根廷。英国警方在那里花了三年时间，才将他缉拿归案。丑闻中，没有比成功逃脱更猛的佐料了。

如果丑闻从一开始就建立在空想的基础上，又会怎么样呢？这里最著名的是泰蕾兹·亨伯特的传奇故事。这位失去母爱的姑娘利用自己迷人的魅力，把幻想中的城堡变成了现实中的地产，还开设了豪华沙龙，供法国头面人物出出进进。她是个天生的骗子。然而欺骗一旦开始，就无法停止。贪婪冲昏了她的头脑，那缺乏根基的大厦最终还是轰然倒塌了。

或许，丑闻中最不同寻常的刺激来自那些成为间谍的人们。他们有可能为了追寻理想，享受双重身份带来的刺激，或者纯粹就是为了调节生活的单调乏味，其行为中那些需要不断判别的危险性更是为丑闻添加了趣味。安东尼·布朗特是女王艺术收藏的顾问，同时也是剑桥间谍圈子中最有影响力的人物。弗拉基米尔·彼得洛夫和他魅力四射的妻子受澳大利亚美好生活的诱惑叛逃了。然而，对有些人而言，仅有美好生活是不够的。澳大利亚总督克尔爵士颁布命令，解除总理高夫·惠特拉姆的职务就属于此类情况。惠特拉姆在经济政策方面的失误使他成为历史上自毁形象的典型。

了解丑闻制造者们自我开脱的言辞也十分有趣。“在一切顺利时，我要是能及时刹车就好了。”可是贪婪不会停止，你喂养了这个恶魔，它就一定想要得到更多。有些人，比如古怪的天才飞行家和商业巨头霍华德·休斯，本性就痴迷于那些无法控制的东西。或许从另一个角度来看，这些人可能是本书中最幸福的人物。对于他们来说，自身的“存在”就是丑闻。其他人则必须积累知识和积蓄力量才能应对所作的选择。无论如何，一旦你被抓住，那就只能是丑闻。

埃德·赖特

目录

政治上的不当行为

谋杀与神秘故事

伪先知们

逃避追缉

双重生活

隐私与变态行为

政治上的不当行为

1974年8月9日，美国总统理查德·尼克松在辞去白宫职务之后，站在演讲台前对身边工作人员宣读告别演说

动机：

愤怒
慈善
嫉妒
忠诚
贪食
贪婪
希望
性欲
骄傲
懒惰

身份问题：托马斯·杰斐逊和萨莉·海明斯

好几个小组的基因学家花费数年时间，以论证萨莉·海明斯的后代是否也是托马斯·杰斐逊的后代。此像画于1799年前后

主角：托马斯·杰斐逊（1743–1826），美国第三任总统（1801–1809）。

丑闻：与自己的黑人女奴萨莉·海明斯生了六个孩子。

原因：妻子死后，他沉迷于萨莉·海明斯——妻子同父异母的妹妹、岳父的私生女。

众所周知，这个人，就是这个为全体人民所景仰的人，把自己的奴隶当作小老婆，而且许多年来一直如此。她的名字叫萨莉，她的大儿子叫汤姆，据说他的长相和总统本人有着惊人的相似，尽管他的皮肤是黑貂皮色的。

——詹姆斯·卡伦德 《里士满记录》1802年9月

如果能够重新来过，托马斯·杰斐逊也许会任命詹姆斯·卡伦德担任弗吉尼亚州里士满邮政局局长。毕竟，过去，乃至现在，人们一直期望着，新当选的总统会用令人垂涎的美差回报自己的亲朋好友。

卡伦德是个记者，他刻薄成性，一度是杰斐逊的朋友，帮过他很多忙。1797年，杰斐逊大战政敌亚历山大·汉密尔顿之时，卡伦德就发表了震惊世人的文章，揭露汉密尔顿的风流韵事。第二年，杰斐逊发觉老朋友约翰·亚当和自己的关系有点儿古怪，卡伦德就拿出一本杂志，煽动性地嘲笑亚当总统是一个"可怕的、雌雄一体的阴阳人，既没有男子汉的力量和坚韧，也没有小女子的温柔和敏感"。杰斐逊为这本杂志提供经费，资助它攻击亚当。不仅如此，他还不停地赞扬它是一本"反映本国民众思想"的杂志。

但到了1802年，出于多种原因的考虑，杰斐逊决定和卡伦德拉开距离。此时，杰斐逊已当上总统，想要让自己的形象光辉灿烂；而卡伦德成了一个不可信赖的人，他从嗜酒如命堕落成了十足的酒鬼。也许不仅如此，卡伦德还不停地向杰斐逊要五十甚至一百美元的票子。杰斐逊烦透了那些毫无休止的信件和字条——杰斐逊的一名助手后来回忆说，总统讥骂卡伦德是"一个永远该受到诅咒的叫花子"。

> 萨莉·海明斯的母亲贝蒂是一位靓丽的黑白混血儿。萨莉的肤色几乎接近靓色……萨莉非常漂亮，她长发披肩，长长的头发一直垂到腰际。
>
> ——《伊莎卡·杰斐逊回忆录》，1847年

卡伦德想当里士满的邮政局局长，杰斐逊没有答应。请求遭到拒绝之后，卡伦德就背叛了他曾资助过的"老朋友"杰斐逊，转而投身其政治对手——联邦党的行列。他想寻找杰斐逊私生活方面的丑闻，并在联邦党的报纸上发表。很快，他就发现了一桩在弗吉尼亚早已传播的丑闻：杰斐逊有情人。1802年9月1日，在《里士满记录》中，卡伦德揭露了托马斯·杰斐逊严防死守的秘密。他写道："大家都知道，这个人，就是这个为全体人民所景仰的人，把自己的奴隶当作小老婆，而且许多年来一直如此。她的名字叫萨莉，她的大儿子叫汤姆，据说他的长相与总统本人有着惊人的相似，尽管他的皮肤是黑貂皮色的。"

联邦党抓住了杰斐逊的辫子，他们在美国各州的报纸上对此大肆宣传。几周之内，托马斯·杰斐逊和自己女奴上床的事就在全国范围内变

得无人不知、无人不晓了。

托马斯和玛莎

1772年新年，二十八岁的托马斯·杰斐逊娶了二十四岁的寡妇玛莎·斯凯尔顿。当时，杰斐逊是一名律师，还是弗吉尼亚州立议会的立法委员。他拥有土地，并为自己设计了帕拉第奥风格的豪宅，起名为“蒙提卡洛”。豪宅位于小山之巅，可以俯视他的庄园。庄园占地两千公顷。从婚姻的角度看，杰斐逊是个好对象，玛莎更是个好新娘。她的娘家非常富有，她的父亲——约翰·威利斯在奴隶交易中发了财。父亲死后，玛莎继承了父亲的所有金钱、土地和奴隶。

蒙提卡洛，托马斯·杰斐逊喜爱的山顶庄园。杰斐逊的后人埋葬在庄园的私人墓地里，但蒙提卡洛协会不允许萨莉·海明斯的后人在这里下葬

婚礼上的托马斯·杰斐逊相貌堂堂，面色红润，身材高大挺拔，身高接近两米，蓝色大眼睛清澈明亮，沙子色的头发在阳光下闪着光泽。但很不幸，我们从没有发现过玛莎的画像。在蒙提卡洛的家人、朋友和奴隶一致的回忆中，都说她身材矮小，大概只有一米五左右，浅绿褐色的眼睛，深红色的头发，轻盈而可爱。玛莎在结婚二十二个月之后失去了第一任丈夫，不久又失去了她的第一个孩子。

婚礼过后，新婚夫妇从玛莎娘家的庄园动身前往杰斐逊的庄园。他们在回去的路上遇到了暴风雪，耽搁了行程，等到达蒙提卡洛庄园时，已是深夜。此时，所有的仆人都已入睡了。

杰斐逊当时还住在一间二十平方米的小砖屋里，奴隶们正在为他修建别墅，但新庄园还没有完工。杰斐逊就把他的新娘领进了这样一个冰冷昏暗的小屋。进屋之后，杰斐逊生了火，点燃几根蜡烛，然后不停地翻找，终于在一些书下面找到半瓶酒。杰斐逊和玛莎·杰斐逊就这样在山边小屋的熊熊炉火旁，啜饮着剩下的酒——开始了他们的共同生活。

十八个月之后，玛莎的父亲约翰·威利斯死了。玛莎不仅继承了父亲的五百公顷土地，还继承了父亲的一百三十五名奴隶。这些人中有一位浅肤色的混血女人，叫贝蒂·海明斯，生有十个小孩。贝蒂·海明斯曾是玛莎父亲约翰·威利斯的情人，她的十个孩子中有六个是玛莎·杰斐逊同父异母的兄弟或姐妹。孩子中最小的女婴名叫萨莉，刚刚满一岁。

各方面文献表明，杰斐逊和玛莎是彼此相爱的。随着爱情之果的日益成熟，他们的财富也在不断增长。在家里，玛莎督促奴隶加快了修建豪华新宅“蒙提卡洛”的进度；杰斐逊在外面四处奔走演说，为了美国的独立解放事业，也为了打造最具风采演说家的好名声。但是，好运连连、爱情美满的杰斐逊夫妇还是时常感到伤心，他们六个孩子中的三个在婴儿期就早早死去了，另一个在蹒跚学步时也不幸夭折。更糟糕的是，连续的怀孕使玛莎的身体变得越来越虚弱了。

1782年5月8日，玛莎又生下了一个女儿，夫妇俩为她取名叫露西·伊丽莎白。十二天之后，杰斐逊在给他的朋友詹姆斯·麦迪逊的信中写道：“杰斐逊夫人又给我们家添了位姑娘。从那时起，她就处于危险之中。这种情况还在继续恶化。”

玛莎在死亡线上挣扎了四个月。这段时间内，她的丈夫从没有离开过她。托马斯搬到了一间和储藏室差不多的小屋。屋子临近妻子的房间。贝蒂·海明斯是照顾玛莎的佣人之一。有一天，也就是玛莎临死之前，她要来纸、笔、墨水，还有劳伦斯·斯坦恩的小说《崔斯特瑞姆·沙蒂》。这是杰斐逊夫妇喜爱的一部小说。她把小说翻到其中一页，握着笔抄下特别令人伤感的一段：“白白流走的时间去得太快：我追寻的每封信都在告诉我，生活随着笔端飞速地溜走。时间像风天里的云彩一样，一分分、一秒秒地从头顶飞过，一去不复返了——一切都在匆忙地向前奔去。”这时，杰斐逊从妻子的手中拿过笔，接着抄道：

“每一次亲吻你的手向你告别，随之而来的都是离别的空虚，都是我们不久就要永别的序曲。”

托马斯·杰斐逊在他的余生中保存了这张纸。他死后，家人在他书桌的一个秘密抽屉中发现了它。那带有皱褶的纸片卷起的四角表明，杰斐逊不止一次地反复诵读过它。纸张的褶皱里还夹着玛莎·杰斐逊和他们失去的两个孩子的发丝。

1782年9月6日早晨，一切都要结束了。玛莎躺在床上，等待死神的来临，她请求杰斐逊不要再婚，说一想到自己的孩子将要受到后母的管控，她就无法快乐地死去。杰斐逊握着妻子的手，认真地发誓，永不再婚。他是一个言而有信的人，他遵守了自己的承诺。

一席之地

玛莎·杰斐逊去世时，萨莉·海明斯只有九岁。作为海明斯家族的人，萨莉在蒙提卡洛庄园享有其他奴隶没有的特权。大多数奴隶都在杰斐逊的庄园里干着肮脏繁重的农活，海明斯一家却在蒙提卡洛的室内干些轻活或者成为手艺人。即使从外表看，海明斯家的人也在这个家庭里占有一席之地：庄园里的奴隶大多穿着不合身的粗布衣服，而海明斯一家人却穿着棉麻织成的细布衣裳，裁剪也很合体。1847年，七十二岁的伊莎卡·杰斐逊——蒙提卡洛庄园以前的奴隶，向一位名叫查尔斯·坎贝尔的男子口述了一本传记。伊莎卡形容贝蒂·海明斯是“一位靓丽的黑白混血儿”，意思是她的肤色浅亮。对贝蒂的女儿萨莉，伊莎卡的描述是，“萨莉的肤色几乎接近白色……萨莉非常漂亮，长长的头发一直垂到腰际”。

> 杰斐逊的辩护
>
> 对他们其中的一项指控我表示服罪。在我年轻而且单身一人的时候，我把自己的爱献给了一位靓丽的女郎。我承认这是不对的。这是他们对我的所有指控中唯一具有事实根据的……
>
> ——摘自托马斯·杰斐逊写给海军部长罗伯特·史密斯的信，1805年7月1日

1784年，刚刚十一岁的萨莉有了第一份明确的工作——在杰斐逊家照看他六岁的女儿玛丽，陪她玩耍。1787年，杰斐逊任美国驻法国大使，他派人把大女儿玛莎、二女儿玛丽，以及萨莉接到了巴黎。到巴黎后不久，杰斐逊就提升萨莉做女儿玛莎的贴身女仆。萨莉作为贴身女仆，搬进了法国罗斯蒙特皇家修道院，杰斐逊的女儿们就寄宿在这家修

道院里。可以肯定的是，杰斐逊当时安排萨莉进去是为了让她学做针线活和浆洗优质衣料的手艺——这是当时贴身女仆都要掌握的技能。没有任何文献资料表明托马斯·杰斐逊在法国时就和十来岁的萨莉有了暧昧关系。1789年，他们返回蒙提卡洛庄园，萨莉继续在庄园服侍杰斐逊一家。

1795年，萨莉有了第一个孩子，是个女孩，萨莉为她取名哈莉特。这个孩子不到两岁就死了。后面又相继有五个孩子出世：儿子，博文利（1798年）；女儿，死于襁褓（1799年）；女儿，哈莉特（第二）（1801年）；儿子，麦迪森（1805年）；儿子，艾斯登（1808年）。萨莉·海明斯从未结过婚，也从未和蒙提卡洛庄园或附近街区的其他男人有过交往。两百年来，蒙提卡洛地区谣言不断。萨莉·海明斯后代口口相传的故事却一致声称，托马斯·杰斐逊是萨莉所有孩子的父亲。

所有官方文献都证实，托马斯·杰斐逊在妻子死后一直独身，是个孤独的男人。然而，这些消息也告诉我们，萨莉 ·海明斯是个年轻漂亮的女人，她没有依附于任何人——她是杰斐逊家人圈中深受信赖的仆人。现有记录对一个疑点没有记述：萨莉·海明斯与她同父异母的姐姐是否长得相像？由于从来没有发现她们的肖像，我们也就无法得知真相。由于想念亡妻，杰斐逊才和萨莉发生关系的说法只是猜测。但随着时间的推移，猜测变得耐人寻味起来。

DNA检验

将近两百年间，有关杰斐逊的传记对杰斐逊和萨莉·海明斯之间的关系都闪烁其词。居住在蒙提卡洛、经营着大农场的托马斯·鲁道夫，是杰斐逊的长孙，也是其祖父遗嘱的执行人。他郑重地声明："从没见过哪怕是一个举动或一个眼神，能使他产生瞬间的怀疑，证明杰斐逊先生和萨莉·海明斯之间有丝毫的暧昧关系。蒙提卡洛没有人会做这样的想象！"鲁道夫认为，彼得·卡尔（杰斐逊姐姐的儿子）才是萨莉孩子的父亲，说这也能解释海明斯的孩子与杰斐逊家族的人长得相像的原因。

1873年，《派克县共和党报》的编辑S.F.韦特莫尔采访了麦迪森·海明斯。采访中，麦迪森称“我的父亲，托马斯·杰斐逊”，声称他母亲曾跟他说过，他的父亲是美国著名的开国元勋。

托马斯·杰斐逊1805年在一封信中，也曾拐弯抹角地提起过这件丑闻。“我对（联邦党）的指控表示接受，”杰斐逊写道，“年轻时单身以后，我把爱献给了一名漂亮的女士。我承认这是不对的。他们对我的所有指控中，这是唯一具有事实根据的事情。”

此后，这桩丑闻一直停留在人们的闲言碎语和猜测之中。直到1997年，弗吉尼亚大学（托马斯·杰斐逊创建的学校）的病理学教授尤金·福斯特博士带领一组基因学家，从费伊德·杰斐逊（托马斯·杰斐逊的叔叔）、约翰·卡尔（杰斐逊爷爷的外甥卡尔）、艾斯登·海明斯（萨莉最小的儿子）、托马斯·伍德森（其后人称他是托马斯·杰斐逊和萨莉·海明斯的大儿子）等人的后代身上采集到了基因样本。由于托马斯·杰斐逊和妻子玛莎所生的儿子没有活过婴儿期的，托马斯·杰斐逊本人没有直系男性后代，这一点成了后来DNA检验中的关键。

福斯特博士和他的团队在杰斐逊–海明斯–伍德森的后代中通过不同的基因配对，寻找杰斐逊的染色体Y——这是父亲遗传给儿子的染色体，也是父亲身份的标志。专家们研究了基因样本之后，有以下三点发现：一、费伊德·杰斐逊和托马斯·伍德森的后代之间没有血缘关系。尽管伍德森的后代坚持认为他们是托马斯·杰斐逊和萨莉·海明斯的后代，但当时没有官方记载证明伍德森是萨莉的孩子，现在也没有DNA支持这种说法。二、约翰·卡尔和萨莉·海明斯的后代之间没有血缘关系。这排除了托马斯·鲁道夫关于杰斐逊的外甥彼得·卡尔是萨莉·海明斯孩子父亲的说法。三、基因学家在艾斯登·海明斯家族的男性后裔身上的DNA血样中发现了杰斐逊的染色体Y。

DNA的检验结果，还有官方文件都表明，萨莉·海明斯所有六个孩子出世之前的至少九个月内，托马斯·杰斐逊就在蒙提卡洛庄园。福斯特博士及其团队根据这些事实，得出了“最简单而又最有可能”的数据解释：托马斯·杰斐逊是艾斯登·海明斯的父亲，很可能也是萨莉·海明斯其他五个孩子的父亲。

然而，这份报告并非没有疑点。由于托马斯·杰斐逊没有子嗣，DNA研究结果找到的只是杰斐逊家族共有的染色体Y，而不是托马斯·杰斐逊本人特有的染色体。

DNA报告的反对之声

> **遗传学家来救援**
>
> 经过多次DNA检测，遗传学家在艾斯登·海明斯（萨莉·海明斯的小儿子）男性后代的DNA样本中发现了杰斐逊家族的Y染色体。但是，这不能证明杰斐逊就是艾斯登的父亲，仅仅有这种可能。也许，其他文字记录和名人轶事中的证据甚至更加可靠。

托马斯·杰斐逊基金会——杰斐逊遗产、蒙提卡洛庄园的法人代表和经营机构，也是美国托马斯·杰斐逊各个方面生活的主要研究机构，对福斯特等人的研究作出了回应。他们出资验证DNA检测报告的有效性，并调查历史文献记录中与杰斐逊–海明斯事件相关的史料。2000年1月，该基金会发布报告称：DNA化验报告、现有文献记载以及数据证据构成的多种证据线索综合在一起，表明托马斯·杰斐逊是艾斯登·海明斯父亲的概率极高，也极有可能是有关杰斐逊的记载中所说的萨莉·海明斯六个孩子的父亲。

托马斯·杰斐逊基金会在呈递报告表示接受福斯特博士相关研究成果的同时，还附上了一份来自少数人的报告。这份报告对基因学家的结论提出质疑，反对意见主要集中在福斯特博士所用的术语“高概率”和托马斯·杰斐逊基金会使用的术语“极有可能”上。由于托马斯·杰斐逊和玛莎·杰斐逊夫妇没有直系男性后代，还因为在萨莉·海明斯的生育期内，杰斐逊家族大概有二十五名男性成员生活在弗吉尼亚州，少数派报告辩驳说，“最恰当的说法应该是，福斯特博士的报告强化了托马斯·杰斐逊是艾斯登·海明斯父亲的可能性”。这份报告还指出，“DNA报告无法证明托马斯·杰斐逊就是艾斯登的父亲，更不用说是萨莉·海明斯其他五个孩子的父亲”。

除了强调“高概率”和“可能性”术语之间在意义上的差别外，这份少数派报告还提出，虽然福斯特博士和杰斐逊基金会认为他们的结论很慎重，实际上，引导他们作出结论的是DNA检测报告中带有结论性质的“高概率”和“极有可能”等概念，但普通公众会根据福斯特和杰斐逊基金会的报告，误以为托马斯·杰斐逊和他的女奴萨莉·海明斯长期保持关系，并且生有六个孩子是一个确定无疑的事实。少数派报告的撰写者辩论说，基于现有的DNA样本不完整（也就是说没有托马斯·杰斐逊本人的取样），最好的说法是，杰斐逊“可能真的是艾斯登·海明斯的父亲”。他们辩解道，考虑到没有任何具体证据，要断言托马斯·杰斐逊是萨莉·海明斯其他五个孩子父亲的说法纯粹是猜测之词。

就这样，两百年来挑起历史学家、专家、作家和公众的闲话还将延续。对于日益火热的辩论，托马斯·杰斐逊直系后裔和蒙提卡洛协会采取了“等着瞧”的态度。蒙提卡洛协会拒绝接受萨莉·海明斯后代提出的要求承认其家族成员合法身份的申请，也不允许海明斯的后代葬在托马斯·杰斐逊家族的私人墓地——在蒙提卡洛，杰斐逊家族成员享有专用墓地。

萨莉·海明斯六个孩子的状况如下：

哈莉特（第一）（1795–1797）。文献资料表明，这是萨莉·海明斯的第一个孩子，不到两岁就死了。

博文利（1798–1822年以后）。杰斐逊让萨莉的这个儿子学了木工。他也是一位具有天赋的音乐家。杰斐逊的女儿曾提到过，在家庭舞会上，博文利总是弹奏舞会的音乐。博文利皮肤白皙，几乎可以视为白人。杰斐逊从没有正式许诺给他自由，但这位年轻人在1822年离开蒙提卡洛，开始了他的白人生活。他移居马里兰，与一位白人姑娘结了婚，生有一个女儿。但现在，博文利·海明斯这条线似乎已经断了。博文利死亡的日期无人知道。

女儿（1799–1800）。襁褓中夭折的孩子，她的名字在任何杰斐逊的文献中都没有找到。

哈莉特（第二）（1801–1822年以后）。十四岁之前，哈莉特一直生活在蒙提卡洛庄园或附近地区，她没有正式工作，只是偶尔为杰斐逊家族做点儿事。之后，她得到了令人垂涎三尺的好工作，在庄园的“服装厂”纺纱织布。和哥哥博文利一样，她看上去也像白人。杰斐逊也没有正式解放哈莉特的决定。1822年，她离开蒙提卡洛到华盛顿特区定居，并在那里和白人结了婚。夫妇俩生有孩子，但基因学家已无法找到他们的后代。她的死亡日期不详，但弟弟麦迪森1873年说他已经十年没有姐姐的消息了。

麦迪森（1805–1877），与哥哥博文利一样，麦迪森学到了木工手艺。他的肤色很浅，却不如博文利和哈莉特那么白。杰斐逊在他的遗嘱中解放了麦迪森及其弟弟艾斯登和母亲萨莉·海明斯。杰斐逊死后，他们一家住在弗吉尼亚州的夏洛茨维尔。麦迪森在那儿和一位获得自由的混血女人结了婚。1835年萨莉死后，麦迪森和妻儿移居到南俄亥俄州，在农场干活。1873年3月13日麦迪森在《派克县共和党报》上刊登长篇回忆录，称托马斯·杰斐逊是他的父亲。麦迪森夫妇生有十个孩子，他的许多后人如今仍然健在。

艾斯登（1808–1856）。艾斯登是海明斯所有儿子中最有天赋的一个，木匠，以制作壁橱闻名。他也是很有成就的小提琴家，在移居俄亥俄州后自己组建了舞会乐队。杰斐逊的遗嘱解放了艾斯登。他与一位获得自由的混血女人结了婚。母亲萨莉死后，他与家人一起移居到了南俄亥俄州。后来全家人搬到威斯康星的麦迪逊地区。再后来，艾斯登死后就埋葬在了那里。

动机：

愤怒
慈善
嫉妒
忠诚
贪食
贪婪
希望
性欲
骄傲
懒惰

凡事都要克制：雅比斯·巴尔弗

主角：雅比斯·巴尔弗（1843–1916）。英国自由党国会议员、金融家、房地产开发商。

丑闻：陷入七百万英镑巨额债务，丢下无数愤怒的投资者逃往布宜诺斯艾利斯，使他们倾家荡产。

原因：贪婪导致腐败，妄自尊大使他置法律于不顾。

1895年，雅比斯·巴尔弗因阴谋罪和欺诈罪被逮捕。画面描述的是他在伦敦笆尔街警察局看守所的情景

你无法永远堵上耳朵，去忽视那些被你毁掉的寡妇和孤儿的哭喊声。

——布鲁斯法官，在巴尔弗审判会上

1895年11月28日，在法庭的被告席上，一个胖得难以形容的矮个子男人正等候判决。他脸颊发红，嘴唇上留着短短的山羊胡子，浓密的络腮胡子遮住了下巴。他就是雅比斯·斯宾塞·巴尔弗。他刚刚被英国总检察长理查德·韦伯斯特爵士以欺诈罪提起公诉，法庭宣判罪名成立。这位前国会议员、克罗伊登市市长是一名自由党人，他崇尚自由，提倡自我克制，鼓吹不因循守旧。可是，把这位金融家兼房地产开发商送上被告席位的，恰恰是他自己的职业生涯。这个人精力极其充沛，金融天赋过人，但他的才华却全部用在了欺诈上；他气势汹汹，咄咄逼人，滥用民众的信任，使成千上万投资者的希望化为泡影。那些大大小小的投资者有的自杀了，有的一辈子辛辛苦苦积攒养老金，却命中注定要在狄更斯济贫院里了度余生。当时，一家报纸甚至这样形容这起不可思议的欺诈案："自从南海泡沫以来，雅比斯的恶行带给英国家庭的悲剧是任何事情都无法比拟的！"

雅比斯是他们家七个孩子中最小的一个，聪明过人。雅比斯的母亲在很早的时候就发觉，他有在公众面前演讲和说服众人的天赋，他的身上潜伏着不道德的因子

雅比斯穿着金钱所能买到的最昂贵的西装，表情镇定，脸上没有露出一丝焦虑，他耐心等待着国会里的旧日同事、保守党党员盖恩斯福特·布鲁斯大法官宣布对其他同案犯的判决。雅比斯希望自己被判处八年徒刑。但是，布鲁斯法官用严肃的语调陈述道，在法律面前，身居高位的人和普通小偷应该负有相同的责任。顷刻之间，雅比斯那天生的乐观化为了灰烬。他被判处两个七年的有期徒刑，必须连续服刑。这几乎是他先前估计的两倍。雅比斯继续保持着不可一世的面孔。他的律师冲出法庭，在雅比斯被送进监狱之前买来了三明治和香槟，送到了他呆的候审室。这是这位自我节制的倡导者兼品酒专家，在此后十二年中喝到的最后一滴酒。

恶棍的身世

雅比斯·巴尔弗爬上社会高层的过程本身就非同寻常。他的母亲克拉拉是怀特岛上一个屠夫和牛贩子的私生女。克拉拉的父亲死后，她的母亲，二十九岁的莎拉，带着九岁的克拉拉来到伦敦，靠针线活勉强度日。十五岁时，克拉拉与吉米·巴尔弗结了婚。吉米是一家小杂货店的老板，比她大十二岁。他爱喝一种叫作格洛格的烈性酒，总是饮酒过量。克拉拉不得不为自己找了一份工作：在公共社区做巡回演讲，讲解酗酒的危害。她把自己的丈夫也拉入了禁酒讲解师的行列，向生活在伦敦贫民区的人们讲述自己的亲身经历。

雅比斯生于1843年，是七个孩子中最小的。他出生时，家庭状况已大为改善。父亲吉米此时已经是下议院的一名小官员，母亲克拉拉则成为英国颇有名气的禁酒演说家之一。克拉拉在整个英格兰、威尔士、爱尔兰都很受追捧，赢得了大批粉丝，也挣得了可观的收入。她的演讲风格和内容都很受欢迎。小雅比斯常陪伴母亲做巡回演讲。克拉拉察觉到了儿子的早熟，但她更相信他的聪明，开始为他的道德感担忧。她在给大儿子詹姆斯的一封信中写道，雅比斯将来“要么好，要么坏，他身上没有任何消极的东西”。作为职业演说家，她很可能发现儿子继承了自己那具有煽动性和说服力的“演讲口才”，身上潜伏着某种不道德的因素。

雅比斯在法国和德国接受教育。毕业后，他凭借父亲的影响谋到一份差事，在议会里做事。二十岁时，雅比斯娶了一位伦敦绅士的女儿——艾伦·瑞德，她比他小两岁。他们住在萨里区怀特波斯特山边一幢舒适的房子里。

污迹斑斑的攀爬之路

雅比斯最初涉足商业圈，与他从事禁酒活动的家庭有关。他继承了父母的政治才能，成了一名引人注目的自由党人。但是，考虑到他的行为，这看上去更像是投机，而不是信仰。

英国自由党改革的社会平台主要是鼓励金融独立。自由主义者们相信，让辛勤工作的人拥有自己的房子是道德的，有助于社会健康发展。其中，建筑协会就是帮助穷人实现这种理想的机构之一。1868年，雅比斯的姐夫——牧师道森·伯恩斯成立了解放者建筑协会，着手帮助社会上那些不守规矩的人实现他们拥有自己房屋的理想。解放者建筑协会打出了“自由之家造就自由之人”的标语，这个名字很快和反教会的自由协会连在了一起。这是一个很有影响力的抵抗组织，其使命就是使教会和国家政权分离。协会最初的工作人员大部分是不循规蹈矩的牧师，他们大多在神职生活费用方面存在问题。

为了实现这项富有理想和进步色彩的事业，牧师道森·伯恩斯把自己的小舅子约翰和雅比斯·巴尔弗也吸收进来。1870年，雅比斯已经取代哥哥的位置，当上了公司秘书。不久，他又成了常务董事。解放者建筑协会是公司的核心组织，但很快就变成了众所周知的“巴尔弗集团”，他们与金融、地产以及建筑行业相互勾结。这些机构包括买地建房的土地分配公司、具有强大关系网的住房和投资信托公司、为解放者组织平衡贷款账目的伦敦银行和一些普通的储蓄银行、一座砖瓦厂，还有一些建筑公司，如备受争议的赫伯斯有限责任公司等。

雅比斯·巴尔弗的政治

虽然最终成为一个实用主义者，但雅比斯是一名自由党人。他关心政治，经常在国会发表政治见解，包括爱尔兰地方自治、政教分离、禁酒事业（尽管他相当偏爱白酒和酿酒行业，并且在托恩酒店销售他的伯恩利香槟）、废除世袭贵族制度和妇女选举权。他五次参加竞选，两次获得成功，分获1880—1883年塔姆伍兹议员席位和1889—1893年伯恩利议员席位。

解放者建筑协会创建初期的理想是非营利机构；但它后来的成功，却完全摧毁了这一最初理想。1879年，公司在成立仅仅九年之后，就发展成为英国最大的建筑公司。此时，他们的贷款既面对反抗派人士，也贷给圣公会的信徒。而雅比斯，由于生意出乎意料地兴隆顺畅，他的社会野心也骤然膨胀。从当时情况来看，任何事情皆有可能！

到1879年为止，雅比斯一直住在克洛伊登市没什么名气的萨里小镇上。不过，那时的他已经从不怎么样的小屋子搬到了镇上最好的住宅区——韦尔斯利公寓。在那里，他过着奢侈的生活，娱乐活动不断。巴尔弗集团经常在克洛伊登附近举行活动，给这一地区带来了繁荣。雅比斯也慷慨地把自己的时间和金钱花在这里。克洛伊登市在1883年获得了自治权，这其中的部分原因要归功于他的努力。他当选了克洛伊登市市长，付出得到了应有的回报。此时，他已是自由党的国会议员，占据了格莱斯顿政府为塔姆瓦斯市沃里克郡设立的席位。雅比斯的影响力逐日上升，在社会上赢得了“有钱但富有爱心，精明却有良心”的好名声。

家族事业

如果说雅比斯在生活中有什么不顺心的事，那就是他的妻子艾伦患上了精神分裂症。雅比斯一直照顾着她，直到1880年她的状况变得很糟为止。那一年雅比斯被推选到国会，不得不把妻子送进了精神病院。他为她挑选了位于雷汉姆普敦的普莱尔医院，并且选择了最好的医疗方案。这家医院当时是上流社会就诊的场所，现在已变成迎合大众口味的医院了，一些名人，如超级名模凯特·摩斯等滥用药品的人就曾在这里医治。

雅比斯并不总是对身旁所有的人表现得都很温柔。当他的哥哥约翰对巴尔弗集团的董事们给自己发放好处费的做法提出质疑时，雅比斯就没给他好脸色看。相反，他捏造事实，控告约翰挪用了塔姆瓦斯砖瓦厂的公款，露出了他冷酷无情的真面目。雅比斯买下砖瓦厂的目的，是在镇上为自己夺取国会议员的席位铺平道路。他安插哥哥约翰经营这家工厂，许诺给约翰每年一千英镑的年薪，但他秉承自己的一贯作风，没有与约翰签订合同。等到公司上市时，公司财务需要通过审核，约翰陷入了困难境地。雅比斯却翻脸无情，义正辞严地拒绝了哥哥需要帮助的请求。兄弟俩在此后的十年中就再没有说过话。

雅比斯天赋惊人，但有点儿目光短浅。目光短浅，往往是导致飞黄腾达的大亨们垮台的主要原因。雅比斯性格中就有这些东西。作为家中最小的孩子，他被惯坏了。他懂得如何逃脱谋杀的罪责；作为议会成员，他相信法律不再适用于他；作为十足的乐观主义者，他认定凡事皆能搞定。然而，1885年，雅比斯引人注目的公众生活第一次向他敲响警钟——他在塔姆伍茨地区的议员席位因名额重新分配而被取消。雅比斯为了重新成为国会议员，开始四处奔走，争取新自治的克洛伊登市的席位，但他反对为克洛伊登新修一条铁路，而使名声受损——因为他感兴趣的是已有的铁路。保守党中的政治活动家们乘机攻击雅比斯对普通大众和圣公会教徒都是直接的威胁。结果，雅比斯以巨大的票差输给了保守党的候选人。

这一次，雅比斯被镇上忘恩负义的小人害苦了。他曾经为这个小镇付出那么多！1887年，他搬到了伦敦。在伦敦，他住在环境宜人的海德公园，占据一所有益于身心健康的住所。他还购买了伯克特大楼——一幢位于剑桥郡泰晤士河边的乡间别墅。他在这座房子里雇佣了几十名仆人，有大量的酒品收藏。周末，他在这里宴请宾客，娱乐活动极尽奢侈，有游泳、划船，还有装有奇光异彩的室内灯光网球场，可以在晚间打球。所有这些，都是用他担任巴尔弗集团董事职务期间发给自己的巨额奖金支付的。

雅比斯移居伦敦之后，巴尔弗集团放弃了它成立之初的理想，人们可以在解放者建筑协会大门外面看到这样的口号："投资者无须申请。"这个协会逐渐参与到了投机活动之中，为富人开发精品房地产。比如，白宫花苑就建有液压升降设备、豪华装修码头和照明设备等，而稍小些的海德公园公寓大楼还配有法国厨师和个人贴身仆从。雅比斯就是白宫花苑的第一个房客。白宫花苑与巴尔弗集团修建的国家自由俱乐部比肩而邻。

一幅讽刺漫画。上面是大腹便便的雅比斯·巴尔弗。发表在英国杂志《名利场》上。1892年

捏造事实

有钱之后，雅比斯依然执著于政治。1888年，他在约克郡的唐卡斯特补选中遭遇失败；1889年在兰卡郡的伯恩利竞选中取胜。然而，重返国会之际，他的公司却遇到了麻烦。当时，只有少数内部人士意识到了这个问题。很长时间以来，巴尔弗集团的繁荣昌盛都是虚构的。雅比斯和他的亲信并没有把股份分成作为获益的手段。相反，他们一直回赠自己想要的任何东西。为了保证骄淫奢侈的生活，他们编造了公司的资产

负债表。而这，并不是解放者建筑协会成立之初想要鼓励的生活方式。

雅比斯·巴尔弗和其亲信给自己送出了钱财大礼包。他们主要用以下手段，来证明这些来路不正的钱财的合法性：首先，在自己控股的公司之间通过高价转让资产（主要是土地），制造虚假账面收益。通过这种方式，就可以把钱以银行存款或股东投资的形式汇入这伙人的钱包。然后，他们继续在不同公司之间转来转去，创造出财务状况良好的假象。比如，以一万英镑的价格把一块土地或房地产出售给巴尔弗集团控股的另一家公司，然后再以一万五千英镑的价格转手卖给另一家公司，如此等等。最终结果是，巴尔弗公司强大的财政优势大部分来自对自己资产的虚假高估值。这种虚幻的假象，又通过那些耳软心活或者不称职的经济核查师得到强化。他们，与大多数股东一样，很容易被雅比斯的口若悬河所迷惑，很少有机会向董事会讲出真相或自己的担心，雅比斯也设法用自己非凡的自信和气势削弱这股力量。

这是大规模的欺诈。到1889年时，媒体得到风声，开始了解到庞大的巴尔弗帝国的心脏里有腐烂的东西。第一个发出不和谐声音的是《金融时报》，紧接着是《经济学家》。尽管受到来自媒体的攻击，雅比斯还是秉承一贯作风安抚投资者们，让他们确信钱放在最好的投资家手中。从某种程度讲，他也别无选择。他已经超越了三八线，想回头都难了。如果他承认他的罪恶，那些公司顷刻间就会在他的四周轰然倒塌；但如果一路高歌谎言，或许还有机会把股价提高到一定水平，使得公司的高负债率降到市场可接受的程度，从而迎来公司的又一个繁荣春天。但对雅比斯来说，很不幸的是——1890年英国巴林银行在阿根廷轻率的投资触发了经济衰退，使得这一切都不可能了！

尽管前景黯淡，雅比斯还是告诉股东们一切都好！到1891年年底，懂行的人都清楚，巴尔弗集团的建筑公司之一——赫伯斯有限责任公司遇到了严重的麻烦。这家公司由雅比斯在克洛伊登的一个亲信经营，巴尔弗的其他子公司聚集在它的周围，因为这家公司欠了它们的钱。如果赫伯斯公司垮了，很可能整个巴尔弗帝国都会像火柴盒一样倒塌。1892年初，雅比斯一边告诉股东们伦敦的银行总部需要融资，一边悄悄卖掉他自己手中的股票，取走了所有款项。他为生病的妻子设立了基金，然后，把剩余的钱像松鼠一样为自己藏了起来。

1892年8月，赫伯斯有限责任公司倒闭。公司债务巨大，连累巴尔弗集团的另一家子公司——伦敦银行总部，欠款共计二百万英镑。同年的9月2日，伦敦银行挂上了“歇业”的牌子，关门大吉了。

雅比斯试图以自己的方式解释这场危机。他辩解说，集团公司只要再追加二百五十万英镑，就能摆脱暂时的财务困境。然而，到12月份时，破产管理署的官员认定，巴尔弗集团公司负债总计高达七百万英镑——以现在的汇率计算，大约值五亿英镑或十二亿美元。清算官员估计，约有两万七千英镑可以收回，其中还有一万美元是巴尔弗集团欠银行的。然而，就在此时，雅比斯却不知去向了。他没有选择勇敢地面对愤怒的投资大军——这些人中已经开始有人自杀了。相反，他潜逃到国外去了。

逃亡生活

那个冬天，关于见到雅比斯的谣言四处飞扬。直到次年2月，英国政府才得到准确消息，他在一万一千公里以外的阿根廷首都布宜诺斯艾利斯。当时阿根廷还没有和英国签订引渡条约。有人向雅比斯保证，即使签订了条约，这些条约也没有追溯效力。他在那里和两位女士会合。她们是以前与之有生意往来的同事的女儿，其中一位或者两位是他的情人。虽然没有引渡条约，一旦他在布宜诺斯艾利斯的事实成为公开的秘密，生活对他而言就不那么舒适了。有投资者威胁要绑架他，把他带回英国受审；媒体也像猎狗似的到处追踪他。

为了避免太过招摇，雅比斯搬到了离布宜诺斯艾利斯八百英里以外的省会城市萨尔塔。这里接近智利边境。这段时间大约是1893年底，对雅比斯来说，是最有利的时期。当时，阿根廷局势动荡不安，许多省份越来越不愿意承认中央政府的管辖。到1894年1月，阿根廷政府与英国签署了引渡条约，阿根廷总统签署命令，逮捕雅比斯。

然而，引渡并不是那么容易的事情。雅比斯此时已经成为受萨尔塔小镇欢迎的人。他在那里除了拥有提倡节制的政治家身份外，还在商谈购买一座酿酒厂。萨尔塔当时的经济正处于水深火热之中，雅比斯的金钱和财力使得他在小镇上大受欢迎。随着外部环境的恶化，他求助于当地一个忠实于他的帮会组织“巴尔弗追随者”，帮助阻止对他的引渡。

1894年1月28日，英国领事雷纳尔多·布雷哥特在萨尔塔的街道上捕获了雅比斯，把他关进了监狱。阿根廷法院对雅比斯的引渡工作进展十分缓慢，萨尔塔司法部门把事情拖延了下来。部分原因是他们憎恨执行来自首都的命令；另一部分原因是他们收受了雅比斯的贿赂——这是雅比斯为了能够呆在阿根廷而采取的惯用手段。4月份，在他的情人弗里曼小姐的恳求和金钱的作用下，雅比斯被保释了。虽然雅比斯在萨尔塔法庭上败诉，但他动用了所有的上诉程序。所以，他仍然逍遥法外了好几个月。

高级法院的判决对雅比斯不利，他在阿根廷的好日子似乎也快结束了。但事实并非如此。根据阿根廷法律，犯有刑事罪的人不能离开这个国家。接下来，雅比斯在萨尔塔的朋友就排队用设计好的各种罪名来控告他，使他在以后的许多年中都需要在萨尔塔法官的眼皮底下生活。

福罗斯特警长

一位英国领事试图贿赂雅比斯新交的朋友，让他们不要起诉，但这个过程太漫长。他们采取了一个更激进的方法：任命苏格兰场的弗兰克·福罗斯特为特派员，让他帮忙把这个逃犯带回家。弗兰克警长是抓捕潜逃犯的专家，他于1895年3月抵达萨尔塔。由于腐败的萨尔塔法庭坚持拖延对雅比斯的引渡，他作出判断，鉴于雅比斯有逃匿危险，有效的办法是绑架雅比斯，把他带回布宜诺斯艾利斯。为了达到目的，福罗斯特让整列火车停靠在镇子几公里外的一条铁路侧线上，然后想办法要挟萨尔塔总督签署引渡雅比斯的文件。但他遇到了麻烦。监狱的监狱长不愿释放他，因为雅比斯第二天必须到庭，为一个让他滞留在这个国家的莫须有的逃税罪出庭作证。

英国政府答应给在拘捕雅比斯过程中出力的每个阿根廷警察五十英镑，他们终于同意将雅比斯带到火车站，萨尔塔的总督将在那里作出最后裁定。然而，总督很明智地没有在车站露面。愤怒的暴民围住了火车站，但福罗斯特警长成功突围。雅比斯戴着手铐，很快被送上了开往布宜诺斯艾利斯的火车。

鉴于这是肆意挑衅法律尊严的行为，萨尔塔的司法部门不为所动，签发了他们的拘捕令，重新逮捕雅比斯，并下令缉拿福罗斯特警长。一队地方治安官和“巴尔弗追随者”骑着马追赶火车。追上之后，地方治安官楚奇尼把他的马横在火车头前，命令停车。就在火车司机想要降速停车时，福罗斯特警长拦住了他，固执倔强的楚奇尼被人从铁轨上拉了下来。萨尔塔以谋杀罪名通电抓捕福罗斯特，拘捕令在塔卡曼城等候着他。但到达此地前，福罗斯特警长设法改变了火车的行进路线。雅比斯一到布宜诺斯艾利斯就被从监狱转到了一艘船上，和他一起分享这艘船的是两万只羊。由于船只停靠在了不同的位置，雅比斯的追随者们想要登上停靠在岸边的船只来营救他的最后努力也付之东流。当潮水上涨的时候，这艘船鸣响汽笛，驶向英格兰。英格兰响起了一片欢呼声。这位毁掉那么多人生活的罪魁祸首，终于要回国面对这响彻天空的美妙乐章了。

雅比斯被从监狱释放出来时，他的儿子詹姆斯——一直以来支持父亲，在监狱外的大门口等着他。他的女儿克拉拉在他出来之前，已移民到了加拿大。他的妻子艾伦在有生之年里，仍然呆在精神病院里。

雅比斯在监狱里度过了十二年刑期，不准看报，一个月只准写一封信，吃的也是难以下咽的残汤剩羹。他于1906年被释放。当他从位于怀特岛的巴赫斯特监狱放出来的时候，原先大腹便便的金融家已经成为先前的影子，取而代之的是一个消瘦、苍老、头发灰白的老人。他那虚张声势、逞强好胜的气势，也早已荡然无存了。服刑期间，他的家庭也变得一贫如洗。雅比斯出狱后，改过自新的第一份差事是给《每周电讯》撰写系列报道，讲述他的狱中时光。当这个故事讲完之后，雅比斯彻底改头换面，改换门庭成了一名采矿顾问——尽管除了曾经拥有过一处矿产之外，他并没有任何资格证书。新的职业使他走向非洲、澳大利亚、拉丁美洲和缅甸。1916年2月，在前往威尔士一个煤矿的途中，雅比斯·巴尔弗在火车上睡着后再也没有醒来，时年七十二岁。

动机：

愤怒
慈善
嫉妒
忠诚
贪食
贪婪
希望
性欲
骄傲
懒惰

美国历史上最差劲的总统：沃伦·哈丁

主角：沃伦·哈丁（1865–1923），美国第二十九任总统（1921–1923）。

丑闻：被情人敲诈，要挟说要公开他们的私情。

原因：性格懦弱，受妻子和情人控制，被贪污腐败的朋友操纵。

我不适合这个工作，根本就不该到这里来。

——沃伦·哈丁

沃伦·哈丁。美国第二十九任总统（1921–1923）。受到他的情人卡莉·菲利普斯——他最亲密的朋友的妻子敲诈

沃伦·哈丁坐在华盛顿的办公室桌前，从参议院办公用品中小心翼翼地抽出一张纸，拿出“翘鼻子牌”的钢笔和墨水，开始写信。“亲爱的，甜心，小可爱！”他这样向他的情人打着招呼。“今天早晨我特别爱你，我想要你——在你那清新甜美和迷人的气息里……那些‘噢，沃伦’、‘噢，沃伦’的叫声中！当你的身体随着那美妙的阵缩颤抖时，你的灵魂和我一起在空中翱翔。”他就这样一行一行地写着，在青灰色的纸上写了一页又一页。最后，他用一首肉麻的情诗结束了这封情书——“爱你滑滋的脊背，爱你柔软的酥胸/甜蜜的感觉，我脸庞栖息的地方。”

在俄亥俄州一个叫马里昂的小镇上，一位貌如雕塑的美丽红发女郎怀着激情与渴望，读着这封情书。一想到情人把她扔在一边，顿时又充满了愤怒和沮丧。卡莉·福尔顿·菲利普斯——当地百货店老板的妻子，把信收进了一个锁着的保险柜，里面还有哈丁写给她的一百多封情书。这是她在过去十五年浪漫生活中的收藏——这些信件有一天将对美国历史产生影响，引发迄今为止人们所知晓的唯一成功敲诈总统候选人的丑闻。

他长得就像总统

哈丁在他四十岁时遇到了卡莉·菲利普斯，而她要比哈丁小十来岁。和马里昂小镇上的许多人一样，她的魅力、美貌还有智慧捕获了他。她那高耸的乳房、魔鬼般的S型身材，简直就是吉普赛女郎的翻版。这是当时的偶像形象。哈丁自己，作为《马里昂星报》的编辑兼发行人，长得一表人才。后来，他的竞选经纪人在助选总统时就说：“他看上去就像总统。”他身材高大，英俊挺拔，肩膀宽阔，铁红色的头发闪闪发亮，声音洪亮有力。

但是，此时的哈丁和卡莉已经是使君有妇、罗敷有夫了。哈丁年轻时，镇子上首富的女儿、离过婚的弗罗伦斯·德沃富热烈追求他，死缠烂打，直到他松口为止。离过婚的弗罗伦斯比他大五岁。这个女人很强势，意志坚定，她那公爵夫人般的颐指气使在镇上是出了名的。她担任《马里昂星报》的业务经理，把这张报纸办成了获益丰厚的报纸。当然，至少其中的部分收益，是她打那些完不成任务的报童的屁股换来的。没有人会认为这位眼睛近视、脚踝粗肿的女人长得漂亮。另一方面，卡莉·福尔顿嫁给了她的崇拜者吉米·菲利普斯。他们在附近的小镇上相遇，当时她是一名小学教师。他给她买了一座大房子，在社交方面给足了卡莉面子，使她有了值得炫耀的资本。与走到哪里都光彩夺目、十分抢眼的卡莉相比，吉米·菲利普斯长得矮小，貌不惊人。有闲话说，她是看中了他能让她过上好日子才嫁给他的。哈丁家和菲利普斯家搬到了同一个社区。吉米·菲利普斯成了哈丁最要好的朋友，卡莉也成为弗罗伦斯的闺房密友和哈丁的红颜知己。当菲利普斯夫妇那蹒跚学步的小儿子夭折以后，他们感到悲伤绝望，哈丁一家给了他们极大的安慰，两对夫妻的关系由此变得更为密切。作为最好的朋友，两家人频繁互访，一起就餐，一起参加晚会，甚至一起出外旅游——他们一起在佛罗里达度假，然后乘坐邮轮，一起去百慕大观光游览。

哈丁与妻子弗罗伦斯——人称“公爵夫人”。1923年。哈丁被人们认为是个懦弱的人，受妻子的主宰。许多人相信，没有她，哈丁永远也当不上总统

哈丁和卡莉总是把1907年的圣诞节作为他们的“周年纪念日”——这是他们首次相互倾诉衷肠的日子。事实上，他们的关系早在1905年就开始了。当时，弗罗伦斯·哈丁和吉米·菲利普斯同时住院接受治疗。弗罗伦斯因久治不愈的肾脏疾病摘除了一个肾，在芝加哥的一家医院住院。吉米患有忧郁症，儿子的死亡加重了他的病情。好朋友哈丁劝他不要在当地的疗养院治疗，这样离家太近，又有生意上的烦心事，不利于身体的完全康复。于是，吉米去了密歇根的一家疗养机构。留在家里的俩人有了相会的便利条件。在双方配偶都不在的情况下，哈丁十分殷勤地拜访卡莉。终于有一天下午，在卡莉的卧室里，他们投入了彼此的怀抱——狂热地做爱，疯狂地写信！一旦开始，就无法停止！虽然其间受到一些干扰，这段恋情还是持续了十五年。

这两位情人几乎就是在各自配偶的鼻子底下发展着火一般的恋情。他们差不多每天都谋划着幽会——有时在卡莉的家里；有时，晚上在她

家花园的灌木丛里。哈丁买了镇子上第一辆汽车以后，就偷偷带着卡莉开车出去在镇子外面的旅馆里幽会。哈丁坐在他的《马里昂星报》办公桌旁给卡莉写长达数页的火辣辣的情书，而他的妻子，报社的业务经理，就坐在几米以外的地方。每天早晨，卡莉趁她的丈夫在百货店里忙碌时，急切地从地上捡起潮湿的信件，迫不及待地看完后就把它藏起来，等待以后再读。

不断施压

1909年，卡莉开始建议哈丁与弗罗伦斯离婚，然后娶她，因为她厌烦了这种偷情的日子。但哈丁没有同意。他不能放走弗罗伦斯，因为她对他的生活太重要了。卡莉被激怒了。他说他爱她，胜于世界上的一切，可是……他们分手了。但当备受打击的哈丁请求她回到自己的身边时，她又同意了。弗罗伦斯和吉米似乎从不知晓发生了什么事，四个人继续一起出外旅行。他们乘坐一艘德国邮轮，开始了隆重的国外之旅。这次旅游的行程是游览欧洲，去希腊，去埃及。具体计划是由弗罗伦斯精心策划的。她的兴奋点是沿尼罗河而下，穿过国王大峡谷，游览金字塔。而哈丁在意的却是，这是他和卡莉相聚的美好时光，那匆忙的甲板热吻，还有其他人入睡后无人甲板上的亲热。在罗马，哈丁买了一尊戴安娜女神裸体雕像送给卡莉，他说，它长得像她。

> **小镇无秘密**
>
> 如果他们的配偶没有觉察到他们的奸情，马里昂小镇的其他人也没有。卡莉以前的厨子——伊奈兹·麦克沃特后来回忆说，有一天，马里昂小镇的时髦人物卡莉穿着一双颜色鲜艳的扎眼鞋子去了镇上。当麦克沃特返回家中，她发现哈丁的裤子褪在膝盖上，卡莉四肢摊开，趴在餐桌上。麦克沃特注意到，她还穿着那双鲜艳的鞋子。

卡莉喜欢上了德国。当时正是托马斯·曼、爱因斯坦、瓦格纳、理查德·施特劳斯等人的鼎盛时期，也是德国表现主义绘画艺术盛行的时代，代表了当时的高超艺术和流行文化。头脑聪颖的卡莉在俄亥俄州的小镇上是无法感受到这一切的。她再次恳求哈丁和她结婚。而他，在狂热追求不朽爱情的同时，再次拒绝了她。于是，她生气地告诉哈丁，她决定留在德国，那是“她的心之所在”。她还说服了对她从来都是言听计从的吉米，支付了她去柏林的旅费。在战争的乌云渐渐密集的氛围下，她滞留在德国，住在德林顿区，进修语言课程。第一次世界大战开始后的第十天，她才勉强回到俄亥俄州。回来后，她到处散布亲德的情绪。

与此同时，在野心勃勃的弗罗伦斯的督促和鼓励之下，哈丁勉为其难地从事着他的政治生涯。他在俄亥俄州的议会任职，担任两年任期的副州长。哈丁在俄亥俄州的州长竞选中，仅以微弱劣势输掉了竞选。1912年是大选年，也是哈丁政治生涯中重要的一年。他提名同是俄亥俄人的威廉·塔夫连任总统，由此引起了全美共和党人的关注。1914年，他不顾卡莉的强烈反对，当选美国国会议员。他们分离期间，书信在俄亥俄与德国之间飞来飞去。这些信件是哈丁的孤独人生中所写的最充满激情的情书。他甜言蜜语地哄着她，因而有了两次“辉煌”的重逢。1912年，卡莉登上了一艘汽船，在蒙特利尔度过了五天“亮丽”的日子。1913年他们又在纽约重逢。在她返回马里昂时，哈丁非常高兴，他给自己的情人买了一辆凯迪拉克。但他仍然回避离婚和结婚的话题。

对峙与指责

1915年，卡莉开始采取行动。首先，她把一包情书寄还给了哈丁。哈丁非常惊慌，又把信寄了回去，请求她销毁这些信件。他后来十分后悔自己这一步笨拙的棋路。然后，她给哈丁写了生平第一封情书，却把它寄到了他的家里。她猜到，弗罗伦斯会发现带有香味的信件并拆了它，想以此逼迫弗罗伦斯走上离婚的法庭。如卡莉所愿，弗罗伦斯的指责和非难如期而至，但她并不打算放弃自己的丈夫，无论他犯下了什么样的罪行。弗罗伦斯“掐死”了卡莉的计谋，她公开谴责卡莉的不道德行为。

> **我是你的**
>
> “我是你的，在所有时间，在任何时间”，沃伦·哈丁在纪念他和卡莉“七周年纪念日”的信中写道。他补充道，分离不仅让他的心变得更加充满柔情，而且使他的“杰瑞”更加向往她的“贝壳”——他们为各自的生殖器所起的绰号。

然而，哈丁和卡莉之间的关系并没有结束。因为，卡莉现在选择了新的话题——维护凯撒德国的利益。此时，哈丁已被提名去美国参议院外交关系委员会供职。卡莉给他写信，言辞激烈地告诉他德国的立场，并且总是含蓄地暗示，在外交政策方面如果不按她的意见办，她就公开那些情书。1917年4月，因德国无节制地使用潜艇作战，美国总统伍德罗·威尔逊要求国会对德国宣战。卡莉的威胁变得更具体了。她告诉哈丁，要他投票反对战争，否则，她就会将那些信件公开。哈丁在言辞恳切的长信中，劝说她淡化自己的立场。此时，她已受到政府特工人员的监视。人们也在议论，毫不隐瞒自己观点的卡莉是个德国间谍。随着反德情绪在全美的蔓延，哈丁甚至给吉米·菲利普斯写信寻求帮助，恳求他让自己的妻子保持沉默。哈丁最终违背了卡莉的意愿，美国对德宣战决议以绝对优势通过。在哈丁和吉米的压力之下，卡莉参加了一个红十字自愿缝纫小组，但她的反战情绪依然如故。她还上演了一幕闹剧，当马里昂一群应征入伍的士兵在进行军事操练时，她，一个女人，竟在火车站进行反战抗议。即使是在停战之后，她还肆意叫嚣说，《凡尔赛条约》对德国不公平。在每一封写给哈丁的信中，她都对哈丁大发牢骚，发泄自己的不满情绪，也不忘记提醒她还保存着一包控诉信。

随着1920年总统大选日期的临近，共和党派出了三名强有力的候选人——战争英雄莱昂纳多·伍德，伊利诺伊市总督弗兰克·罗登，特立独行的加利福尼亚议员、进步党亲信海伦·约翰逊。提名之战惨烈无比，共和党内部各方相互残杀。哈丁的亲信加政治党羽哈利·多尔蒂提出，让哈丁作为折衷人选，并把他那庄重有余的外貌作为胜任这项工作的依据。当然，他还有一些其他特点：他是一个效率低下、星运黯淡的参议员；在唱名表决中丧失三分之二选票；在参议院辩论会上坐在椅子上写情书。但这一切无伤大雅，他长得好，而且与人无害！

社区里的麻烦

一位邻居描述了这样一幕：卡莉路过哈丁的家，停下来隔着篱笆与他谈话。弗罗伦斯从屋子里飞奔而出，摇着手指对卡莉大喊大叫，然后扔出一个花盆、一个垃圾箱，还朝着她远去的背影扔了一个脚凳。

哈丁觉得，哈利·多尔蒂的提议荒唐之至。他在给多尔蒂的信中写道："你知道，我不适合这个崇高的职位，即便我有可能得到它。"弗罗伦斯起初也反对这个想法，她想让他竞选其他参议员职位——任何可以阻止他返回马里昂以及让他脱离卡莉的催眠术式的掌控的职位。卡莉给哈丁写信，嘲笑他曾有过的丝毫想当总统的念头。她还宣称，她已经把"一切"都告诉了吉米·菲利普斯。当菲利普斯夫妇的女儿嫁给一名德国出生的现役航空兵时，哈丁夫妇很明显地没有在被邀请参加婚礼的行列。

即将召开的共和党全国代表大会出现了僵局，哈丁作为备选人员慎重地浮出水面。“最佳二流人选”——一位共和党领袖人物十分尖刻地为他作了标注。

卡莉无比痛苦，她又做了一次努力。她不说废话，直接给哈丁下了最后通牒：退出政坛，与弗罗伦斯离婚，和她结婚！否则，她就把一切公开！另一种选择是，给她两万五千美元，买回她的沉默权，但必须把现金放到她家啤酒桶的盖子上。哈丁显然以为这是她的又一次装腔作势，没有及时作出回复。她再次写信给他，更加蛮横地重复了她的要求。他只好回复道：“你如此频繁地提到那种要求，可我无法做到，我没有那种能力。”（他的风格还是一贯地笨拙，这使得诗人E.卡明斯称他为“男人、女人和儿童中唯一一个用七个语法错误写简单陈述句的人”）“我可以以我的生命或名声对你作出补偿，但我无法支付如此巨大的一笔款子。为了避免丢脸，我会，如果你要求的话，马上回到马里昂生活……但如果你觉着有一个公职和一点影响会更有帮助的话……我会在每年的3月付给你五千美元，只要我还担任这份公职。”这是他写给她的最后一封信，她再也没有回信。

共和党大会传出谣言说，有一伙人在清晨两点，表情肃穆地在“烟雾缭绕的屋子里”召开秘密会议，有位候选人也出现在那里。这位候选人是他们强加给与会投票代表的。不管事情真相是否如此，共和党大会在九次毫无结果的投票之后，的确已经精疲力竭了。他们在第十次投票中自乱阵脚，作出了妥协，推选哈丁为候选人。没有人视而不见地认为，他有华盛顿总统或林肯总统那样的总统素质，哈丁自己也没有这样想。“你看现在怎么办！”他惊叫道，“我被提名竞选总统！真是难以相信！我已经被提名为总统候选人！”

掩盖真相

弗罗伦斯跳出来加入到了共和党大会的拼抢之中，她摆兵布阵，会见投票代表和各党派领导，与他们商谈及讨价还价，用一种哈丁并不擅长的方式。起初她还不愿意呢，现在她看到了希望，意识到哈丁一旦成功当选，他们就可以留在华盛顿，还会给她带来第一夫人的辉煌地位。哈丁作为备选提名人，发动了所谓的“前门廊战役”。他在位于马里昂镇TK大街的家中，发表了接受提名的演讲——大多是弗罗伦斯拟就的，完全顾不得他家那修剪整齐的草坪和白色尖板条栅栏。整个小镇披上了节日盛装，红、白、蓝各色彩旗高高飘扬，散发着胜利的信息。但前来采访的记者们注意到一个例外，吉米·菲利普斯家位于主街上的百货店光秃秃的，没有任何装饰。

提名之后，共和党领导人问了哈丁先生一个也许他们早就该问的问题：有没有什么不光彩的历史会随着竞选浮出水面，破坏他的竞选？在慎重思考了一天并与弗罗伦斯进行了倾心沟通之后，哈丁向共和党的领袖们坦白了他与卡莉的暧昧关系、她握有情书可能会控告他的事实和她藉此曾向他敲诈两万五千美元的事。事不宜迟，共和党的司库阿尔伯特·拉斯科立刻动身，前往位于格斯堡山的卡莉家中拜会了她。他直截了当地告诉她，只要哈丁能够顺利当选，共和党会支付给她先前提出的两万五千美元的要求，然后再付给她每月两千美元。她和吉米，会被免费送出去进行为期一年的周游世界。在表面上，吉米以干货商人的名义去中国和日本采购丝质产品，唯一的条件是他们必须马上离开美国，在3月4日总统就职典礼之前不能回来。卡莉敲诈的努力成功了，菲利普斯夫妇登上了穿越太平洋的邮轮，前往日本。

> 我不太了解美国主义，但在进行选举的时候，它是一个该死的好词。
>
> ——沃伦·哈丁

1921年，哈丁在国会大厦的一个小山坡上宣誓就任总统。尽管事后诸葛亮式的评论把他评为“最悲哀的”总统，事实上哈丁执政期间确实有值得书写的瞩目成就。哈丁创立了国家预算局，使政府财政第一次有了预算基地；他召开裁军大会，终止了美-英-日之间长达十年的军备竞赛；他逼迫钢铁企业削减强制劳动时间，使工作时间从每日十二小时缩减到了八小时；他在种族隔离最严重的南方发表言辞激烈的演讲，为黑人争取平等的权利。但是另一方面，哈丁执政期间也丑闻不断，构成了“丑闻连环套”。他的朋友、内政部长阿尔伯特·福尔说服他，让内政部接管了国家石油储备，然后把开采权租赁给了两个有钱的石油巨头，从中收受了五十万美元的秘密贿赂，制造了臭名昭著的“茶壶拱顶”丑闻。弗罗伦斯看中退伍军人管理局局长查尔斯·福布斯，委任他监督退伍军人医院的巨大工程网建设，后来却发现查尔斯签订合同时收受贿赂，致使医院无法按时完工。哈丁任命的总检察长多尔蒂被人们称为根据现金和礼品分配正义的人，他声称自己有自证其罪的特权，逃避了牢狱之苦。哈丁在白宫进行了两年的扑克聚会和通宵达旦的饮酒会议之后（尽管当时有禁酒令）说道：“在这个职位上，我不用担心自己的敌人。”他意识到发生了什么，“是我的朋友，我的这些该死的朋友，让我通宵达旦，无法入睡”，他哀叹道。

哈丁的老朋友们也设法接近总统，以图捞取好处。卡莉就曾劝说她长期的情人任命她那出生在德国、新近才加入美国国籍的女婿威廉·马瑟去美国领事馆服务，安插她的哥哥做联邦船舶检察官。她甚至还建议哈丁任命她丈夫吉米·菲利普斯担任美国驻日本大使。对这些要求，哈丁居然同意了。直到莫名其妙的国会议员们纳闷，小镇上的一名裁缝到底有什么资格胜任如此重要的外交职位时，这件事才宣告结束。

“我不适合这项工作，根本不应该来这里！”当各种丑闻叠加在一起扑面而来时，哈丁绝望地说道。然而，弗罗伦斯对自己第一夫人的身份和华盛顿社交界元老的资格感到欢欣鼓舞。她结识了传说中那颗受到诅咒的“希望钻石”的拥有者、富可敌国的艾沃琳·沃尔斯·麦克林，还有已故总统的女儿爱丽丝·朗沃思；她还被视为——总统宝座的实权拥有者——报纸上曾嘲讽地登载过“首席执行官和哈丁先生”的漫画。

结局

1923年，弗罗伦斯劝说哈丁在美国西部和阿拉斯加进行长达两万四千公里的巡回政治演说，作为1924年第二次竞选的序曲。哈丁此时身心俱疲，已经有了心脏病的先兆。在阿拉斯加，哈丁吃螃蟹中了毒，弗罗伦斯的私人医生给他进行了刺激治疗。这位奉行顺势疗法的医生深得弗罗伦斯的信任，她曾建议任命他为私人医生。到达圣弗朗西斯科后，十分虚弱的总统立刻被送到了床上。第二天早上发现时，他已经死了。死亡是中风引起的，但弗罗伦斯拒绝验尸，于是谣言四起，传说总统是被毒死的。不到一年，弗罗伦斯在烧毁了丈夫的许多公文和私人信件之后，也因终身困扰她的肾病死去了。

此后多年，不断有关于哈丁情妇的谣言传出。传说他让弗罗伦斯在马里昂的一位朋友怀了孕，还与一位“高挑、漂亮的”白宫金发女仆有染，说这位女士在争吵中曾想砍死他。南·波利顿，马里昂的一位女学生，对他一见倾心，后来写了一本书——《总统的女儿》。书中称，在哈丁担任州议员期间，她在他们的一次幽会中怀了孕，并在他后来的白宫任职期间再次受孕。

卡莉·菲利普斯退缩到了阴影之中。她继续住在马里昂，变得喜欢隐居，成了镇子上有点儿古怪的人。二战前夕，她加入了一个名叫“美国第一”的孤立主义组织，再一次发出刺耳的亲德噪音。不过，现在她的确有钱了。她把酗酒成性的吉米·菲利普斯赶出了家门，而且还培养出了新爱好，饲养德国牧羊犬。她居住的老别墅现在越来越破旧，越来越摇摇欲坠了。她穿着皮衣在小镇上走动，外衣底下不穿任何内衣。最后，在她八十多岁的时候，变得囊中羞涩、色老体衰，不得不住进一家养老院，于1960年去世。法院委派一名律师处理她的遗产。在整理她的收藏准备拍卖时，律师想到了人们的谣传，说她在周游世界时曾经收购过宝石。他撬开了她的橱柜，找到了一个锁着的保险箱。在保险箱里，他看到了一沓沓的信件。有的装在信封里；有的又皱又破，边角已经发毛，颜色发黄；有的上面有明显的泪痕。很多信的署名是“沃伦”或“永恒”——她为哈丁起的代号——还有，许多信是用国会办公用纸写成的。律师熟悉小镇上的谣传，他意识到了沃伦的身份，也意识到了这些信件的历史价值，但他不知道该怎么做，就谨慎地把它们锁到了办公室的保险柜里。它们在那里一呆就是八年！

总统沃伦·哈丁从看台上扔出赛季的第一个棒球。历史对哈丁并不友好。他被有些人记住，仅仅是因为他的私生活中困扰着他的丑闻

1963年，历史学家弗兰西斯·罗斯为了撰写一本关于哈丁的传记，来到了马里昂小镇。这本传记叫《布鲁鸣大道的阴影》。哈丁就出生在俄亥俄州靠近布鲁鸣大道的地方。罗斯在镇上打听小道消息，了解哈丁

和卡莉的故事。当他听说律师和那些被锁入保险柜的信件时，就强烈要求律师让他看看那些信件。他读着那些信件，时而做点儿笔记。他意识到，在那些词藻华丽、充满色情、小男生般幼稚的散文和诗歌里，这些年来，哈丁是多么充满深情、满怀激情地爱着卡莉。弗罗伦斯是他的政治生涯不可或缺的客观存在，他离不开她，而卡莉用她那骚动的肉体带领着他走过与弗罗伦斯的无爱婚姻，度过他完全无法适应的政治生涯。他肯定和其他女人有不光彩的关系，他在信中对此也有所披露，用科尔·波特的歌词来说，就是他“一直在以自己的方式忠诚于她”。

> 只有孤独的人，才懂得友谊的欢乐与幸福。有人有自己的家庭，但对孤独的人和流亡者来说，朋友就是一切。
>
> ——沃伦·哈丁

这些信件为了解一位备受非议的总统提供了有力的依据，罗斯敏感地意识到，它们真正属于历史。他劝说律师把信件交给俄亥俄州的历史学会。然而，就在准备移交之前，哈丁和菲利普斯家亲属，还有镇子上的人们听到了风声。他们担心这些信件可能有损小镇名声，就动员大家起来阻止这些令人尴尬的东西公诸于众，甚至说服法庭把这些信件锁起来并保留钥匙。他们会一直这样做，直到2023年——哈丁去世一百周年纪念日。目前，只有罗斯笔记中记录下来的那些内容和其他人看到过的信件内容进入了人们的视野。

不管哈丁在美国历史上地位如何，他现在是马里昂镇最值得骄傲的“儿子”，是镇上最吸引人的历史景观。镇子上的高中叫哈丁高中，最好的酒店叫哈丁宾馆。他开始发动“前门廊”竞选活动的建筑，也就是愤怒的弗罗伦斯与卡莉大打出手、互扔家具的现场，已被镇子收购，人们怀着十分虔诚的心情恢复了它在20世纪初期的原貌。公众以认购债券的方式，在视野开阔的山顶上修建了一座带有柱廊的大理石建筑——哈丁纪念碑，风格与已故前总统托马斯·杰斐逊的纪念碑相似。哈丁和弗罗伦斯就埋葬在这里。

哈丁的纪念碑上没有提及那位被称为“亲爱的，甜心，小可爱”的、试图影响历史的女人，只有小镇公墓里位于吉米·菲利普斯墓穴一侧的一块不起眼的墓碑上，记录着卡莉·菲利普斯的休眠地。

动机：

愤怒
慈善
嫉妒
忠诚
贪食
贪婪
希望
性欲
骄傲
懒惰

奇特的爱：爱德华八世和沃利斯·辛普森

主角：英国国王爱德华八世（1894–1972）与美国社会名媛沃利斯·辛普森（1896–1986）。

丑闻：为了与离过两次婚的情人沃利斯·辛普森结婚，爱德华国王从英国国王宝座上退位。

原因：爱德华被沃利斯深深地迷住了，而沃利斯想把英国王冠戴在自己的头上。

英国国王爱德华八世。摄于1936年。此年2月，他继承王位，12月退位，与他的情人沃利斯·辛普森结婚

我告诉你们，没有我所爱的女人的帮助和支持，我感到我无法像自己希望的那样肩负国王的使命。你们务必要相信这一点！

——爱德华八世退位演说

玛丽王太后即将收到一个十分令人不快的消息。这个消息即将震撼整个王室，震撼全英国，并把余波传送到全世界。它预示着英国历史上前所未有的决定性时刻将要来临。

几周以来，爱德华八世一直在与自己的亲信，还有英国政府的高级大臣们辩论：在未来的日子里，自己是应该继续留任英国国王，做一名暂时的单身汉；还是应该退出王位，与自己疯狂爱恋着的离过两次婚的沃利斯·辛普森夫人结婚。爱德华有意与家人保持了距离，甚至连约克公爵——他那脾气暴躁的弟弟乔治——也不信任。如果爱德华决定放弃王冠，乔治将会顺位继承。

1936年11月初，爱德华国王向英国首相斯坦利·鲍德温透露，他决定与沃利斯·辛普森结婚。他没有以逼迫英国政府、教会和英国民众的方式，强迫大家接受他的决定而制造宪法危机。相反，他勉强作出了离开国王宝座的决定。

> 你怎么能认为我喜欢坐那摇摇晃晃的宝座，而且能够设法把它再稳定下来呢？那不是个令人愉快的工作，而且到现在，它还没有结束呢。
>
> ——国王乔治六世对他的哥哥、前国王爱德华如是说。1937年7月3日

爱德华国王和首相鲍德温之间的会面充满了伤感，甚至哀痛，但也有一种解脱的感觉。至少国家前途中的不确定性因素中止了，爱德华国王最终作出了对王室和政府危害最轻的选择。尽管还有无数的细节需要商讨，比如，逊位的国王将如何称呼，给辛普森夫人冠以何种头衔，他们的收入会是多少，他们要住在哪里等等。首相鲍德温在心里默默地祈祷，千万不要留在英国！

所有这些问题要多棘手，就有多棘手。但它们与爱德华国王的下一个使命比起来，一切就无关紧要了——他必须把他不再担任国王的消息告诉他的母亲——玛丽王后。

不听人劝

玛丽王太后在丈夫乔治五世过世后，就一直住在威斯敏斯特的莫尔伯勒大厦里。这是一幢由17世纪的建筑师克利斯蒂夫·伍伦设计的别墅。1936年11月16日，爱德华国王与母亲玛丽王太后共进晚餐。这是一个只有王太后、爱德华国王和姐姐玛丽以及嫂子格洛斯特公爵夫人爱丽

丝参加的小型家庭聚餐。国王爱德华甚至还没来得及提到辛普森夫人的话题，桌子上的每个人都已经猜到了他的来意。为了活跃餐桌气氛，公爵夫人竭尽所能、滔滔不绝地讲着赛马比赛和白金汉宫新近装修的富丽堂皇，但是没人有心情听她的闲聊。最后，当晚餐即将结束的时候，公爵夫人找借口早早离开了餐厅，匆匆溜掉了。

如果（爱德华）爱上别人，我将不再强大或者拥有我所拥有的一切。

——沃利斯写给姑姑贝西·梅里满的信。1936年5月4日

只剩下自己的母亲和姐姐了，爱德华国王感到轻松了许多。他解释说，自己陷入了爱情的深渊，无法想象没有沃利斯的生活，他必须和她结婚。爱德华后来回忆说，开始时玛丽王太后和公主还表示同情，但是随后，“‘职责’这个词就降临到了我们中间”。

玛丽王太后尽量控制着她的情绪，用十分平和的语气坦率地谈论着爱德华的为难之处——辛普森夫人不是英国王后的合适人选，因此，也不是爱德华妻子的合适人选。如果他一定要她，就让她做他的情人好了。爱德华的个人幸福不是重点，重点是他的首要职责，那就是为他的臣民服务。玛丽王太后还举例说，她和已故丈夫乔治国王就从没有因为个人感情而影响履行国家职责。她还向儿子保证，把人民的利益、国家的利益，还有王室的利益，置于个人的私欲之上，他会从中得到极大的满意，甚至是满足。

爱德华国王没有被说服，王太后于是说得更加直白：如果他一意孤行，非要和沃利斯·辛普森结婚，她将拒绝为这桩婚姻祝福，而且，她永远都不会在任何场合、任何情况下接见——那个女人！

作为王太后母亲发出的最后通牒，这个威胁无疑是严厉的！但很快，事情就清楚了，爱德华国王连一个字都没有听进去！莫尔伯勒大厦晚餐后的几天里，他给母后送上了一封热情洋溢的信。“我感到如此地幸福和解脱，至少能够告诉您我美妙的秘密。”他写道，“上帝保佑您，亲爱的妈妈，为您所有的甜美和理解”。一段时间之后，玛丽王太后把爱德华的这封信拿给一位知己看时冷淡地评论道，她无法想象爱德华怎么能够用“甜美”赞美她！她说：“我直言不讳，极力表达我的不快。但我猜想，他根本就没有听见我说的话！”

试图两全其美

爱德华国王与沃利斯·辛普森不能结婚的原因，有以下几条：第一，英国教会禁止离婚和再婚——作为英国教会至高无上的领袖，如果为自己破例的话，问题势必会上升到爱德华国王傲慢无理的高度；第二，皇室家族、英国政府和英国臣民无一例外地希望国王娶一位纯洁无瑕的女人，他们不能接受沃利斯·辛普森做王后。因为除了两次失败的婚姻之外，她还和国王一起欺骗了自己的前夫，已经声名狼藉了。如果允许她和爱德华国王结婚，谁能保证这个女人不会欺骗国王呢？（事实证明，沃利斯在婚后并没有忠实于爱德华，她与美国百万富翁吉米·多纳休关系密切）爱德华国王向首相提出一个解决方案，希望允许他得到他想要的一切：一个婚姻，也就是让沃利斯成为他的妻子，但不授王后王冠。英国首相斯坦利·鲍德温，还有英联邦每个殖民地的首脑，全都毫不犹豫地拒绝了国王要娶辛普森夫人的要求。国王的内阁大臣还威胁说，如果他执意要结这个婚，他们将全体提出辞呈！

温莎公爵夫人沃利斯·辛普森。摄于1936年12月3日，爱德华逊位的前几天。英国人基本上不喜爱这位时髦的辛普森夫人

简言之，爱德华要让沃利斯·辛普森做他妻子的梦想，遭到了英国首相、内阁大臣、英联邦首脑、英国教会及大多数英国民众（根据报纸和每日邮件统计）的一致反对。如果他要继续把问题闹大，整个国家可能会起来推翻君主立宪制！这，才是真正的问题所在——真正的危险在于：王室家族会被解散，甚至被驱逐出这个国家！第一次世界大战之后，欧洲三个最强大的君主立宪制国家——德国皇帝、俄国沙皇和奥匈帝国的皇帝——都已经被推翻了！

最后，爱德华国王不得不在二选一中作出艰难抉择：要么放弃与辛普森夫人结婚的想法，继续留任国王；要么退出王位，与辛普森夫人结婚。

侮辱国王

事实上，爱德华国王并不想退出王位，他喜欢权力、荣耀，还有王冠带来的吹捧和赞美！由于他坚持要娶沃利斯·辛普森做王后，当时许多人——从玛丽王后到伦敦大街上扫马路的清洁工，都想知道国王为什么不能保全脸面，去娶一位值得尊敬的公主，然后把沃利斯作为情人供养起来。但是，包括爱德华和沃利斯之间通信在内的一些历史资料揭示了，不仅是爱德华有要娶她的决心，而且沃利斯也一门心思想做王后。这就毫无余地了！沃利斯非常痴迷于有关王后的话题，爱德华的管家莱昂纳多·奥斯本后来回忆说，她在这个话题上与国王喋喋不休。奥斯本说，“辛普森夫人把她的刀子刺进了国王的胸膛”。在与辛普森夫人度过一夜之后，爱德华国王的情绪就会像飞机的残骸一样，“完全支离破碎了”，管家如此形容他的国王。

也许是为了让辛普森夫人高兴，爱德华开始给她提供皇家津贴，在时尚的摄政公园送给她一座装修精美的房子，派了一辆皇家马车带她去阿斯克特观看比赛，还让人把这些不值一提的消息刊登在皇家官方通讯——《法庭资讯》上。虽然沃利斯与埃斯特·辛普森还保持着婚姻关系，她却坦然地接受了这些关注，并希望获得更大的荣耀——爱德华国王加冕的妻子——尽管还为时尚早！爱德华也有相同的感觉。他对内阁大臣杜甫·库伯说：“沃利斯即将，而且一定会成为王后！”

爱德华国王为何如此迷恋沃利斯·辛普森呢？爱德华的官方文书菲利普·齐格勒认为，沃利斯激发起了他的某种性兴奋，这是他以前从来没有体验过的。在性关系上，沃利斯是主宰的一方。她用一种她所喜欢的方式羞辱国王，体味主宰一切的感觉（尽管没有皮鞭和皮靴），而爱德华似乎从这种羞辱中获得了强烈的性兴奋。

从不同历史资料记录的人们亲眼目睹的一些情况来看，辛普森夫人经常以蔑视的态度对待她的皇家情人，有时甚至还有外人在场。爱德华的私人管家之一阿尔弗雷多·阿莫斯回忆说，辛普森夫人习惯在客人离开之后，回忆整个晚上的细节，指责她认为爱德华做错的每一件小事。她不断地训斥国王，嘲笑他在社交时的失态，直到把他说得像小孩子一样哭泣为止。

一件特别臭名远扬的事情发生在沃利斯和爱德华举行的一次晚宴上。晚餐进行到中间时，爱德华命令男管家把有关明天安排的命令传达给司机，沃利斯把双手高高举过头顶，然后狠狠砸在桌子上，用力之猛使得餐桌上的陶瓷、水晶器皿还有纯银餐具都发出了叮叮当当的响声。当女主人咬牙切齿地说出“你永远、永远不要在我的房子里发布命令”时，所有坐在餐桌旁的客人都面面相觑，震惊得说不出话来。接下来的十分钟里，爱德华流着泪，低声下气地不断道歉。

基于以上故事，齐格勒暗示，爱德华对沃利斯·辛普森的激情中有某些“虐恋”倾向。他写道：“这也许是一种奇特的爱。但尽管如此，它仍然是爱。”

爱德华王子的众多爱情

爱德华王子英俊潇洒，金发碧眼，宛如童话故事中走出来的王子。他在十八九岁、二十出头的时候，几乎可以说，长得很英俊。他身材高大，体格健壮，由于长期从事体育锻炼——游泳、打网球、骑马——这一切使他具有优雅自然的移动能力，他当之无愧地成为跳舞的行家。

虽然爱德华王子有地位、财富和外貌加在一起吸引女人，但他还是把“贞操”保持到了二十二岁那年。那是1916年第一次世界大战期间，在法国，两位老朋友在阿莫斯用丰盛的晚餐款待王子，用美酒灌醉了他，然后把他交给了一名叫宝莉特的妓女。宝莉特虽然是职业妓女，但她在整个战争期间让自己忠实于一名皇家飞行队的军官。那天晚上，军官提前放了她，使她有了夺取未来英国国王“贞操”的机会。从那晚开始，爱德华王子处于休眠状态的性欲熊熊燃烧了起来，很快就开始猎捕任何他看得上的女人——包括别人的妻子。

在宝莉特之后，爱德华王子痴迷的第一个对象是玛丽恩·科克，也就是莱斯特伯爵的儿子和继承人汤米·科克子爵的妻子，接下来是卡多根伯爵的女儿西尔维亚·卡多根（他称她为波蒂儿）。很快，他就和至少六名来自贵族家庭的年轻妇女有了恋爱关系，但与弗瑞达·伍德相比，这些女人都好像是学校小男生暗恋的对象。弗瑞达是议会议员威廉姆·伍德的妻子。她娇小可爱，具有运动天赋，酷爱跳舞。总之，从她身上，爱德华感受到了女人的一切魅力，第一次产生出巨大的激情。尽管双方都纵情情场，和其他情人有过惊鸿一瞥的关系，但从1918年两人第一次相遇到1934年沃利斯出现之前，爱德华王子一直保持着对弗瑞达的忠诚。

沃利斯遇见她的王子

辛普森夫人1931年在塞尔玛·弗内斯的家中碰到了威尔士王子爱德华。爱德华与塞尔玛有暧昧关系。辛普森夫人来自美国巴尔的摩，她的家庭在美国南方很有名望，但财产匮乏。二十岁时，她嫁给了温费伊德·斯宾塞。斯宾塞长着一张电影演员般的面孔，是一名潇洒的美国飞行员。他看上去就像日场电影中的偶像明星，但在现实生活中却是一个有暴力倾向的酗酒虐待狂。沃利斯与他生活了五年之后离开了他。

玛丽王太后与温莎公爵在莫尔伯勒大厦。大约在爱德华逊位后十年。爱德华逊位后，与家庭的关系变得很紧张，但他仍然去看望他的母亲

沃利斯不顾家庭反对，与斯宾塞离了婚。离婚协议签署后没几天，她就接受了埃斯特·辛普森的求婚。埃斯特性格稳健，头脑冷静，手头富裕，是个有良好教养的英国商人。沃利斯在之后的六年里，作为这位生意兴隆、人品可靠但性格单调乏味的男人的太太，过着舒适的生活。

1931年的初次相遇，把沃利斯·辛普森带进了威尔士王子的生活圈子。到1934年，她已经取代了弗瑞达·伍德和塔尔玛·弗尼斯，成为威尔士王子需要的女人。他狂风暴雨般地送给她珠宝乃至现金，礼物多如雨点。在一座名叫丽城的城堡里，也就是王子的私人聚会场所，她整夜打牌，伴着留声机跳舞作乐。她的丈夫埃斯特·辛普森，与先前弗瑞达和塔尔玛的丈夫一样，没有大惊小怪。

沃利斯满头黑发，肤色苍白，并不是绝色美人。她极富时代气息，

高挑苗条的身材，被人形容为“小男孩屁股”的狭窄臀部，让她猛然看上去似乎不大可能成为时尚偶像，但其品位无可挑剔。英国摄影家塞西·贝尔顿给沃利斯拍过几次照片，说“她在时装品位方面偏爱大胆简约的风格”。当时最著名的服装设计师夏帕瑞丽、蒙伯克、莫利纽克斯和帕克坤尼曾为她设计过时装。那些衣服完全显露她的线条，使她看上去华贵无比，魅力四射。皇室成员中没有一个女人能比沃利斯·辛普森穿得更漂亮，看上去更优雅。在她和爱德华生活的狭小圈子里，她的优雅为人羡慕。但是，时尚感并没有为她赢得普通英国妇女的青睐！

1936年，爱德华王子的父亲——国王乔治五世去世，王子在感情上更加依赖沃利斯。他相信，没有沃利斯做他的王妃，他无法承担君主的重任！

天真，但不是纳粹分子

为什么公爵和公爵夫人在他们结婚四个月后、波兰被入侵两年前，访问德国？有些人说，爱德华和辛普森夫人同情纳粹事业。另外一些人暗示，爱德华和沃利斯希望纳粹会赢得战争，占领英国，把他们扶为国王和王后。

真相其实没有那么具有煽动性。他们在英国不受欢迎；在法国，贵族们对他们彬彬有礼，但非常冷淡；但纳粹政府很高兴款待温莎公爵和夫人。

秘书菲利普·齐格勒相信，爱德华仍然对与家庭决裂感到伤心，决定访问德国以抚慰自己受伤的心灵。他要向他的新娘证明，他仍然是个举足轻重的人。

也许，对他们来说，最糟糕的是他们在政治上太天真了，但他们不是纳粹分子。

沃利斯和爱德华不是他们圈子里唯一的非法情人，她丈夫埃斯特与她的老同学玛丽·拉富瑞也开始发生关系。其实，早在十年前，玛丽就是沃利斯和埃斯特的牵线人。是新国王首先找到埃斯特·辛普森，请求他对沃利斯放手。根据当时的英国法律，通奸是保证离婚的最简单的证据和方式。于是，玛丽和埃斯特去英国海边的旅游胜地旅行。他们住进一家旅馆，第二天早晨叫了早餐送到他们的房间。这样，仆从就看到了他们躺在一张床上，然后在法庭上作证，证实埃斯特·辛普森对自己的妻子沃利斯不忠。

从深受爱戴到遭受谴责

1936年的大部分时间里，爱德华国王都在努力寻找与沃利斯结婚、让她王冠加冕的途径，他希望能找到一个既能保留王冠，又能和他想要的女人结婚的两全之策。然而，在每一个地方，爱德华希望沃利斯加冕王冠的愿望都遇到了响亮的回答——“不行”。首相斯坦利·鲍德温说这不可能！英联邦大地上的每位首脑一致赞同鲍德温的意见。英国教会的高级教士——坎特伯雷大主教主动站出来，试图说服爱德华放弃沃利斯，履行他作为国王的职责。但这位好心人的建议遭到了拒绝。王室成员甚至拒绝与臭名远扬的辛普森夫人握手，请求他们支持他娶沃利斯做王后，简直是天方夜谭！他们对此深恶痛绝！最后，还有英国民众，他们喜欢国王，但厌恶辛普森夫人——有多厌恶，这一点很快就会清楚了！随着英国宪法建立的每一级机构和全社会的反对，爱德华最后被迫接受了残酷的现实：如果他一定要与沃利斯结婚，逊位是他唯一的选择！

沃利斯早已把每一个铜板都押在了王后加冕上。她经常与国王一起露面，甚至无所顾忌地与国王住在一起，自毁名誉。她与丈夫离了婚，为自己所希望的皇家婚礼扫清了障碍。在一封写给她喜爱的姑姑——远在美国的贝西·梅里满的信中，她吹嘘说，她喜欢做国王情人的威力，更不用说金钱、珠宝，还有其他爱德华雨点般倾注在她身上的礼物。但是现在，她明白赌打输了。预见到国王放弃王位后她将要遭遇到的愤怒的风暴，沃利斯潜逃了！跑到法国去避难了！

与此同时，爱德华的母亲玛丽王后对儿子晓之以理，做了最后一次努力。12月初的某一天，他们见面的时候，玛丽王后建议爱德华“为了国家的利益”放弃沃利斯·辛普森，但儿子的回答让她颤抖不止。她后来在给一位朋友的信中写道，对于她的建议，爱德华“愤怒异常，暴跳如雷，大喊大叫，简直就像个疯子”。在他得知自己将无法两全其美——王冠和沃利斯·辛普森王后——的时候，歇斯底里地爆发了！于是，他选择了沃利斯！

那是作为国王的爱德华最后一次的情感发泄！事情一旦定了下来，他的幕僚就开始起草文件——爱德华国王放弃王冠，支持他的弟弟乔治王子继位。名曰《逊位诏书》的文件蓝本于1936年12月9日的深夜完成。

亨利七世

在关于爱德华八世和辛普森夫人的任何讨论中，人们不由自主地会提到英国结婚次数最多的君主亨利七世。“亨利离了两次婚，然后又结婚了”，批评家们说，“没有人让他逊位”。

事实上，亨利从来没有休掉他六个妻子中的任何一个。他废除了第一个妻子凯瑟琳·阿拉贡。他辩解道，由于她是他去世的哥哥的寡妇，他们的婚姻从一开始，在上帝或国家的眼中就是不合法的。

他的第四位妻子安妮·克莱伍兹也被废除了，理由是她不够完美。亨利发现这个可怜的女人缺乏吸引力，拒绝与她做爱。

至于第二和第五位妻子——安妮·拜伦和凯瑟琳·霍华德，亨利砍了她们的头是千真万确的，但至少他从来没有因为与她们离婚而给皇室丢脸。

大家感到，让这个令人寒心的文件长期保存在文件柜或者服务台似乎不妥。于是，在凌晨一点，它被送到了爱德华喜欢的住处丽城城堡。国王按计划将在第二天清晨签字。

在将近一年时间的起起落落之后，实际退位的过程显得极为平淡。上午十点过几分，爱德华在三个弟弟的见证下，签署了《逊位诏书》，向全世界宣布，他“以不可动摇的决心放弃自己以及后代子孙的王位继承权”。从那一刻开始，闹剧结束了！危机过去了！

几个小时之后，爱德华通过温莎城堡悬挂的喇叭，向全国人民发表演讲。前国王几乎用请求的声音告诉他的子民：“没有我所爱的女人的帮助和支持，我感到我无法像自己希望的那样肩负国王的使命。你们务必要相信这一点！”

这是一个令人感动、激情洋溢的演讲！即便在今天阅读全文，人们还是会情不自禁地对爱德华充满同情之心。但是，英国人不这么看！前国王被每天送达的邮件所淹没，成千上万的信件，每天从愤怒的寄信人手中送到这里，有的用最下流的语言攻击沃利斯。家里的工作人员试图让爱德华不要接触这些信件，但他还是看到了一部分，被惊得目瞪口呆。一直娇生惯养、养尊处优，到处受到欢呼，到处受到崇拜的他，却成为如此强烈、尖酸刻薄的批评对象，他感到害怕！但考验还没有结束！

广播演讲结束之后，爱德华立刻告别家人，动身前往法国与沃利斯会合，但家族的纽带并没有因此而中断。新任国王乔治六世遭到爱德华的电话轰炸。这位前国王一连几个小时，滔滔不绝地在电话中谈论他所需要的东西和应该支付给他的薪水，只有在不请自问地给弟弟介绍做国王的经验时，他才会偶尔停止那令人可怕的长篇大论。有一次，面对泛滥成灾的工作，乔治拒绝了爱德华的电话，捎去口信劝他晚上再打过来。福卢蒂·米特卡夫——爱德华最亲密的朋友回忆说：“他（爱德华）简直不能相信！他太习惯于按他的意愿安排一切了！”

金钱与头衔

爱德华最希望确定下来的事情是，他能够从皇室家族或者英国政府手中得到多少退位年薪。逊位的那天，他得到了大约九十万英镑的现金，还不算他担任康沃尔公爵和兰卡斯特公爵期间获得的其他有收益进项的资产。逊位之前，爱德华能捞多少就捞多少，但他对自己的弟弟乔治说他快要破产了。被哥哥主动退位和自己即将继承王位的震撼搅得心神不安、激动不已的乔治慷慨承诺，他将自掏腰包，每年给哥哥两万五千英镑。几周之后，当清点前国王资产的政府官员向新国王汇报爱德华有多富有时，乔治才知道他被骗了！

乔治的第一反应是废止承诺，但爱德华早就说服乔治写了白纸黑字，并且签字画押。爱德华大呼小叫，从道德和法律两个方面胁迫他——最终，新国王让步了，同意每年支付他两万五千英镑。

然而，还有一点让皇室成员感到非常棘手。他们授予爱德华“温莎公爵”的头衔，沃利斯嫁给爱德华，就因而成为了温莎公爵夫人，但是能把她称为“殿下”吗？沃利斯极其想要得到这个称呼！这会使她“更加时尚优雅”！爱德华也想让沃利斯得到这个头衔，因为这会验证他的选择！但现在，整个王室都反对给这对夫妇授衔！在与英国首相斯坦利·鲍德温的谈话中，乔治国王提出了一个事关修辞的问题，“在对这个国家做过这些事之后，（沃利斯·辛普森）还是皇室殿下恰当的、合适的人选吗？”然后他自我回答道，“我和我的家庭，还有玛丽王太后都觉得，承认辛普森夫人是皇室成员的恰当人选将会是一个巨大的错误！君主立宪已经让她羞辱得够厉害了！”

王室家庭的决定让爱德华既生气又痛苦。尽管怨恨不已，在一段时间内，他还是尽量控制着自己的情绪。但是后来，他向母亲王太后和国王弟弟发泄了自己的不满。在一封写给王太后玛丽的信中，他充满讽刺地扬言，由于和沃利斯的关系，“我一生中第一次感到幸福”，接下来他还暗示，母亲对他的婚姻送去的祝愿表明她是个伪君子！在写给国王乔治的信中，爱德华坚持认为，他才是受到伤害的一方，是无私的那一个!“除了爱国，我还有其他的退位动机吗？”他这样质问自己的弟弟!

1937年6月3日，在法国海纳一座美丽迷人的文艺复兴式城堡——卡德古堡中，前英国国王爱德华与沃利斯·辛普森结了婚。没有一个英国王室成员出席婚礼。

动机：

愤怒
慈善
嫉妒
忠诚
贪食
贪婪
希望
性欲
骄傲
懒惰

“我不是骗子”：理查德·尼克松和“水门事件”

理查德·尼克松在白宫东厅接受水门丑闻的司法质疑。华盛顿特区，1973年10月

主角：理查德·米尔豪斯·尼克松（1913–1994），美国第三十七任总统（1969–1974）。

丑闻：吩咐助手组织人手，闯入竞争对手民主党总部，安装电子窃听器。

原因：他正准备竞选连任的筹备工作，想了解民主党的进展情况。

“我不在乎该死的发生了什么！我想要的是你们设法阻止它继续蔓延，让他们辩论第五修正案，掩盖起来或者做点儿别的什么都行。”

——理查德·尼克松对他的高级顾问如是说

深夜，华盛顿特区水门公寓，值班保安弗兰克·韦尔斯发现通向停车场和办公大楼之间的大门上粘着一盒磁带。弗兰克盯着磁带，心里琢磨着这不大对劲。磁带卡在门边，门就关不严了。韦尔斯耸了耸肩膀，心想，这可能是送房间用品的清洁工临时粘上去的，后来忘了取下来。他拨开磁带，关上门，继续他的巡查。但清晨两点钟，当他再次回到这里时，发现门又成了半掩状态，门上的磁带被人换过了。显然，楼道里有人，他们想让那扇门开着，以便进出方便。韦尔斯认为有了充足的证据，就立刻拨打了华盛顿警察局的电话。

1972年6月17日清晨的这个电话，引发了一桩意义深远的政治丑闻。这一丑闻震惊了美国朝野，让整个国家在两年多的时间里处于一片哗然之中。这件事还连累战时的美国总统陷入严重的犯罪深渊，迫使他成为美国历史上第一位被迫辞职的总统。总统的一些高级顾问和职员被起诉判刑，进了牢房。总统的白宫发言人因此被开除，因为事情刚开始时，他说这是一件“三流盗窃案”。《华盛顿邮报》的两名记者以大无畏的英雄气概，穷追猛打追踪采访，连续揭露事情真相，为白宫的丑闻火上浇油。其坚忍不拔的毅力，为他们赢得了美国记者最高荣誉——普利策奖和大量的图书出版及电影摄制合同。他们的报道引发了国会弹劾调查，还使“gate”这个后缀永远成为社会高层错误行为的同义词。

性格呆板

尽管做过国会议员、参议员、副总统和总统，理查德·尼克松一直被人们形容为一个“干着外向工作，但性格内向的人”。他大部分时间沉浸在自己的世界里，几乎不和人交流，包括他那郁郁寡欢的妻子，也不相信任何人。面对面或与少数人交流让他感到不安。他好像从来没有放松过！有一次，在拍摄竞选照片时，为了显示他是个正常人，他穿着海军制服——白衬衣、领带还有流苏——在海边散步，看上去既僵硬又滑稽。他还一个劲儿地担心海水会打湿他的鞋子！一名白宫工作人员说，过去五年之中，他从未见尼克松总统脱过夹克衫——即使是在办公室里。另一位更胜一筹，说他从未看见总统解开过夹克衫的扣子。尼克松很容易动怒，爱发脾气，工作人员对此都装作看不见。“我要把他们全部开除！”他会这样叫喊，“这次我说话算数！”还有一个传奇故事。有一次，美国“空军一号”经历了一次危险着陆。“就是它了，”总统发怒了，叫道，“以后都不用在机场着陆了！”

然而，除了以上怪癖和不信任感，尼克松总统执政期间政绩斐然，尤其是在外交政策方面。他开创了与中国外交关系正常化的新纪元，支持中国进入联合国。他是第一位在长期断交之后访问中国的美国总统。他还访问了莫斯科，磋商战略武器限制条约。这个条约反过来又促成了反弹道导弹条约的签署，也缓和了与苏联长达数十年的冷战关系。尽管他是坚定不移的政治保守派，但他欣然接受了一些自由事业，建立了环境保护局、职业健康中心与安全管理局，还通过了美国第一份平权行动方案。

手段卑鄙的部门

1972年6月的那个清晨，接到韦尔斯报案的警察赶到现场时，他们的手电筒让五名闯入民主党全国委员会总部办公大楼的窃贼惊慌不已！他们当时正在窃听电话！美国第三十七任总统尼克松以及共和党在全国范围刚刚启动第二届四年总统任期的连任竞选。这是共和党与死对头民主党之间的一场殊死之战。如果相关丑闻不被完全公开，尼克松将在11月的竞选中以绝对优势取得胜利。这将严重打击民主党的士气。安装窃听装置的目的，是想了解民主党内部有关总统竞选的计划。不幸的是，共和党和总统候选人及五名窃贼很快被与一个叫作“共和党再选总统运动”的组织联系在了一起。这个组织的英文首字母连在一起，组成英语单词“蠕虫”，因此被讽刺性地称为“蠕虫组织”。竞选官员起初认为，他们是竞选中热情过度的流氓分子采取的自我行动——毕竟，一个总统或他的手下，为什么要用这种非法行为弄脏自己的手呢？尤其是当总统在民意调查中领先十七个百分点、重新当选似乎已经毫无悬念的情况下？因此，当问及此事与白宫之间有何关联时，白宫工作人员和竞选官员脸上一片茫然！当然，总统对此一无所知，压根儿不知道被他的发言人称为“三流盗窃案”的偷听事件……现在是对越作战时期……

但是事情真相不断被揭露出来，一件事情牵连出另一件事情。总统开始还带着挑剔、自以为是的心态观察事态的发展，但最后他终于发怒了。因为随着调查越来越接近事实，白宫被淹没在丑闻之中，甚至传出令人畏惧的话语，“可能会被弹劾”！

当五名嫌疑人以盗窃罪接受审讯时，总统牢不可破的盔甲上出现了第一道裂痕。这伙人显然不是普通窃贼，为他们辩护的是一名收费高昂、穿着入时的律师。他甚至在星期天早上为他们出庭辩护。嫌疑人作案时戴着手术手套，目的显然是不想留下指纹。他们甚至随身携带了三万二千美元的百元现钞。当问及他们的职业时，其中两个说是“反共产主义者”。詹姆斯·麦克考德，五名犯罪嫌疑人之一，低声回答说他是退休的政府公务员。当问到在政府哪个部门任职时，他压低声音回答道：“中央情报局。”最后，麦克考德承认，他现在是“蠕虫”组织的安全顾问，前中央情报局官员。

审讯官们从麦克考德身上搜出一个笔记本，发现上面有E．霍华德·亨特的电话号码，还有一个字母缩写为WH的电话号码。他们后来发现，亨特曾经在白宫特别调查委员会任职。亨特和戈登·利迪负责一个名叫“管道工”的小组。他们的职责是保护政府当局不想公开的情报不被泄露。他们还组织了一个叫“肮脏诡计”的组织，目的是诽谤和诋毁民主党和反战组织！这个组织最令人厌恶的行动是破门而入，洗劫了洛杉矶心理治疗专家的办公室，因为这位专家曾为五角大楼和国务院一位名叫丹尼尔·艾斯伯格的雇员看过病！艾斯伯格泄露过五角大楼有关政府对越作战计划的秘密材料。当这些文件在《纽约时报》刊登后，艾斯伯格以间谍罪、盗用文件罪和阴谋罪受到起诉。亨特和利迪希望能够证明艾斯伯格精神不正常，但由于他们没有找到有用的证据，于是就砸了医生办公室以破坏现场痕迹！

> 好好去睡上一觉！没有征得我同意之前，不要偷听任何人。
>
> ——理查德·尼克松对他的竞选连任管理人说

在审讯现场，二十七岁的报界新秀、《华盛顿邮报》记者鲍勃·伍德华德出席并报道了案件审理过程。当麦克考德承认他是中央情报局官员，并透露这起盗窃案的目标是民主党竞选总部时，伍德华德竖起了耳朵。他意识到这不是一起普通的偷盗案！很快，他和同事卡尔·伯恩斯坦在《华盛顿邮报》编辑本·布莱德利的鼓励下，开始往更深、更远的地方挖掘。同时，他们对越来越多来自政府内部的消息产生了怀疑。最后，他们与一名叫作“深喉”的匿名知情人取得了联系。

“深喉”

三十年来，“深喉”的真实身份一直是华盛顿最充满诱惑、最令人费解的神秘事件。不管他是谁，这个人掌握调查事件和涉及人员的大量内部消息，有能力向《华盛顿邮报》记者提供这些信息。白宫作出最大努力寻找这位肇事者，众多不同的名字被提出来受到调查。尼克松总统的参谋长亚历山大·海格将军是最常提到的人选。伍德华德与“深喉”认识多年，一直保持着联系，但他严守秘密。他在《总统身边的人们》一书中，讲述了他与“深喉”定期在一个地下停车场见面的情况。他们遵守所有间谍活动的规则。当伍德华德想要见面时，就在阳台上摆一盆花；当“深喉”有消息提供时，就在送到伍德华德家的《纽约时报》的第二十页上留下记号。

《华盛顿邮报》记者鲍勃·伍德华德（左）和卡尔·伯恩斯坦（右）在报道完水门事件听证会后离开联邦法庭。1974年

直到2005年，“深喉”的神秘面纱才被揭开。此时，他已经八十六岁了，健康状况每况愈下。他就是马克·费尔特！水门事件期间联邦调查局的二号人物，行动处副处长，与水门事件调查相关的任何文件都要经过他的批阅。八十多岁的费尔特已经无法回忆起许多细节，不能再揭露出他参与的理由，但他希望能够成功超过艾迪迦·胡佛坐上联邦调查局的头把交椅，已不是秘密。事与愿违，白宫任命了律师帕提克·格雷。费尔特却认为他幼稚，无足轻重，容易受人操纵！他也憎恨尼克松出于政治目的利用联邦调查局！无论如何，伍德华德说，费尔特战争期间在联邦调查局担任过反间谍任务，所以他猜测，他喜欢刺激和身穿斗篷、怀揣匕首的密探工作。根据伍德华德的说法，费尔特的秘密资料从来没有给他们提供过联邦调查局的文件或具体的数据，他只是证实调查已经揭露了什么，什么时候他们搞错了。他有一次对他们说，“追踪钱

的线索”。他们用的就是这种语言！后来，他们从“蠕虫组织”给一名律师的支票线索中，查到了一位窃听者的银行账户。

“深喉”是伯恩斯坦和伍德华德1972年10月10日发表的那篇文章的主要消息来源。这篇报道恰好发表在11月大选的前夕，揭露了“水门事件”不是一个孤立的事件。这个消息让华盛顿目瞪口呆：“联邦调查局特工人员已经确定，‘水门事件’源于大规模的政治间谍活动，是为了尼克松总统竞选连任所进行的破坏活动，是由白宫官员和总统连任委员会直接导演的。”根据联邦调查局和司法部的存档文件，所有这些活动全部针对民主党总统竞选的候选人——从1971年起，代表了尼克松竞选连任的基本战略思路。

一年时间解决“水门事件”足够了

然而，尼克松在11月竞选中以绝对优势胜出，马塞诸塞州除外。1月20日，尼克松宣誓连任总统。他把这当作是对他的平反，因而错误地认为“水门事件”已经成为过去！但水门风暴的乌云正在白宫上空滚滚翻腾。就在总统就职典礼后不久，“水门事件”中的盗窃犯罪嫌疑人与利迪、亨特一起受到了审判。除利迪和麦克考德被陪审团判定有罪外，所有人表示认罪。法官约翰·斯瑞卡被人称为“最大的约翰”，以判刑严厉而著称。他给每个人判了三十年监禁。但他暗示，如果他们能够对这次窃听案作出圆满解释的话，可以得到宽大处理。麦克考德在写给法官的信中，坦白交代了一切，说他和其他窃贼是在“政治压力之下”认罪和保持沉默的，他们在审判时做了伪证，破门而入是经过上面同意的。这一切可不是白宫想听的消息！

> 他们撒了谎，然后又以撒谎去掩盖谎言，再用更多谎言掩盖这些谎言，以致于到最后，没人知道真相，如果还有任何真相的话。
>
> ——鲍勃·伍德华德

1973年1月，在国情咨文讲话中，尼克松呼吁尽快结束这次丑闻：“‘水门事件’耗费了一年时间，足够了！”他在众议院和参议院联合会议上如是说道。然而，即使他发出呼吁，民主党控制的参议院却还在继续努力，想要挖出事情的真相，尤其是总统在掩盖事实真相方面可能扮演的角色！ 2月7日，参议院以七十比零的投票结果，通过了成立专门委员会调查“水门事件”的决议。来自北卡罗来纳州的参议员山姆·埃文，一位值得尊敬、平易近人但执法严明的前法官，被任命为两个党派的联合主席。埃文先生清楚地表示，入室行窃毕竟是重罪，因此，掩盖事实真相是触犯法律的行为，无论掩盖真相的人是谁！

接下来的几个月中，尼克松性格中最糟糕的一面显露了出来。当丑闻逐渐浮出水面时，他告诉自己的高级顾问们，“我不在乎该死的发生了什么！我想要的是你们设法阻止它继续蔓延，让他们辩论第五修正案，掩盖起来或者做点儿别的什么都行”。尼克松也向自己证明了他是阻止事态发展的行家里手。他否认、回避并排除一切对他不利的因素。窃听案开庭审判之后，他的第一个行动是召见白宫高级顾问约翰·迪恩。他是“水门事件”法律方面的特派员。根据迪恩后来在参议院委员会上的证词，他们讨论的主要话题是让这些入室盗窃嫌疑人继续保持沉默需要多少钱。钱已经转入他们的账户，但考虑到刑罚的严厉，可能会需要更多的钱——当迪恩说一年时间内大约需要一百万美元时，总统说，如果是那个数字，这些钱还是可以筹到的。他知道从哪里弄到钱——是现金！同一天，七万五千美元交到了律师手中，打点E·亨特之事。迪恩告诉尼克松，他为白宫在窃听案中扮演的角色和案件的持续调查感到担心，说“有一个肿瘤正在从总统身上长出”。尼克松称赞了迪恩的工作。但几周之后，在另一个早上，迪恩告诉总统，他被传唤去会见联邦检察官。正如迪恩后来所说的那样，他怀疑，如果出现任何因掩盖事实的起诉，他都会被送去做白宫的替死鬼。

两周之后，迪恩被开除了！他离开了白宫。但离开之前，他把那些证明总统有罪的文件转移到了保险柜里，并把钥匙送到了法官斯瑞卡那里。同一天，尼克松宣布，辞退他最亲密的高级顾问们——参谋长H·哈德曼、美国政策顾问约翰·厄里克曼、总检察长理查德·克兰迪斯特，同时称赞他们是具有奉献精神的公务员。

电视审判

参议院的“水门事件”专门调查委员会于1973年5月17日开始电视直播听证会。第二天，尼克松任命哈佛法学院资深教授阿奇巴尔德·考克思为检察官，让他以特派员身份对“水门事件”进行独立司法调查。在整个夏天的大部分时间里，美国人黏在电视机旁观看这场闹剧。据说，全国有百分之八十五的人收看电视直播。人们模仿法官埃文的乡下口音，羡慕迪恩的金发太太——她坐在听证会场的后面。迪恩最早出庭作证。他非常详细地讲述了与总统的那次见面。总统建议给“蠕虫”成员提供封口费，还提供了其他能够隐藏白宫和“蠕虫”成员的办法。

然而，尼克松总统否认了一切！他发表长篇演讲，声称事先对这起窃听案并不知情，也没有掩盖事实的行为！他说，迪恩所说的封口费和总统角色的谈话都是谎言！他说，当他得知情况后，命令联邦调查局不要参与此事，告诉他们这涉及国家安全。他还承认，他批准了对记者和行政助理进行监听。他再一次强调说，此事涉及国家安全，白宫必须知道谁是泄露最高情报的危险人员！

1974年8月8日晚上9点1分，CBS电视台的电视转播画面。新闻报道了尼克松总统辞职的消息

“总统知道什么？他什么时候知道的？”田纳西州的参议员霍华德·贝克在调查委员会听证会上问道。贝克是共和党的坚定分子、尼克松的支持者，再后来是共和党少数派在议会的领导人。他的提问表明，共和党和民主党双方的议员都开始怀疑尼克松已经深深地被牵连进了隐藏真相案中。接着，导致尼克松政府倒台的重磅炸弹出现了！负责总统行程安排的白宫助手亚历山大·巴费伊德被调查委员会询问。委员会一名成员只是顺便问了一下，白宫椭圆形办公室里有没有任何形式的录音设备以记录在那里发生的重要谈话。

“我正希望你不要问我这个问题。”巴费伊德回答道，“是的，总统的办公桌底下、四周的墙上、总统的书房、总统度假的戴维营的确装有秘密麦克风。这些设备自动记录总统在场时所说的每一句话。这些磁带保存在总统档案馆”。那天是星期五下午。紧接着在星期一，巴费伊德在各位参议员面前又重复了同样的证词，调查由此进入崭新而辛辣的阶段。对尼克松来说，这是一个灾难性的转折！

白宫又一次出面阻拦。其他总统在椭圆形办公桌旁的谈话也录了音——保留话语内容非常重要，这既是对历史负责，也是为了方便以后总统撰写或发表回忆录。比如，肯尼迪政府对1962年古巴导弹危机期间的重要会议全部录了音。这种录音必须秘密进行：如果与会者知道他们被录音，大概就不会谈得那么自如了，就会有所保留。那样的话，就无法在总统面前充分表达自己的思想。而且，这是执政特权的问题！当考克思特别检察官索要有可能揭露总统讨论窃听案和掩盖事实真相的录音磁带时，白宫一口回绝了！

接下来的数月，参议院委员会、特别检察官考克思和尼克松总统陷入了无休止的拖沓之战。尼克松充分意识到了磁带可能包含破坏性信息，因此，他坚定地甚至是恶狠狠地进行反击，以便让它们锁在安全的地方。斯瑞卡法官命令他交出法庭指定的磁带，尼克松也拒绝了法官的要求。白宫诉请行政特权，同样，受理法庭要求尼克松必须把磁带交给调查委员们。

1973年10月20日发生的事件，后来被戏称为“星期六夜晚大屠杀”。考克思不停地索要磁带，尼克松指责他不忠诚。尼克松命令总检察长伊力特·理查德森——他成功地辞退了克莱迪恩特——开除考克思，理查德森拒绝了。尼克松又重复了他的命令，理查德森递交了辞呈。尼克松命令理查德森的代理人威廉姆·瑞科豪斯执行开除令，瑞科豪斯也拒绝了，并且提出辞职。最后，排名第三的副检察长罗伯特·鲍克下发了开除令。

在一片哗然和混乱之中，副总统斯比洛·阿格纽也被指控有腐败行为，时间始于他在马里兰的任期内。尽管与“水门事件”没有关联，阿格纽的辞职也增添了丑闻的气氛。现在，这种气氛笼罩着白宫。

尼克松任命里昂·迦沃斯基为特别检察官，取代了考克思。但如果总统认为，任命迦沃斯基能够缓和或平息他的司法问题，那他就错了！现在，众议院代表委员会开始公开商讨弹劾总统的问题。在磁带可能会揭示什么的问题上，尼克松的私人律师委婉地建议他考虑辞职。迦沃斯基也在努力证明自己不是个软柿子。他说，调查需要所有相关磁带，而不仅仅是法庭已经传唤的那几盒。于是，白宫律师团赶在法庭审判之前，把所有要呈送法庭的磁带听了一遍。结果，发现了一个非常关键的问题——尼克松和高级职员海德曼在椭圆形办公室谈话的那盘录音磁带中，有一段十八分钟的录音没有内容！白宫理亏辞拙地解释说，这十八分钟的空白是不小心洗掉的。他们说，在抄写磁带时，忠于职守的总统秘书罗斯·伍兹在接电话时偶然踩了脚踏板，脚在上面放了十八分钟。这不是个令大多数人，包括参议员们信服的解释，而且照片证明，伍兹要想一边接电话，一边踩踏板，她就必须是个柔体舞蹈家！

在磁带问题僵持不下的时候，大陪审团指责前总检察长海德曼·艾力克曼和竞选委员会主席约翰·米歇尔以及其他四位白宫高级助手有妨碍司法的嫌疑。一份部分内容现在仍然保密的起诉书把尼克松称为“未被指控的阴谋家”。与此同时，众议院审判委员会也开始传唤录音磁带，因为它有可能启动弹劾总统的议案。

> 我把自己拉下了马，我用辞职弹劾了我自己。
>
> ——理查德·尼克松

看上去有点儿像是总统的顾问们把尼克松逼到了死角。但以“坚韧”引以为豪的尼克松绝不是一个轻言放弃的人，他无论如何也会紧握手中的武器！但这次他却没能坚持多久，就同意把已经动过手脚的磁带呈送法庭。白宫被变成一个抄录–打字的巨大池塘，他们上交了一千二百五十多页誊写打印的手稿。这些东西随后对外公布。然而，任何可能受到指控的谈话内容或花絮，以及任何白宫认为可能对国家安全构成威胁的信息全都不见了！任何带有种族歧视的诽谤或言辞、粗俗下流的词语和愤怒的咒骂声也不见了！仔细审阅这些手稿，调查委员会委员们和选民代表们被充斥在谈话中的污言秽语弄得目瞪口呆，面面相觑！这些“删除脏话”的词语进入语言之后成了人们永久的笑柄！

编辑过的录音手稿对特别检察官迦沃斯基来说还不够，他想要磁带原件，以核实调查中的资料有无遗漏。他减少了他想要传唤的磁带数量。“放弃它们！”他告诉总统，并且在他面前摆下了诱人的诱饵——如果总统交出一小部分磁带，迦沃斯基将对大陪审团尚未提起指控的同谋保守秘密。“我不是骗子！”尼克松在电视讲话中说道，他一定是被他的形象中还剩下的东西弄得很痛苦。但全面揭露他在掩盖事实案中所扮演的角色的活动还在继续，结果甚至是灾难性的。尼克松拒绝了迦沃斯基的提议和允诺，迦沃斯基诉请最高法院裁决。

尼克松的律师们已经听过磁带，他们懂得这些磁带的危害性有多严重！他们尽可能委婉地建议总统辞职，以免出庭面对似乎已经无法避免的弹劾。尼克松愤怒了，他说他不能成为美国历史上第一个下台的总统，还有，他没有做任何违法的事。当他理解了犯罪的性质后，他坚持进行全面调查，让事情回归真相。这不公平！他是一名战士，他一生中从未在任何战斗中逃跑过！律师们摇了摇头——他似乎真的相信他说的话！作为最后的招数，律师们建议他自己听听磁带。他做过律师，应该懂得这个案件对他最不利的地方——特别是如果他听了1972年6月23日入室盗窃事件发生一周以后他与哈德曼的三次谈话。“好吧，真该死！”尼克松同意了。

但是，他仍然是总统，还有重要的职责要履行。在接下来的几周里，他访问中东，与以色列和巴勒斯坦进一步商谈，他去莫斯科参加与里奥尼德·勃列日涅夫的峰会，敦促《战略武器限制条约》的签署。当他外出履行职责的时候，最高法院以八比零的投票结果维持原判，裁定特别检察官迦沃斯基胜诉。

“走火磁带”

这时，一切都结束了。1974年6月23日，白宫被迫交出了关键的磁带——后来人们称它为“擦枪走火的磁带”。在刺啦声、咒骂声和背景噪音中，人们可以清楚地听到总统的声音，他指示哈德曼掩盖事实真相。他原本打算让中央情报局的局长告诉联邦调查局放弃调查。“啊，要为国家安全着想。它会牵扯出一连串的事情。就这样告诉他们，他们必须罢手。”到1974年8月5日，“走火磁带”的抄录稿被媒体全面报道了出来，众议院司法委员会已经通过了三项弹劾总统的议案。

在8月8日的电视讲话中，尼克松宣布，他将在第二天中午辞去总统职务。根据国务卿亨利·基辛格的回忆，尼克松与他一起度过了最后一个晚上，喝酒、抽泣、祷告，一个被自己的错误拖垮的孤独的人！

动机：

愤怒
慈善
嫉妒
忠诚
贪食
贪婪
希望
性欲
骄傲
懒惰

值得记住的外遇：约翰·普罗富摩和政府的垮台

主角：约翰（杰克）·丹尼斯·普罗富摩（1915-2006），英国国防部长（1960-1963）。

丑闻：与歌舞演员凯勒有染。凯勒同时又是苏联间谍的情人。

原因：沉迷于英国乌烟瘴气的上流社会，无法抵御凯勒的魅力。

约翰·普罗富摩与美丽女郎克莉丝汀·凯勒的风流韵事，被指摘为英国保守党政府失去来年大选的主要原因

年轻女郎克莉丝汀
粉碎了党的国家机器
躺在女郎裸体的怀里
并不低俗
下流无耻
面对众议院撒谎

——1963年英国流行的一首打油诗

1961年7月8日，星期六，伦敦。著名整骨专家斯蒂夫·沃德邀请一伙朋友，到一家农舍玩乐。农舍是他从病人阿斯特勋爵手中租来的，位于克里维登。它是阿斯特勋爵在贝克汉姆郡泰晤士河边购置的地产，数十年来一直是政界要人和艺术家们寻欢作乐的场所。

看到朋友们无精打采地坐在壁炉旁边，沃德建议大家去游泳。阿斯特勋爵准许沃德和他的客人使用游泳池，于是他们动身前往主楼——一幢建于1851年的三层别墅。置身于贵族的生活中心，身旁簇拥着年轻美貌的玩伴，沃德感到如鱼得水，轻松惬意。他们中间最抢眼的是十九岁的歌舞演员——模特克莉丝汀·凯勒。

凯勒到了游泳池边后，穿上了为客人准备的泳衣，发觉它很老土，也不大合身。沃德说，她应该脱掉它。她照着做了，然后赤裸着身体，跳进了游泳池。

阿斯特勋爵和客人正在共进晚餐（其中包括巴基斯坦总统），听到轻薄的哄闹声，出来察看情况。阿斯特陪着他的朋友约翰（杰克）·普罗富摩——保守党的国防部部长走了过来。游泳池中，凯勒赤身裸体、水花四溅的场面让他们大饱眼福。沃德走过来一边打招呼，一边把凯勒的泳衣踢到了一边。凯勒尴尬地从游泳池上来，试图用一块小毛巾挡住她的身体。

阿斯特招呼沃德和他的朋友进屋，普罗富摩领着她绕场一周，然后诱哄她穿上盔甲，供在场的客人们取乐。

第二天，沃德、凯勒和其他几个姑娘又来到了游泳池。这一次陪伴他们的是苏联大使馆高级武官尤金·伊凡诺夫。面容严肃但英俊潇洒的苏联人吸引了凯勒，但普罗富摩继续与她打情骂俏。整整一天，两个男人都在争夺她，他们甚至还进行了一场游泳比赛。可是到了晚上，她还是和伊凡诺夫一起走了。不过，普罗富摩从沃德手里得到了凯勒的电话号码。他是一个不轻言放弃的人。

普罗富摩和凯勒

普罗富摩在哈罗和牛津接受过教育，1940年作为保守党议员进入议会。他身居要职，受到同事的尊敬，还有一个魅力四射的妻子——英国电影明星瓦莱莉·哈伯森。你可能会想，他为什么要和一个歌舞演员扯上危险的关系。但就私通而言，这没有什么不同寻常的。而且，如果词语本身真能说明什么，那他早就应该谨慎地面对新闻媒体了。

凯勒的成长背景与普罗富摩完全相反。她生长在伯克郡的一个小村庄沃瑞斯波利，与母亲、继父在改装过的火车车厢里一起生活了好多年。十六岁时，曾怀上当地一位男孩的孩子，尝试过用毛衣针堕胎，但失败了。后来孩子早产，很快就死掉了。之后，凯勒来到伦敦，在一家餐馆打工。一名歌舞演员把她引荐给了苏荷区玛利亚俱乐部的老板。这位老板雇用了她。她穿着带有羽毛的金色演出服，在舞台上表演袒胸舞。演出间歇时，就和俱乐部的男顾客坐在一起，怂恿他们购买香槟。在同一俱乐部上班的还有一位姑娘，叫曼迪·莱斯-戴维丝。两个姑娘并不特别喜欢对方，两人性格反差太大。凯勒天真、缺乏自信，曼迪自信、会算计，两人的共通之处是她们都充满野心。

一天晚上，斯蒂夫·沃德来到俱乐部，凯勒就这样认识了他。沃德被她迷住了，随即施展魅力，极力劝说她搬进了自己的住所。沃德提出，他们之间不存在性关系。这让凯勒起初吃惊不小，他是现实生活中她遇到的唯一不想扒光她身上衣服的男人。后来，她把他们之间的关系比作兄妹关系，还声称他有斯文加利一般的催眠能力。“他完全控制了我的大脑。”在沃德受审时她在法庭上说，“我常常或多或少地按照他说的话去做任何事”。

很快，凯勒就意识到了她对沃德的用处。沃德是赫特福德郡牧师的儿子，遇到凯勒时已经四十七岁。他不可救药地一心想往上爬，攀附权贵，还是个闲话鬼。他混迹于富人和名人之间，常常为自己的病人名单中有温斯顿·丘吉尔和其他政坛大腕而感到自豪。沃德有艺术天赋，曾为好几位皇家成员画过素描。他拓展了自己的服务范围，超越整骨学和美术，把眼光放到了医学和艺术之外的地方。他不停地寻猎漂亮姑娘，通常是那些下层社会人家的女儿，对她们进行适当的梳妆打扮和训练之后，就让她们陪伴他的事业发达的朋友，或者为他引来新朋友。但他从来都不是一般意义上的皮条客，尽管偶尔会和去过他的保罗—纽斯公寓的异国情种进行金钱交易，但对沃德来说，钱从来都不是问题。

沃德擅长探测人们的性趣味，并且喜欢鼓励他们更进一步。这是他掌控他们的又一途径。后来在他的公寓里，发生了许多耸人听闻的故事。在那里，客人们一边吸食大麻，一边通过双面镜欣赏狂欢的场面。还有一次晚餐聚会上，一名带着面具的侍从穿着小围裙为客人上菜，他从狗碗里吃东西，还请求别人用鞭子抽打他。有传言说，这位侍从就是内阁部长。

短命的风流

克里维登周末之后不久，普罗富摩开始去沃德的公寓拜访凯勒。他们的风流韵事就是从这些拜访中开始的。凯勒回忆说："我们不停地交谈。他很迷人，很会调情。接下来我们就接吻了，他跳到我上面。"

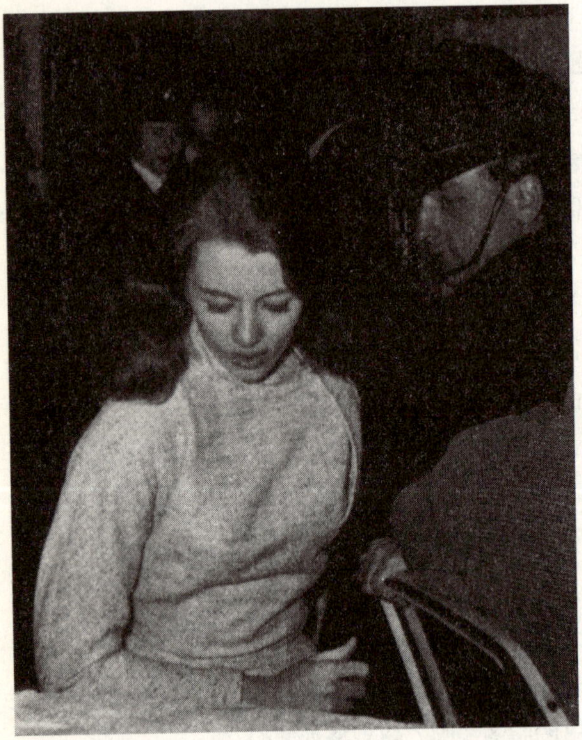

克莉丝汀·凯勒。模特兼歌女，普罗富摩事件中的中心人物。1963年10月

脑袋有点儿谢顶的普罗富摩，加上胖墩墩的身材，算不上相貌堂堂。但是，就如亨利·基辛格回忆录中所说的那样，权力是战胜一切的春药。因此，这桩风流韵事还是津津有味地进行着。他们在他的汽车后座上发生关系，也趁沃德不在时在公寓里做爱。一天晚上，普罗富摩鼓起勇气把凯勒带回了他位于摄政公园的住所。等仆人们入睡之后，他带着她穿过漆黑的房间，最后在自己的婚床上做爱，完成了这次冒险之旅。

在此期间，凯勒始终和伊凡诺夫约会。后来，曼迪·莱斯-戴维丝告诉记者，"这是整个事情中最滑稽的部分。有好几次，普罗富摩刚离开凯勒，伊凡诺夫就进来了。"

英国情报机构很快就获知了普罗富摩和凯勒的关系。情报五处早就对沃德和苏联间谍伊凡诺夫的友谊产生了兴趣。情报五处处长罗格·哈里斯捎话给普罗富摩，让他在伊凡诺夫面前说话小心。情报机构虽然担心普罗富摩可能通过凯勒，把敏感情报传给伊凡诺夫，但此时此刻，他们对通过性关系逼迫伊凡诺夫就范的可能性更感兴趣。情报机关希望从他那里获取情报或迫使他叛变。他们问普罗富摩，能否在这次运作中帮忙。他们戏称这桩交易是“美人计”。

然而，这次谈话却让普罗富摩警醒，意识到了他与凯勒的关系对他的事业有多危险，于是立刻结束了他们之间的交往。接下来的几个月中，他们虽然偶尔见面，但风流韵事结束了。这段短命的偷情只持续了几周时间。

普罗富摩肯定以为，这段充满甜蜜的外遇永远不会被外人所知。他希望把它永远保存在记忆深处，但谣言还是出现了。到1962年年中，这段风流韵事的神秘版本开始见诸报端。

如果这段婚外情发生在早些年间，也许谣言会就此止步。但当时正是英国社会和政治局面极其动荡的时期。1960年，查泰莱夫人审判案最终以企鹅书局同意发行D.H.劳伦斯的被禁小说宣告终结。这一事件发出了新闻审查放宽的信号。几个牛津毕业生创办了嘲讽杂志《私家侦探》，宗旨是振兴和光复自19世纪初期以来那种大无畏、反传统的报告文学。第二年，所谓的“讽刺热潮”出现在电视节目中，大卫·弗洛斯主持TW3（《就是这一周》）栏目，用小品和歌曲无情地嘲讽政府、教会、王室和许多神秘的过气名人、政要。这档节目换来了暴怒和巨大的收视率。

> **戴面具的男人**
>
> 文中提到的戴着面具男人出席的晚餐聚会是在玛丽拉·诺沃特尼和丈夫、古董商哈利斯·蒂本家中举办的。著名的女主人诺沃特尼据说和约翰·肯尼迪、罗伯特·肯尼迪、马尔科姆·X、布莱恩·琼斯等男人睡过觉。丹尼勋爵在调查普罗富摩事件时，设法追查到了戴面具的男人（他表示“对他所做 的事感到十分惭愧”），并在报告中排除了他是内阁部长的谣言。现在，人们普遍认为此人是安东尼·阿斯奎斯——著名电影导演和一位首相的儿子。

1959年，保守党首相哈罗德·麦克米伦以绝对优势赢得竞选胜利。但不断加剧的通货膨胀和产业动荡困扰着英国经济，麦克米伦的竞选宣言——“我们大多数人的生活从来没有这么好”越来越成为一句空话。多年来一片混乱的反对派工党，经过哈罗德·威尔森的重组，也具备了参选的竞争力。

冷战掩盖了所有问题的真相。1962年的古巴导弹危机使得全世界走进了前所未有的核战争的阴影，间谍案随之登上了报刊的头版位置。英国海军军官威廉姆·瓦塞尔因向苏联提供情报遭到审判，成为克格勃美人计的牺牲品（案中“美人”是一名同性恋者）。

丑闻的三要素——性、政治和间谍，在普罗富摩-凯勒-伊凡诺夫三角关系中全部具备。这颗巨大的丑闻炸弹散发出诱人的味道，随时准备爆发。万事俱备，只等有人来点燃导火线—— 这个人就是青年乔尼·埃奇库姆。

射穿大门

1962年，克里斯汀·凯勒纵情于两名来自印度西部的年轻人埃奇库姆和阿洛西尔斯·高登之间。高登后来变得非常粗暴，当众侮辱凯勒，还用斧头逼着她做了两天的人质。凯勒买了一把鲁格手枪自卫，并请求埃奇库姆做她的陪同。之后不久，两个男人在苏荷的俱乐部相遇，埃奇库姆用刀子让高登的脸开了花。

事后，埃奇库姆躲了起来，请凯勒帮他找个辩护律师。但当凯勒得知埃奇库姆又有了新相好时，断然拒绝了他，还说要检举他，并出庭作证。

> 谨慎是虚伪的委婉说法。
>
> ——克莉丝汀·凯勒

被激怒的埃奇库姆来到斯蒂夫·沃德的公寓。此时，凯勒已经搬出了公寓，但凑巧那天她来看望曼迪·莱斯-戴维丝。凯勒不让埃奇库姆进门，埃奇库姆就用凯勒买的手枪向大门开了几枪。有人报了警，埃奇库姆被捕了!

虽然这起枪击案与普罗富摩、伊凡诺夫和沃德毫无关联，但它足以敲开故事的大门。枪击案引起了媒体的广泛关注。在媒体的聚光灯下，顶着淫荡恶名的凯勒开始谈论她与普罗富摩的关系。工党参议员乔治·威格也接到了匿名电话，有人告诉他，“忘掉威廉姆·瓦塞尔间谍案，你应该查一查普罗富摩！”

1963年3月21日上午11时许，威格在下议院例会上站起来大声说道：“国会里没有一位值得尊敬的议员！记者席上也没有一位记者在过去几天里没有听到过有关政府要员的流言蜚语！”他指的就是“克莉丝汀·凯勒小姐、戴维丝小姐和印度西部人的枪击事件”。他要求内政大臣澄清谣言，讲明真相。

威格的发言让政府陷入一片惊慌之中。麦克米伦在清晨一点接到电话。刚刚服过镇静剂的普罗富摩被人从梦乡中唤醒，用车从家中接走，快速送回了韦斯特米尼。普罗富摩在众多政府高级官员面前保证说，他与凯勒没有性关系。他们一直忙到清晨4点，起草声明。回到家时，普罗富摩发现，他的家已经被记者包围。

次日上午11点，普罗富摩在下议院发表讲话。他说他在克里维登第一次遇到凯勒和伊凡诺夫，并在接下来拜访沃德时多次见过凯勒。“凯勒小姐和我友好相处，我和凯勒小姐接触中没有不恰当的地方。”他用轻蔑的语气结束了发言，并威胁说，“如果有人再在国会之外的地方提起此事，将被状告诽谤中伤！”

在保守党同僚的一片掌声中，他离开了国会。那天下午，他去了赛马场，有记者拍到照片，他坐在王太后的身边。

凯勒狂躁症

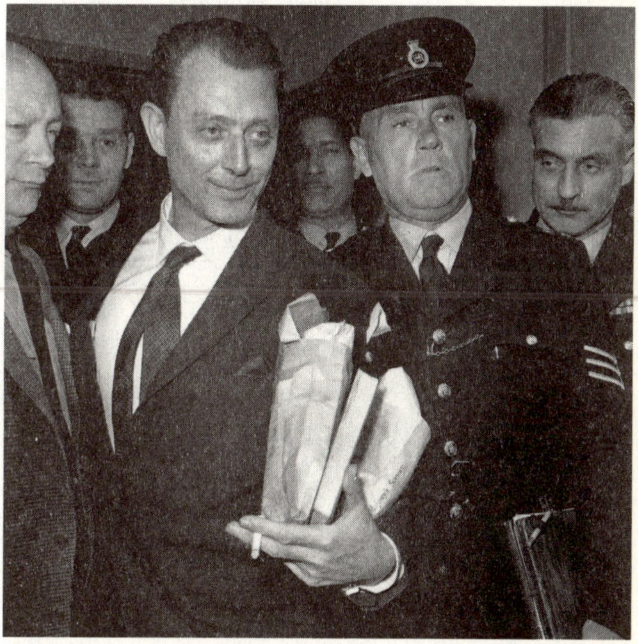

斯蒂夫·沃德医生在警察护送下，离开马里伯恩地方治安法庭。1963年

普罗富摩的声明没有起到任何制止谣言的作用。乔治·威格走上电视，大谈丑闻对国家安全的威胁。凯勒当时正和一家报纸接洽，商谈出售她的故事的事宜。她交给对方一封普罗富摩写给她的信，那些讽刺作家就此大做文章。

斯蒂夫·沃德在关键时刻，没有把握好丑闻的走向。当他在《私家侦探》上看到一幅暗指“沃德”和“阿斯特”的漫画时，冲进了这家杂志的办公室。他以为他们了解了一切，尽管事实证明他们没有！但沃德却不断为他们填补空白。看了乔治·威格的电视节目后，他去拜访了威格。威格对他们的谈话做了书面记录。后来，工党领袖哈罗德·威尔森称其为“一份令人作呕的文件，揭开了伦敦丑恶、阴暗世界的一角”。沃德这才知道自己闯了大祸，他似乎想把真相（或者是沃德版的真相）讲给任何愿意听的人，作为解救自己的救命稻草。但他大错特错了！

事态迅速发展。警察局接到匿名信，检举沃德一直从事“不道德的”生意。警方开始立案调查，他们传唤了克莉丝汀·凯勒。凯勒供出了她与普罗富摩关系的所有细节，证实了那个几乎人所皆知或怀疑的事实——他对国会撒了谎！《人民报》的编辑告诉警察局，他们计划刊登这篇报道。警察局把文章转呈给了政府当局。正在威尼斯与妻子度假的普罗富摩，接到了大法官传唤他立刻返回的电话。

在向妻子交代一切之后，普罗富摩返回伦敦，向麦克米伦递交了辞呈。他在辞呈中写道：“我说过这种关系中没有不恰当的行为，我深表遗憾。但我不得不承认，这是事实。”麦克米伦回复道：“这对你、你的家人和朋友来说，都是一大悲剧。”

至此，克莉丝汀·凯勒成了全英国最臭名昭著的女人！媒体锲而不舍地追逐她；好奇的人们想要见到她；男人们想要召唤她。还有一部电影想让她出演自己，虽然这部电影从未拍摄完工，但制片商的确组织了几次新闻发布会。摄影师莱维斯·毛利出任影片的摄影，他的工作室与彼得·库克的讽刺夜总会“成立”设在同一幢楼里。毛利拍完了几卷胶卷之后，制片人要求凯勒拍摄一些裸体照片，说这是合同规定。凯勒断然拒绝了，气氛变得很紧张。这时，毛利提出了一个折衷的办法，他让现场工作人员走出摄影棚。他转过身去，让凯勒脱掉衣服，然后背转身反坐在椅子上。这张照片效果很好。几周以后，毛利给大卫·弗罗斯特以同样姿势拍摄了一张照片。以后，这张照片被人不断地复制和模仿。

沃德受审

普罗富摩辞职之后，就淡出了人们的视野，热点随即转移到了沃德身上。很显然，“成立”的人想让他成为替罪羊。沃德被他多年来精心经营和维护的上层社会的朋友们抛弃了，他变得越来越绝望。6月8日，他以依靠妓女获取非法收入的罪名被捕。

在欧德贝里举行的对沃德的审判，再一次引起媒体的轰动。证人凯勒和曼迪·莱斯-戴维丝不得不拨开人群挤进法庭。两人的证词全都对沃德不利。肮脏丑恶的鞭打和狂欢聚会被抖搂出来。当证词说阿斯特勋爵否认与她有性关系时，曼迪·莱斯-戴维丝回应道："哦，他会，难道不是吗？"这句话马上传遍了全世界，以它特有的方式，刺穿了英国上流社会溢于言表的虚伪。

起诉沃德的证据并不充足，他给起诉他的两位女郎付过钱。每天到庭的时候，沃德都摆出一张严肃的面孔，对记者们的提问一言不发，但这也只是强装镇静。判决书下达后，他被判有两项罪名。那一天，他服用大剂量的安眠药自杀了。

英国政府命令丹尼勋爵起草有关此事的结案报告。报告出版之后，人们排着长队购买。丹尼查阅了围绕此事的所有谣传，从技术层面对其中的大多数谣言泼了冷水，最后得出结论说，此案中没有违反国家安全法的行为。然而，在1964年的大选中，保守党输给了哈罗德·威尔森领导的工党，普罗富摩事件毫无疑问地起到了重要作用。

无头男人

当英国公众被普罗富摩事件搞得呆若木鸡之时，另一桩桃色丑闻浮出水面。这就是由阿吉尔勋爵与妻子上演的离婚长跑案。阿吉尔勋爵的法律团队在此案中任命了四名记者（据说他们本想任命更多）。有一次，他们发表了一张照片。据称，照片是阿吉尔夫人在为一名男子进行口交。由于照片上只能看到男人的身子，他被人们戏称为"无头男人"。谣言错误地认为，这个人是英联邦的秘书长邓肯·桑迪斯。桑迪斯去面见首相麦克米伦，并提出辞呈。麦克米伦手头已经堆满了普罗富摩丑闻的报告，不能再面对另一桩丑闻，拒绝接受辞呈。后来，丹尼勋爵在调查普罗富摩事件时，对这些谣言也作了调查，发现它们没有事实根据。

克莉丝汀·凯勒向新闻媒体出售了她的故事，之后用这笔钱买了一座乔治亚风格的房子。她为此事中所有阴谋提供了理论来源。她认为，斯蒂夫·沃德经营着一个间谍网，其中也有罗格·哈里斯先生，并且说那个炎热的夏天，在克里维登发生的一切都是为了坑害她。

尤金·伊凡诺夫在丑闻曝光后很快被召回莫斯科，可能被送进了精神病医院，从此杳无音信。

普罗富摩虽然得到了妻子的谅解，但他的名字却成了"性游戏"的代名词。他不知疲倦地工作，在伦敦东区隐姓埋名，从事慈善事业，筹集到了数百亿的善款。他至死都没有在公开场合对这件让他从光辉事业顶峰跌落的丑闻发表过任何言论。

动机：

愤怒
慈善
嫉妒
忠诚
贪食
贪婪
希望
性欲
骄傲
懒惰

被炒鱿鱼的总理：高夫·惠特拉姆

澳大利亚总理高夫·惠特拉姆在被总督解除职务后，在堪培拉国会大厦外面发表演讲。1975年

主角： 爱德华·高夫·惠特拉姆（1916–），澳大利亚总理（1972–1975）。

丑闻： 被女王的代言人炒了鱿鱼。

理由： 决策失误导致政治危机和经济危机。

我们也许该说“天佑我王”，因为没有什么可以拯救总督。

——高夫·惠特拉姆

每年11月11日是传统的反思日。人们习惯在这一天追忆第一次世界大战中牺牲的战士。但1975年，在纪念日这天，在澳大利亚首都堪培拉，没有人猜到将会发生怎样的事件。这一天成了澳大利亚人永远无法原谅的一天。

这一天，约翰·克尔爵士——澳大利亚总督——国家的名义元首，召见反对派领袖马尔科姆·弗雷泽，到他位于首都堪培拉雅拉鲁姆拉的寓所。当天，高夫·惠特拉姆总理也被召觐见总督，并被告知午后1点准时到达。惠特拉姆以为这将是他与克尔的一次私人会谈，不知道弗雷泽也接到命令，在中午1点10分到达会场。

惠特拉姆迟到了。当他到达时，弗雷泽已经躲在接待室里，静静地啜饮着一杯苏格兰威士忌。弗雷泽可能已经得到了暗示，知道即将发生什么。他一直与克尔有秘密往来，并且不断地向他施加压力，要他干涉当前拖累整个国家的政治经济危机。他希望能够说服克尔“发出响声”，采取前所未有的行动——使用君主立宪制授予他的潜在权力，解散工党执政的政府。

高夫·惠特拉姆到达总督府邸时，有点儿疲惫不堪。除了参加纪念活动之外，他还在清早会见了马尔科姆·弗雷泽，试图解决当前的政治危机。但是，这次会谈与其他任何会谈一样，他的努力被证明是无效的。克尔手里拿着雪茄，开了几个玩笑之后，询问惠特拉姆是否准备进行大选，以摆脱当前的政治僵局。惠特拉姆说不。然后，克尔告知惠特拉姆，他已经决定根据澳大利亚宪法第六十四章行使他的总督权力，终止惠特拉姆作为澳大利亚总理所承担的使命。随即，一份终止函递到了惠特拉姆的手中。惠特拉姆震惊万分，以至于没做任何辩解就接了过来。克尔说道：“我们必须接受这个决定。”惠特拉姆回答道：“你当然会了！”几分钟之后，克尔把弗雷泽叫进了他的办公室，任命他担任临时总理，直到新的大选结束。总理被解职的消息一经媒体传出，人们马上开始上街游行，各大城市相继爆发暴力事件。

惠特拉姆的雪佛莱轿车快速穿过堪培拉的街道，他着急地要与他的工党同僚商讨对策。他返回国会大厦，用脏话招呼他的同伴说：“那该死的混账解散了我们！”幸好他还没有丧失理智和机智。惠特拉姆坐下来，开始诅咒说，那个该死的家伙通常都是在执行公务前吃饭，但现在，他却砸了自己的饭碗！两千多名愤怒的群众聚集在国会大厦的四周，高呼着“我们要高夫”的口号。惠特拉姆不愿浪费宝贵的机会，走出去会见被激怒的粉丝，还有好奇的围观者。他说出了具有历史意义的名言——“我们也许该说‘天佑我王’，因为没有什么可以拯救总督。”

惠特拉姆的余生都受到来自约翰·克尔所做的解职决定的困扰。如果英国女王不能解散英国政府，她派到澳大利亚的代言人如何能够解散澳大利亚政府？这件事用政治术语来说，就是一个没有被任何人选举过的人，解散了被全国人民选举出来的政府。这个先例永远改变了澳大利亚的政治局面！

惠特拉姆，有瑕疵的“利维坦”

澳大利亚总督约翰·克尔爵士与女王伊丽莎白。1977年。在庆祝女王加冕周年纪念时，女王访问澳大利亚。这是克尔任期的最后一年

1972年12月，在保守派自由党执政二十三年之后，高夫·惠特拉姆当选澳大利亚第二十一届总理。作为工党的领袖，惠特拉姆被认为智慧卓绝，头脑清晰，精力集中，但登上权力顶峰之后，他有点儿恃才自傲。他相信自己注定能对社会、经济和外交政策进行根本改革。他的理想是建立一个更加宽容的社会。这个目标也成了他的软肋。他相信人具有反复无常、躁动不安的本性，但人可以被教化，理智的力量可以把人引向理想的彼岸。正是这种天真的信念，最终让他付出了沉重的代价；他也不愿征求工党同僚们的建议，相反，只依靠少数部长和官员，还有他的高级助理，只相信他们的意见。

惠特拉姆也是一个缺乏判断能力的人，他甚至选择约翰·克尔做了总督，相信他可以锻造，会知恩图报，是执政政府的理想代言人。他甚至在没有做过任何背景调查的情况下，就发布了对克尔的任命。如果他事先作过调查，就会发现，克尔是“战争中的理想士兵”，是一个不忠于任何政治党派的愤世嫉俗分子；也会发现克尔具有严重的酗酒问题，这会影响他对事物的判断能力。尽管惠特拉姆号称“点子大王”，但他

关注细节的能力实在有限。这些性格弱点让他一次又一次地吃亏！

即便如此，惠特拉姆在任期内的第一年，进行了一系列令人震惊的改革：取消大专教育费用，让澳大利亚人接受免费义务教育；出于对种族主义的痛恨，废除了“白澳大利亚政策”的最后残余；鼓励任命妇女担任司法和行政职务；帮助建立免费医疗保险，成立了“健康保险公司”；引入“无过错”离婚法律体系、废除所有罪犯的死刑判决；把土著居民移交他们自己的民族委员会进行自治；公民投票权从二十一岁降低到十八岁；引入单亲家庭福利体系。在外交政策方面，他的改革也令人瞩目：终止了征兵政策；停止澳大利亚向越南战场派兵；正式承认中华人民共和国；削减了妨碍澳大利亚竞争力的繁重关税。总之，这些改革措施在澳大利亚历史上是最激进、最彻底的。

不过，这种大刀阔斧式的改革必然会四处树敌。经济繁荣时小打小闹的改革无伤大雅，但在全球经济衰退袭来之时，这无疑等于给工党的政敌送去大量的弹药。1974年到1975年间，澳大利亚的通货膨胀率高达百分之十七以上，失业率与大衰退时期持平，失业人数超过二十七万。工人工资水平也非常令人担忧，只有百分之二十七多一点儿的人对此尚能接收。1974年，任期刚刚过半，惠特拉姆就为了保证连任选举去做民意调查。结果表明，他已失去大多数人的信任。但紧急时期，往往是豢养政治动物的最佳良机，反对派领导人已经武装到了牙齿。欢迎脱颖而出，弗雷泽！

> 2002年10月31日，惠特拉姆说，如果能够早点儿意识到克尔有酗酒问题，他永远也不会任命他为总督，“他从没有告诉过我，但在他就任期间，曾两次住进威尔士王子医院戒酒”。弗雷泽任命克尔做联合国教科文组织大使，但基于公众的愤怒，只做了三个星期。克尔被永久流亡，像瓦格纳的“飞行的德国人”一样受到谴责，注定要毫无快乐地游荡在全世界的游乐景点上。

1975年全球性经济衰退进一步加剧，为马尔科姆·弗雷泽提供了掌控一切的机会。他首先宣布效忠自由党领袖比尔·斯尼登，反复重申：“我不会向你挑战，比尔！我向你保证这一点！”但到1975年3月时，他站出来公开反对他。他不仅反对斯尼登在幕后操纵党派，还彻底打垮了他。然后，他开始重新诠释议会的政治功能，阻挠总理惠特拉姆的改革，破坏现任政府的威信。他作出论断，通过延缓供应，能够逼迫政府提前大选。也就是说，他将利用他在参议院中的大多数选票，否决政府议案，拖死急需资金偿付债务的政府！与此同时，他开始向总督克尔泄露消息，企图说服他干预政治体制危机。

与此相反，惠特拉姆不但没有求助于那些有良心、在思想上有所犹疑但具有独立人格的参议员，以设法获得他们的支持，反而对他们视而不见，相信工党占多数票的下院可以控制政府。在通常情况下，这种传统可以说是稳定的、一成不变的，但弗雷泽并不想受到传统的约束。如果为了他自己的利益，能够说服参议院不要通过关系国家命运的政府议案，他是会这么做的！他的理由是，澳大利亚正在度过“最糟糕”的时期，必须保护它脱离如此无能的政府！当一名记者问及预算案的表决问题时，他回答道：“如果选出来的政府由下院执掌，希望它的任期是三年……除非受到非同寻常的事件的干预。”

凯恩斯–毛利斯之间的纠葛

澳大利亚在经济领域出现了一种新现象：滞胀–高涨的通货膨胀，同时伴随着经济的停滞。澳大利亚经济需要一位稳重、谨慎的财政主管，一位能够平衡财政账目，同时给大家带来长期稳定影响的人物。然而不幸的是，惠特拉姆作出了错误的选择，推选吉姆·凯恩斯博士担任财政部长。凯恩斯从没有想过要得到这个职位，而且也不适合这个职位。

早在1974年，凯恩斯认识了政府机构的个人助理朱妮·毛利斯，立刻被她所吸引。他们之间很快有了性关系。凯恩斯不顾工党高层政治家们的警告，任命毛利斯担任他的私人秘书。凯恩斯与毛利斯爱得如痴如醉，以致于在激情之下铸成了政治上的大错。凯恩斯和朱妮·毛利斯一起接受了一家流行小报《太阳报》的采访，相信报纸会给他们一个“公正”的评价，原因仅仅是毛利斯认识这家小报的采访记者。第二天，报纸上刊登出标题为《我对朱妮的爱》的报道，详细介绍了他们之间的感情纠葛。这篇文章说，凯恩斯现在相信，发现“真相”的唯一途径是发现一个人的情感世界。自由党立刻对此展开了宣传活动，凯恩斯成为了这个笑话的牺牲品。

凯恩斯一名手下激愤地喊道：“吉姆，你就像一个得了爱情病的小孩……你向《太阳报》倾诉了你的心里话！”凯恩斯继续为毛利斯辩解，说真正的问题在于，她是一个直言不讳的亚洲女人。1975年的上半年，毛利斯与凯恩斯很少出现在报纸上。惠特拉姆没有对两人之间的纠葛加以干预，而是听之任之，事态发展到了难以收拾的地步。

然而，在1975年7月2日，惠特拉姆最终还是解雇了凯恩斯。凯恩斯成为澳大利亚历史上第一个被解职的副总理。由于凯恩斯故意误导国会，惠特拉姆别无选择！

凯恩斯在担任财政部长期间，卷入了一起四十亿美元的海外贷款事件。他不是通过正当渠道或授权国库去获取贷款，而是委派他的朋友乔治·哈利斯担任政府代理人。凯恩斯答应，如果安全得到贷款，就给哈利斯百分之二点五的提成。当自由党反对派的代表在国会上再三追问这件事时，凯恩斯愚蠢地否认了合同中有关给予哈利斯百分之二点五提成的条款。在凯恩斯对国会撒谎以后，气急败坏的惠特拉姆要求他辞职。凯恩斯却认为自己并没有做错什么，拒绝了惠特拉姆的要求。于是惠特拉姆驱车前往总督官邸，要求总督撤回对凯恩斯的任命。但惠特拉姆与他的高级职员之间的矛盾，才刚刚开始。

科姆拉尼贷款风波

矿产资源部部长雷克斯·康纳在尝试进行海外担保贷款时，制造出了更大的丑闻。康纳与“影子人物”巴基斯坦经纪人迪拉斯·科姆拉尼搅在了一起。如果康纳对科姆拉尼进行必要的背景调查，他就能够发现，裁缝出身的科姆拉尼既没有合同，也没有能力，为政府急需的四十亿美元资金作担保。

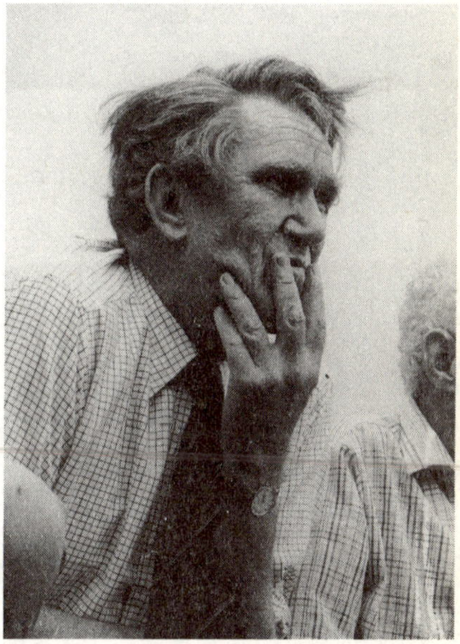

马尔科姆·弗雷泽。政治权术家。1975年初，他从自由党领导职位上赶走了比利·斯尼登。同年11月，惠特拉姆政府解散之后，备受争议地就任临时政府总理。此照摄于他宣誓就任临时政府总理之前

许多人认为，康纳是个空想家。他虔诚地认为，自己是澳大利亚矿产资源的绝对主人，寻求四十亿海外贷款的目的是“买回农场”，防止外资拥有矿产权。他想用这笔钱修建全国地下输油管道系统，向澳大利亚全年输送石油，建立铀矿和太阳能工程。根据澳大利亚综合资源的价值，他认为四十亿美元的贷款是下酒的“花生”——小菜一碟！

康纳在没有核实科姆拉尼背景的情况下，签发了委派科姆拉尼筹备贷款的文件。这是极不正常的现象，因为它没有进入常规的融资渠道。

正常情况下，这种贷款都是通过国库发行债券筹集资金，但康纳认为没有理由不采取更有效的途径来融资。当然，国库工作人员一听到康纳试图融资的风声，马上就把消息透露给了媒体和自由党。这就给马尔科姆·弗雷泽提供了绝好的反击机会，也为他嘲笑惠特拉姆的个人判断能力，尤其是他选择那些笨手笨脚的部长们提供了依据！

一连几个星期，科姆拉尼不断告诉康纳，资金将在“几天之内到位”。于是，出现了这样的滑稽场景：雷克斯·康纳和他的职员们一天又一天、一夜又一夜勤奋地守候在传真机旁，结果却被告知钱还“在路上”。每天，康纳心里怀着明天钱一定会到位的希望，清晨两点才离开办公室。在弗雷泽的指挥下，自由党人开始怀疑事情不妙，他们不断给惠特拉姆施压，追问康纳为什么把事情搞得如此隐秘，他在隐藏什么，为什么不能按照常规通过国库的银行渠道融资，钱究竟要用在什么地方。

> 正如政治观察家、新南威尔士州副检察长米歇尔·赛克斯登所说，“克尔是一个天生的自私鬼、思想上的兵痞……一个除了自己谁也不信的人”。

最终，惠特拉姆在国会议员们的强大压力之下，通知康纳必须于1975年5月20日终止所有与科姆拉尼的贷款协议。当马尔科姆·弗雷泽得知康纳在总理规定的终止日期之后，以及引起国会广泛关注的情况下，还在继续与科姆拉尼商谈甚欢时，惠特拉姆别无他法，只能要求康纳辞职。这当然又引起了媒体的再次围追，也再一次破坏了惠特拉姆政府在公众眼中的形象。新闻界甚至抛出一种观点——政府已无法让人信任，它已经完全失控了！弗雷泽不停地给政府施压，坚持认为惠特拉姆在故意误导国会，坚决要求组成皇家委员会全面调查这件事。

高夫·惠特拉姆因其糟糕的个人判断力，又不愿定期检查实权部门部长大臣们的行为，终于陷人了严重的困境。

宪法模糊地带

根据约定俗成的惯例，澳大利亚政治制度的基本思想是在众议院获得多数席位的政党获得执政权。惠特拉姆非常简洁地对此作出阐释说：“只要我在下议院获得多数赞成票，政府就能存活下去。”甚至连弗雷泽都支持这个惯例。但不幸的是，澳大利亚宪法第六十四章把无比强大的权力授予了总督——英国女王在澳大利亚的直接代表！

1975年之前，对宪法第六十四章的解释为，总督只能对总理实施建议权。根据惯例，总督的位置纯粹是礼仪性的。当澳大利亚总理高夫·惠特拉姆宣布任命约翰·克尔爵士为国家名义元首时，他做梦都不会想到由他一人推上权力之位的名义总督能够推翻一个由全澳大利亚人民选举出来的政府。事实再一次证明，惠特拉姆没有做好功课。如果他能在事先做一番调查，就一定能发现克尔是个极端自私的人，除了自己的能力和权力以外，什么都不信。他不是宗教分子，也不是无神论者，更不是社会主义者！惠特拉姆可能是因为克尔的前妻和他自己妻子之间的个人关系，才看中他的。

到1975年中期，政治伎俩贫乏、事故迭出的工党失去了对参议院的控制权。马尔科姆·弗雷泽成功地断绝了维持政府正常运转所需要的资金来源。从来不知道在政治游戏中调转船头的惠特拉姆，还在帮助弗雷泽继续前行。正如惠特拉姆自己所言的，“政府绝不能被绑架……我们决不投降”。1975年10月16日，参议院采取前所未有的措施，停止了政府的资金供应。再过三周左右时间，政府就要出现资金枯竭的局面，它将无法给公务员和下属机构的工作人员发放工资。澳大利亚政府将进入“宪法模糊地带”。有人听到弗雷泽这样说：“只要我们保持清醒，就能把他饿死。”

解散政府

接下来出现的主要政治难题是，总督的职位能否用来作为打破政治僵局的手段？总督能行使何种权力？1975年年末，就是在这段时间里，女王代表克尔总督对惠特拉姆的怨气与日俱增。他觉得，惠特拉姆居高临下，盛气凌人，好像他是他个人的走狗一样！克尔的新妻子讨厌惠特拉姆夫人玛格丽特对她的冷落，极力怂恿他！于是，克尔开始相信，他没有义务听惠特拉姆的话，行使独立审判权是十分正确的！他开始根据字面意思来理解宪法第六十四章。

大约在同一时间，马尔科姆·弗雷泽请教了王室法律顾问罗伯特·艾利科特。艾利科特口出狂言，说如果政府得不到资金供应，总督就有权解散政府，任命一位新总理，由新总理主持大选。正在尝试打破惯例的克尔从这一论断中，获得了法律依据。他向艾利科特索要了一份法律文件。然后，他又向艾利科特的侄儿——终审法院首席法官葛费伊德·巴威克请教，征询他的解释，确保他的观点不会和艾利科特的观点出现偏离。他再次背着惠特拉姆打破了惯例。后来，克尔在他自己的传记中说："我从来没有如此强烈地感觉到，我要和总理谈话！"

财政部长比尔·海德警告惠特拉姆说，工党政府将被解散。但再一次，惠特拉姆显示了他那极其糟糕的判断力。他对这个忠告嗤之以鼻，还嘲笑海德想得太多了。如此这般，弗雷泽的"慢性绞杀"政策发挥了作用，而且真的非常奏效。克尔背着惠特拉姆与弗雷泽保持定期联系，他们像玩木偶一样玩弄总理惠特拉姆。

1975年11月6日，克尔问弗雷泽："我想知道，我们能与这个国家赌多久？"克尔的妻子鼓励他采取行动，她说，不管怎样，先干预或打破僵局再说。克尔从妻子那里得到了藉口，她说如果他不能独立行使权力，那当总督还有什么意义！

克尔一边喝着酒，一边起草终止惠特拉姆使命的信函：根据宪法第六十四章的规定，"我宣布终止对你的任命"。但他没有在信函上签名，他希望11月11日早上双方能达成让步。在会谈中，弗雷泽拒绝了惠特拉姆的建议，于是，澳大利亚历史上最著名的解散政府的一幕就震惊世界地上演了！

克尔给惠特拉姆递出终止总理的信函后，马尔科姆·弗雷泽返回众议院，倡议两党的部长们炒惠特拉姆政府的鱿鱼。他的倡议遭到了强烈的反对。"可耻！弗雷泽，可耻！"工党的大臣们高唱"永远团结一致"，走过弗雷泽的办公室，国会上下两院之间爆发混战。双方呼吁1975年12月16日举行大选。这场大选最终的结果是，工党遭到严重破坏，政治力量大大削弱，保守势力团结一致，支持弗雷泽的自由党政府。

自从那次著名的解散政府事件以后，在澳大利亚，没有政党再援用澳大利亚宪法第六十四章。而总督的职位，现在充其量被视为庆祝典礼上的装饰。

动机：

愤怒
慈善
嫉妒
忠诚
贪食
贪婪
希望
性欲
骄傲
懒惰

总统的女人们：
费迪南德·马科斯和伊梅尔达·马科斯

主角： 菲律宾总统和第一夫人（1965–1986）费迪南德·埃德拉林·马科斯（1917–1989）和伊梅尔达·洛姆爱德斯·马科斯（1929–）。

丑闻： 骗取国家亿万财产，甚至达数十亿美元。

原因： 他迷恋漂亮女人；她喜爱漂亮鞋子。

我没有三千双鞋子，我只有一千零六十双鞋。

——伊梅尔达·马科斯

费迪南德·马科斯。菲律宾总统。1972年宣布全国戒严，充任了无情的独裁者。1986年2月，他和妻子伊梅尔达逃离菲律宾，流亡到夏威夷

第一夫人怒气冲冲，满面失望。对于这个世界上的其他人来说，这是胜利的时刻；但对这位第一夫人来说，这是她一生中最黑暗的一天。伊梅尔达·马科斯，这位全世界最富有、最有权势的女人之一，要和她丢人现眼的丈夫、菲律宾前总统费迪南德一起，被迫开始流亡生活。他们带着数十亿美元的资产来到夏威夷——这些钱足以满足她每一次的心血来潮——开始了新的生活。当然，这对大多数人来讲，也是不可能实现的梦想。但这对夫妇除了愤怒、失望以外，并没有感到羞耻，他们已经开始谋划有朝一日的复出。马科斯自认为是菲律宾的国父和救世主，伊梅尔达自认为是菲律宾的国母，是人民的母亲河，但全世界的媒体都在谈论她的鞋子。

1986年，伊梅尔达和丈夫双双被赶下了台。人们在她的马拉卡纳总统府邸的橱柜里，找出来三千多双八号的鞋子。媒体对此大肆渲染，每天都有关于鞋子的新故事出现。棕色的鞋子、黑色的鞋子、鳄鱼皮的鞋子、带有闪灯光的塑料迪斯科鞋子、细高跟鞋子、凉鞋、芭蕾舞鞋、T字型拖鞋、菲拉格慕鞋、安迪格勒鞋……

报纸还揭露，她有众多的内衣收藏，其中包括防弹胸罩，嘲笑她讲排场，就是一点儿都不报道她所取得的成就——水、电、食物和穷人的住所从哪里来的？过去十一年间，作为马尼拉大都会的市长，是谁提供了这一切？是谁回收了数千公顷的土地为老百姓建造房屋，分给他们土地？是谁为贫穷的人们修建安居之所？是谁把食物送到救助中心，把便宜的食品和移动商店送到人民中间？是她——伊梅尔达·马科斯——人民的保护者！从出生到死亡，方方面面，全是她的功劳。

伊梅尔达对媒体把她丑化成奢华轻浮的女人，感到极度不满。有一个大衣橱又怎么了？她是一个正在崛起的新型国家的第一夫人——是它的明星、它的仆人！她代表着国家形象，人民期望她向全世界展示她最优秀的一面，当然要花些钱在这些方面！

当她被驱逐出境时，伊梅尔达觉得自己身无分文，带走的“只有”三十二箱行李。但据估计，这批行李的价值有九百万美元，包括珠宝、现金和债券。还有九件无价之宝藏在餐巾纸盒中，由她的孙女带出海关。菲律宾和美国同时下达的起诉书称，费迪南德和伊梅尔达卷走了菲律宾至少六点四八亿美元——但一个更接近事实的数字，也许是数十亿美元。

尽管，有一位美国大使曾形容伊梅尔达是个资源极其有限的女人——“有天生的精明和智慧、一定的魅力，但受教育不多”，但她却设法成为了世界上鞋子最多的女人，而且还成为了世界上最有钱的女人之一。她的秘诀？当然是爱一个男人！费迪南德·马科斯对女人的迷恋，给伊梅尔德提供了控制他的法宝。起初，这种威力在于她的年轻美貌；但结婚二十五年之后，当他有了情人时，伊梅尔达就抓住把柄，借机勒索。

黄金岁月

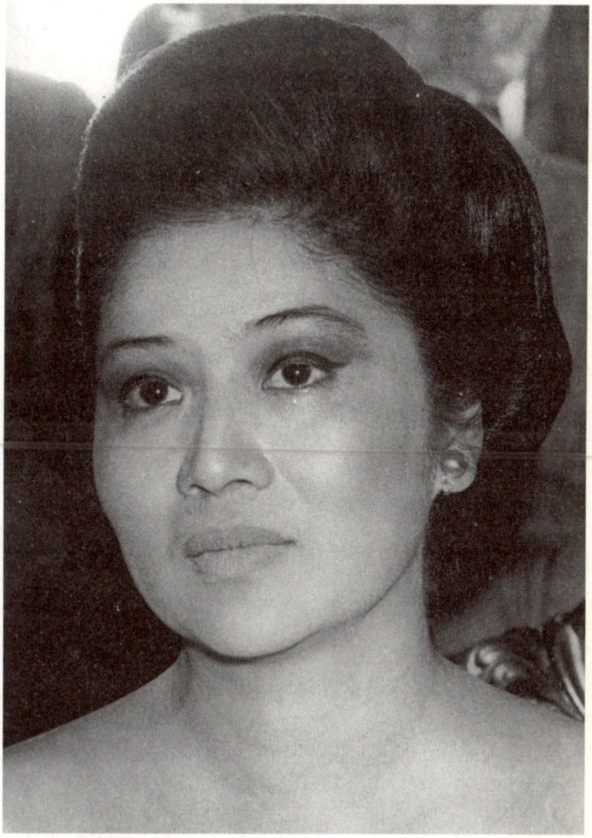

伊梅尔达·马科斯。菲律宾前第一夫人、美丽女王，以“铁蝴蝶”著称。摄于1976年

他们的故事，开始于一个烈日炎炎的夏天。1954年4月，三十四岁的费迪南德·马科斯作为进口管制委员会主席，正在他的第三届国会任期之内。尽管受到行贿受贿的起诉，但作为一颗冉冉升起的政治明星，人们还是很看好他的前途。他刚刚宣布与同居情人、美丽女王卡门·奥塔格订婚。但很快，他又遇见了另一位美丽女王——人称“马尼拉缪斯”的伊梅尔达·洛姆爱德斯，费迪南德被她的美丽深深打动，他像扔垃圾一样扔掉了卡门，迫不及待地向伊梅尔达求婚。第二天，他用两朵象征爱情的玫瑰花，加固了他们的婚约。一朵含苞待放，象征着他对她年轻的爱情；另一朵吐蕊怒放，代表着他们之间已经绽放的爱情。两人在相遇后的第十一天结婚了，那年她二十四岁。

1965年12月，费迪南德·马科斯双管齐下，一面积极争取公众支持，一面明智地购买选票，扫除一切障碍，向权力中心进发。竞选过程充满权钱交易，费迪南德把装着比索的信封塞给贫苦的穷人。他和他美丽的妻子成了下层劳苦大众最亲爱的人。他的竞选口号——“这个国家可以再度辉煌”也起到了很好的助选作用。为了支持丈夫，伊梅尔达与马尼拉广大的家庭妇女结成了联盟，并且很快壮大成精明能干、能言会道的劝说大军。他们组成竞选活动中强大的夫妻档，许诺要新建学校、新修道路，要彻底根除腐败。费迪南德还坚决反对菲律宾卷入越南战争，以此赢得了公民自由联盟的认可。

两人的早期岁月是美好的。美国通过中央情报局，密切关注着菲律宾的政治局势。这些岛屿是美军对越作战的重要战略中转站，他们需要在这个地区有一个积极合作的政府，以解路途之苦。费迪南德很快就成为自愿的合作伙伴。他执政之后的第一行动就是打破竞选诺言派兵越南。作为回报，美国启动一个一点二五亿美元的一揽子援助计划，帮助菲律宾进行军队现代化武器装备改良。

“东南亚的肯尼迪”

每一次集会上，费迪南德都会以相同的承诺结束演讲：“我将给予你们想要的一切——除了我的太太。”费迪南德和伊梅尔达夫妇为人群演唱的二重唱受到欢迎——他们是东南亚的杰克·肯尼迪。

马科斯把装备一新的军队，投入到公路和基础设施更新的建设之中。水稻种植计划实行刚刚一年，就扭转了大米短缺的局面。在他第一个任期届满之前，菲律宾成了大米输出国。

这一时期，费迪南德把伊梅尔达视为他的最大资产。他任命她担当政府高级职员，她理所应当地成为内阁成员、马尼拉大都会的行政长官和建设局局长。作为文化局局长，她负责修建了马尼拉艺术中心，重新塑造了马尼拉的形象。她把自己打扮成文化使者，甚至还引进甲壳虫乐队到马尼拉演出。

但到了1969年，他们的黄金岁月开始出现污点。伊梅尔达对国家政权、国库资产和其他财产产生了不该有的念头，想把它们据为己有。

最终，伊梅尔达独自、抑或和丈夫一起，全部或部分占有了航空公司和银行，还在长岛占有了一处旅游胜地。她巴结伊朗国王时所花的费用，比流淌的激流还要多。她为自己和钢琴家凡·克莱本、演员乔治·哈密尔顿等名人举办盛大的晚会。她对新结交的名人朋友一掷千金，贵礼相赠。有一次，她用四架政府包机带领六十名随从，参加尼泊尔国王的加冕仪式。她在纽约、巴黎和伦敦疯狂购物，成为传奇。她拥有令人难以置信的珠宝收藏，她的豪华公寓和别墅里塞满了米歇朗杰罗、保迪塞莉、卡娜丽特等名牌珠宝。在这个人均每天收入不到两美元的国家里，她肆无忌惮地公开炫耀这份奢华。费迪南德的最大财富很快就变成了一个巨大的累赘，那是当他犯下了政治生涯中最大的错误——又有了情人的时候。

当费迪南德决定要改头换面、为自己的形象整容时，倒台的种子就播下去了。众所周知，他极会讲故事，总是大肆渲染他在第二次世界大战中的经历，喜欢把自己描述成大无畏的游击队英雄。但事实正好相反。美军作战记录对他战争时期行为的调查发现，他有被俘的历史记录，罪名是他在战时敲诈勒索。但这一切阻止不了费迪南德。他幻想中的英勇，是他第一次大选取胜的要素之一。他希望通过一部电影再续辉煌。这部电影名叫《马哈利卡》。在电影中，他那神话般的幻想变为了现实。电影中的马科斯由英俊潇洒的美国电影演员保罗·波克扮演；马科斯的女友“艾文莉”，是丰胸、长腿的金发女郎，美国人。这个角色最后选定一名叫杜维·彼姆丝的美国女演员来扮演。

总统与明星

杜维·彼姆丝打扮入时，虽然只在几个B级电影中扮演过角色，派头却直逼好莱坞明星。她身材高挑，婀娜多姿，长着一头耀眼的金发。她自称二十三岁（看上去也像），但实际年龄是三十八岁。刚到马尼拉几个小时，杜维就被护送去参加一个鸡尾酒会，会见影片的幕后支持者。 她注意到，有一位被介绍为“弗雷德”的人，很明显是重要人物。吃饭时他想坐在餐桌的一头，但有人很快就制止了他。后来到晚上，他设法与她单独呆了一会儿，说了句笨拙的奉承话——“你的腿是我见过的最漂亮的腿。”然后，费迪南德自我介绍说，他是菲律宾总统费迪南德·马科斯。他亲吻杜维的后颈，重演许多年前向伊梅尔达表达爱情的浪漫方式——“我爱上你了！”他说。

第二天晚上，费迪南德召见了杜维，接下来的几个晚上也是如此。几天之后，杜维被送到位于风景优美的巴谷鸥风景区的总统别墅。

她被人悄悄地领着躲过一排排的哨兵和安保人员，带到了别墅的地下室。马科斯在那里等着她。他领着她走上楼梯，穿过三道门。走过每一道门时，他都小心地上好锁，直到最后来到总统套房。在这里，马科斯向她坦白了对她的爱慕之情，声称他对妻子性无能——他们在性生活上成为陌生人，已经有一段时间了。然后，开始了他们的风流韵事。

2001年，伊梅尔达·马科斯在马里卡尼皮鞋纪念馆参观她的皮鞋收藏。这是菲律宾的第一家皮鞋纪念馆，收藏着伊梅尔达仓皇逃往夏威夷时丢下的几千双鞋子中的一部分

对于这桩风流案，我们能知道如此多的细节，还要感谢马科斯所犯的严重错误。除了安保方面的困扰，他被欲望蒙蔽了双眼也是事实。美丽的杜维不是大眼睛的纯情少女，她带去了录音机。当他们做爱开始时，录音机也开始工作了。

这部电影拍摄了两年，这段爱情故事也持续激情上演了两年。白天，杜维在高大英俊的美国演员——费迪南德·马科斯的扮演者的怀抱里演戏；夜晚，则躺在费迪南德·马科斯的怀抱中，由他尽力扮演英俊的美国人。两种表演都被记录了下来，留给后世子孙。杜维在每一次幽会时，都把小型录音机藏在床下。马科斯为杜维哼唱爱情歌曲的声音，洗澡嬉戏的声音，赞美她身体的声音，劝她为他口交的声音——每一个呻吟、呜咽、沙沙声，激情中的喘息声，都被清晰地记录了下来。费迪南德想让杜维为他生个孩子，杜维最后答应了，但她的保证与马科斯的竞选誓言一样靠不住。当他在总统府发现避孕药时生气地质问她，但杜维很快就把他哄好了。磁带录音的谈话内容显示，他们制订了生育计划。痴迷的马科斯从几个月之前，就开始注意她的月经周期了。

杜维在两年中一直坚持录音。但电影拍摄工作结束之后，杜维仍然没有怀孕的迹象。费迪南德对她的兴趣开始减退，提出他们之间需要冷静一段时间，杜维答应了。电影进入后期制作阶段，在她返回加利福尼亚之前，费迪南德赶过来，用宝丽来相机拍摄纪念照片，他给杜维拍了一套裸体快照。他们交换了毛发，相互保证要永远相爱，然后分手了。

几个月之后，杜维既没有得到马科斯的只字片言，也没有收到电影的最后片酬，这才意识到所谓的冷静一段时间，实际上就是终止他们的关系。她拨出的电话没人接听，电影公司拒绝付给她任何片酬，小小的录音机就在此时担当了重任。杜维坚持要电影公司一次性付给她十万美元报酬，否则，她就让总统感到难堪。电影公司勉强答应给她一万美元，此外，一分也不想再多付。杜维明火执杖地威胁说，如果再继续僵持下去的话，她的健康可能会出现危险。杜维要么是个英勇无比的女人，要么就是不了解她的昔日情人的手段。在马尼拉，人们一致的说法是，费迪南德依靠“3G”——“金钱、钢枪和暴徒”获得竞选成功。暴力和恐吓，自小就是他生活的组成部分。

判定谋杀

费迪南德十八岁时，父亲马瑞安诺在北伊罗戈省二区的国会竞选中失利，获胜者是临近街区的朱利奥·纳伦达赛。纳伦达赛在家里举行庆祝晚会——地点离马科斯家的前门只有几百米。费迪南德当时是菲律宾大学的学生，也是学校射击队的狙击运动员。那天，他刚好从马尼拉法学院回家。夜深的时候，庆祝胜利的狂欢人群从纳伦达赛家涌向街道。他们抬着棺材，为老马科斯举行模拟葬礼。这是一种侮辱，极大的羞辱，也是一个错误。

> 如果你知道自己有多富有，那你并不富有。但是，我并没有意识到我的富有程度。这就是我们这么富有的原因。
>
> ——伊梅尔达·马科斯

就在第二天早晨，纳伦达赛被杀了——从背后中了一枪。凶手使用的是一把比赛用手枪。费迪南德被指控为凶手，判处十到十五年的监禁。他向最高法院提出上诉，高院举行审议庭庭审他的上诉。费迪南德作为法学院的优等生，他的第一起案子就是为自己辩护。

这起凶杀案有三名同谋，定罪的证据取决于同谋之一的目击证人，另外两人是费迪南德·马科斯和他的叔叔。目击证人说，费迪南德坚持自己去开枪行凶，因为他担心叔叔可能会射偏。上诉后，这个证据被驳回，案子被推翻了，马科斯作为男人不可或缺的名声保住了。

公开丑闻

1970年11月11日，杜维·彼姆丝召开了记者招待会，公开了一盘磁带录音。一大批记者听到菲律宾总统唱着见不得人的情歌，和拼命请求为他口交的声音，大为吃惊。为了保护自己，杜维从记者招待会出来，就被直接送到了机场，登上飞往香港的航班。在飞机上，杜维才发现马科斯的手有多长。她的座位被调换了，坐在她身边的是以马科斯半个兄弟自称的德尔芬·库埃特——一个彻头彻尾的暴徒和杀手。杜维在香港设法躲过了库埃特，但当她就要乘坐泛美航空公司的飞机飞往美国时，菲律宾驻香港的总领事出现了，企图阻拦她登机。他大惊小怪地引来香港警察，将杜维置于英国情报机构军情五处的监控之下。英国和美国特工最终把她安全送回了家。库埃特被扣押，后来被驱逐出境。

接着，马科斯施展老牌政治家的否定本领，极力反击和否认越来越多的事实。他买通心理医生，把杜维过去的心理治疗报告改为“精神病病例”。在一家由马科斯控制的报纸上，登出宝丽来相机拍摄的裸照，并附上猥亵的文字，“企图”揭穿她的真相。但这些努力，却让丑闻变得更加鲜活起来。作为回应，杜维公开了更多的磁带录音，还有一撮阴毛。总统形象进一步萎缩。

伊梅尔达绝地反击的时刻终于到来了！她那背叛她、欺骗她的丈夫把他送到了她的手上。如果她扮演受伤的妻子，他的政治前途就会毁于一旦；但如果她选择站在背后支持他，或许还有机会保住权力。伊梅尔达作出了抉择，但费迪南德也被迫作出巨大的让步。生平第一次，她开始酝酿由她自己来担任总统。根据宪法，费迪南德不能再继续担任总统。最好的办法，就是让总统职位继续保留在这个家族里。伊梅尔达受遣出使各国，进行外交上的全球旅行。在罗马，她会见教皇保罗六世；在华盛顿，她会见理查德·尼克松和亨利·基辛格；伊丽莎白女王在白金汉宫招待她；为了让美国对她保持兴趣，她也拜会了勃列日涅夫、卡扎菲和江青——毛泽东的妻子。渐渐地，在国际社会上，伊梅尔达变成了人们可以接受的菲律宾面孔。在牢牢控制住丈夫之后，就到了控制这个国家的时候了。

费迪南德实施了一个大胆的举措。他在菲律宾推行共产主义，实行全国戒烟。他中止议会，宣布自己就任总统，同时兼任总理。他控制着这个国家，而伊梅尔达掌控他，如此开始了长达十六年的专制统治。这就是著名的“夫妻专政”。费迪南德在国内无情地压制所有政治敌对势力，伊梅尔达也变得更加骄奢淫逸。有一次，在去纽约购置房地产的远征中，她想买下帝国大厦，后来又改变了主意。七点五亿美元的高价没有超出她的承受限度，但她认为太“招摇”了，于是改为用五千一百万美元买下了皇冠大厦，又用六千万美元买下了先驱中心，还在曼哈顿购置了两块位置很好的地皮。

到1983年，伊梅尔达变得更加骄奢淫逸，而费迪南德的政治阴谋也无法再支撑下去。反对派领导人贝尼格纳·阿基诺结束在美国的流亡生活，返回菲律宾。但他刚走出飞机，就遭到枪击，头部中弹。压倒大象的最后一根稻草终于到了，全国进入混乱时期！接下来的三年，垂死挣扎的费迪南德拖垮了自己的身体。1986年2月25日，这对夫妻仓皇登上美国军用飞机，开始了可耻的夏威夷流亡之旅。

1989年9月28日，费迪南德·马科斯在夏威夷去世。伊梅尔达把他的遗体带回菲律宾，希望举行国葬，但马尼拉英雄公墓拒绝接受他。他的遗体经过防腐处理，用水晶棺安放在他的家乡北伊罗戈省，供人瞻仰。

杜维·彼姆丝返回美国后，与一位俱乐部老板结了婚。后来，夫妇俩被指控犯有欺诈罪，他们与一起一千八百万的非法贷款案有瓜葛。据说，她在撰写自己的回忆录。

在菲律宾，伊梅尔达仍然是个受欢迎的人物。

动机：

愤怒
慈善
嫉妒
忠诚
贪食
贪婪
希望
性欲
骄傲
懒惰

稳重但不安分的“自由党男孩”：杰里米·索普

主角： 杰里米·索普（1929-），英国前自由党领袖（1967-1976）。

丑闻： 因企图谋杀旧日的同性恋情人受到指控。

原因： 极力隐藏真相。因为在当时，同性恋是非法的。

1979年6月22日，法庭宣判，英国政治家索普企图谋杀前情人诺曼·斯科特的罪名不成立。索普和妻子马里昂一起离开老贝利法院

他是一个骗子、一个吃软饭的人、一个哭哭啼啼的小人、一个寄生虫。但可以肯定的是，他会讲出真相。

——高级法院法官坎特利对诺曼·斯科特的评价

杰里米·索普——英国前自由党领导人，被指控涉嫌谋杀旧日同性恋人诺曼·斯科特——一名男模特。起诉书说，索普和其他三名男子雇用飞行员安迪·纽登枪杀斯科特。他们选择在一个风雨交加的夜晚，在英国德温地区的一片沼泽地里枪杀斯科特。但纽登把事情搞砸了，他只射死了斯科特的狗，那是一只名叫瑞卡的大丹狗。媒体将对索普涉嫌谋杀案的审判称之为“世纪之审”。

保守的家庭背景

索普从一出生，就注定要从事政治事业。作为国会议员的儿子，还有孙子，他在伊顿公学和牛津大学接受法律教育。在大家看来，他炽热的雄心是明摆着的。他被认为充满智慧，能言善辩，善于模仿，衣着得体。合体的燕尾服、做工精美的西装马甲、带扣的皮鞋，衬托出他高贵的气质。然而，在炫目的外表之下，同事们发现他智商不够发达，但一致认为他能达到他的目的。

有了这样的出身，家里可能希望他参加保守党。但恰恰相反，索普把自己的命运押在了自由党身上。20世纪50年代初期，曾经一度非常强大的自由党的席位，已经大幅减少，到了屈指可数的程度。保守党可能会为他提供一条更加容易的竞选之途，但索普梦想恢复自由党的昔日辉煌，决心沿着这条路走向英国首相的宝座。他以北德温地区候选人的身份，开始拉取选票。为了提高公众形象，他从电视记者的简单工作做起。他的付出得到了回报。1955年大选中，他战胜人数居多的保守党，进入第二轮选举。1959年，他成功当选自由党议员。

作为自由党的激进成员，索普很快开始在国会发表言论。他热衷人权，反对极刑，反对种族隔离。

“南非关系”

1971年，诺曼·斯科特对戈登·温特——南非驻伦敦记者，讲述了他的故事。虽然温特撰写反种族主义的文章，但他实际上是南非政府派出的一名特工。斯科特允许温特复印关于索普的证据。温特为了完成任务，和斯科特睡觉。温特试图把消息在报纸上刊登出来，以破坏索普的形象。但他惊讶地发现，报纸拒绝刊登他的消息。

索普得知这个情况后，向首相哈罗德·威尔森作了报告，以此证明斯科特事件是南非编造的情节。威尔森也对南非在阴谋推翻他有所怀疑，就接受了索普的说法，转而站在背后支持索普。记者巴林·潘罗斯和罗格·考提奥尔在威尔森的误导下，浪费了大量时间，查找并不存在的南非卷入案，结果是不可救药地搅乱了浑水，让任何试图了解索普与诺曼·斯科特真相的人摸不清头绪。

稳重男孩

1960至1961年间，索普拜访了他的朋友布雷克特·瓦特，这位朋友在约克郡有一个叫金汉姆的养马场。在那里，他注意到一个长得很漂亮的小伙子，靠在马厩的门框上和人谈话。这个小伙子叫诺曼·约瑟夫，时年二十岁，心理脆弱，对自己的性取向感到困惑。他喜爱和动物在一起，胜过与人做伴。这次相遇的结果，是索普给了他电话号码。

英国政治家杰里米·索普在北德温郡选区参加竞选。摄于1979年，早于出席老贝利法庭听证会，伦敦

不久之后，约瑟夫与瓦特闹翻了，离开了金汉姆养马场。他身心崩溃，企图服药自杀，被暂时送到医院治疗。他在瓦特那里弄丢了国民保险卡，因此不能在英格兰找工作。于是，他想起了杰里米·索普，那个曾写信邀请他到伦敦共进晚餐的人。

约瑟夫动身前往伦敦去见索普，陪伴他的是一只可爱的小狗，名叫蒂丝夫人。到达众议院后，他给索普带了个口信。索普热情地出来招呼他。那天晚上，索普带着他开车去了他母亲在萨里的住所。索普告诉约瑟夫对索普夫人说，他是电视台摄影组成员，第二天一早要和索普一起去国外出差。根据约瑟夫的描述（索普后来极力否认这一点），那天晚上，这位国会议员带着一条毛巾和一瓶瓦斯里尼酒走进他的房间，和他发生了性关系，使他不得不“咬枕头”。

索普送给约瑟夫衣物和鞋子，带着他到全国各地旅游，把自己的朋友介绍给他的朋友，在自由党内部给他安排工作。他尝试给他新办一张国民保险卡，但约瑟夫一直没有拿到这张卡（他后来相信，他的老板索普故意心怀叵测地扣压了这张卡）。有一段时间，约瑟夫就住在索普位于伦敦的狭小公寓里。

约瑟夫重视索普的友谊，但他是天主教徒，对他称为“不可避免的性事”深感羞愧。1962年12月，他告诉一位朋友说，他要杀了索普，然后自杀。这位朋友十分担心，于是就报了警。

警察约见了约瑟夫。约瑟夫向警察讲述了他与索普的关系，并让他们看了索普写给他的信。警察向北德温警局的同事询问了有关情况，但没人对涉及调查国会议员丑闻的事件感兴趣。于是，他们认定这起同性恋事件证据不足。约瑟夫的谈话记录，还有那些信件，被送到了英国军情五处——MI5，英国反间谍机构，装进了索普的档案。这里有为政治家们设立的常规档案。

从警局出来，诺曼·约瑟夫回到了索普的公寓，对所发生的事只字未提。

在接下来的三年间，约瑟夫时断时续地在爱尔兰做骑马教练，三心二意地想着自杀，向人们讲述毁掉了他人生的恶魔索普。他相信索普已经给他传染上了一种叫同性恋的“疾病”，希望大夫有朝一日能治好他的病。然而，他又继续从索普那里索要更多的东西。

1965年3月，他给索普的母亲写了一封长达十七页的信。信的开头写道：“在过去的五年中，正如你可能知道的那样，杰里米和我保持着‘同性恋’关系。”他抱怨自己在索普手下受到不公正待遇，经济状况也很糟糕。

索普面对母亲的质问，告诉他母亲说，信中所述的全是谎言，并向他的朋友——自由党国会议员彼得·贝塞尔求救。贝塞尔也是一个因性生活过度频繁（虽然他是异性恋）而对其事业造成威胁的政治人物。他飞往都柏林去面见约瑟夫，告诉他，索普认为这些信件是敲诈，并以引渡威胁他。约瑟夫回答说，那将是绝妙的主意。他说：“我可以回到英国，把整个事情捅出去。”他告诉贝塞尔，他已经把信交给了警察，还说他在去瑞士的路上，丢失了一个装有五十封信件的箱子。贝塞尔表示，他会尽力帮他找回那只箱子，还会想办法帮他办理国民保险卡。

于是，索普把应付约瑟夫的工作交给了贝塞尔。有一段时间，贝塞尔每周付给约瑟夫五英镑“保证金”。他追回了箱子，但在把箱子归还约瑟夫之前，抽出了所有信件。他还把索普的麻烦告诉了内政大臣诺曼·萨丝凯斯爵士，试图说服他销毁军情五处存档的信件。

政坛新秀

1967年1月，索普当选自由党领袖。在党内，并不是每个人都喜欢这位领袖。许多人不满他的作风，大多数的左翼年轻党员认为他是个藏在壁柜里的保守派。不过，媒体欢迎这位引人注目的国会议员。当劳动党首相哈罗德·威尔森——索普的伟大崇拜者，任命他做枢密院顾问，并授予他国家机密文件查阅权时，他感到非常荣幸。

1968年，索普与卡洛琳娜·阿尔帕斯结婚。在进行蜜月旅行的途中，自由党内部的竞争对手想要起来推翻他。索普提前返回，万分激愤地逼迫大家进行信任表决，最后轻松获胜。

就在同一年，诺曼·约瑟夫也品尝到了胜利的滋味。他为自己改名叫诺曼·斯科特，成了一名男模特，风度翩翩地住在伦敦。他不顾与男人有风流关系的事实，与一位名叫苏珊·玛丽亚的姑娘结了婚，还生了一个儿子。贝塞尔希望斯科特能够忘记过去，但索普对此要悲观得多。他的忧虑是有道理的。斯科特的模特职业大部分出于他的幻想。他继续和贝塞尔纠缠，榨取钱财，但荒谬的国民保险卡始终办不下来。当苏珊发现他还和男人睡在一起时，离开了他。斯科特责备说，这一切都是索普的过错，是他自己导致了婚姻的破裂。他说，是索普“把他变成了”同性恋，让他无法正常生活。他威胁说，要把整个故事在媒体上发表。

索普本应该不去理睬斯科特的威胁才对。所谓的故事，是很多年以前发生的事，斯科特现在并没有索普的信件，媒体也不会轻易相信他的故事。然而，索普好像与斯科特执著于他一样，执著于斯科特。根据贝塞尔后来的描述，索普开始动了要杀了斯科特的念头。他们就如何实施谋杀进行了一些讨论。有一个建议是毒死斯科特，然后把尸体扔进康沃尔的一个废弃的矿井里。

索普为自由党找到了一位捐助人——生活在巴哈马的百万富翁杰克·海沃德。在海沃德的资金支持下，索普在1970年的大选中，发动了强烈攻势。然而，结果出乎意料，埃德伍德·荷埃斯领导的保守党以绝对优势获胜。大选结束一周之后，索普的妻子卡洛琳娜在车祸中丧生，他逃过了党内的责难。

1971年，诺曼·斯科特带着他的故事来到自由党党部，向他们展示了贝塞尔写给他的信。那是每周付给他“保证金”的凭证。索普承认他认识斯科特，但否认了他们之间的暧昧关系，还指出贝塞尔受到敲诈。自由党进行了内部审讯。斯科特遭到自由党领袖拜尔斯勋爵的审问。他像扔冰雹一般地不断向斯科特发问，对斯科特所说的话连一个字都不相信。

这次经历击垮了斯科特，但他仍然不停地向任何愿意听他故事的人，包括他的医生葛里埃多讲述有关索普的事情。1974年，葛里埃多医生找到索普的律师，说他的病人有一些信，想以两万五千英镑的价格出售。大卫·豪尔莫斯——工党的副秘书长、索普最好的朋友，接手了谈判事宜，最后把价格压到两千五百英镑。他填写了支票，葛里埃多交出了信件。斯科特现在大部分时间都处在吸食毒品的昏迷状态。他是否授权葛里埃多进行敲诈尚不清楚，但他很高兴收到这笔钱。但这对于索普来说，又是一步错棋。这些信件，大部分是贝塞尔写的，没有任何对他不利的证据。现在，通过律师和好朋友之手，却把他与向斯科特付款的事件联系在了一起。

诺曼·斯科特（曾用名诺曼·约瑟夫），男模特，指控自由党领导人杰里米·索普要谋杀他。1979年5月

大丹狗之死

1975年9月23日深夜，有人正驾驶汽车，带着诺曼·斯科特穿行在德温区的埃克斯摩附近。这个人名叫彼特·克莱尔。克莱尔的真实姓名叫安迪·纽登。几天之前，他向斯科特自我引荐，警告他有人想暗杀他，他受朋友之托前来保护他。

23日晚上，斯科特与纽登结束了在卡比马汀附近一家旅馆的见面。纽登对斯科特带着狗感到非常紧张。这是一只名叫瑞卡的母狗，身形巨大，属于大丹种系。纽登对狗有恐惧症，但没有狗的陪伴，斯科特拒绝去任何地方。

那是一个潮湿有风的夜晚，纽登渐渐似乎变得很疲倦，斯科特提出由他来开一会儿车。纽登把车停下来，两个人同时下了车，呆在后座上的瑞卡也跳了出来，想要撒一会儿欢。斯科特抓着皮带，尽力控制着它。但纽登以为狗要咬他，向它的头部开了枪。

斯科特看到瑞卡倒了下去，弯下腰去察看，发现它已经死了。“你杀了我的狗！”他尖叫道，“你不能把瑞卡扯进来！”他尝试对狗一口一口进行人工呼吸，纽登把枪对准了斯科特的脑袋，然后发誓。但枪卡住了，或者是他假装枪被卡住了。斯科特伏在大丹狗的尸体上抽泣着，纽登上车扬长而去。

斯科特挥手拦下了一辆路过的摩托车，把自己送到了梅恩黑德的一家医院。在那里，他被诊断为受到了惊吓。他告诉医生，杰里米·索普命人枪杀他。当地警察听说这起事件时，心情沉重——他们太了解诺曼·斯科特和他的胡说八道了。

安迪·纽登很快就被抓获，关进了监狱。他告诉警察说，他被斯科特敲诈，只是想要吓唬吓唬他。他认罪服法，被判处两年监禁。

此时，彼得·贝塞尔已经失去了在国会的席位，住在美国加利福尼亚。他被劝说写一封信，证明他曾被斯科特敲诈。这样，索普暂时摆脱了舆论压力。但当贝塞尔意识到，他正在为整个事件做替罪羊时，就告诉记者说，为了保护索普，他撒了谎。索普支付给斯科特两千五百英镑的事情被泄露了出来。接下来，斯科特1962年交给警察的信也被公开了。现在，索普的同事都知道，索普在与斯科特的关系上撒了谎。他作为自由党领导人被迫辞职。

如果没有他的朋友哈罗德·威尔森首相的干预，这件事也许就此画上了句号。1976年5月，威尔森辞去首相职务几周之后，召集两名BBC记者——巴林·潘罗斯和罗格·考提奥尔，要他们前来采访。在这次会谈中，他告诉记者，他早就怀疑军情五处的右翼分子在和他的政府较劲，还有BOSS——南非情报机构。威尔森说，BOSS是索普事件的幕后指使者，诺曼·斯科特是南非特工。他告诉记者说，这是英国的“水门事件”，还说他会尽可能地协助他们调查。

潘罗斯和考提奥尔毫无头绪地离开了会议室，他们开始按照威尔森提供的思路，进行调查。他们找来了诺曼·斯科特。但在他们看来，他看上去怎么都不像个南非间谍。事实恰好相反。他们挖得越深，就越相信索普曾经策划过谋杀斯科特。他们还飞到加利福尼亚采访了贝塞尔。

1977年10月，安迪·纽登从监狱出来后不久就告诉记者，他是受人雇用来暗杀斯科特的。检察院检察长命令对此进行调查。

"世纪之审"

绝望之余，警方找到记者潘罗斯和考提奥尔，请求他们协助调查。两名记者对索普事件的长期追踪调查是众人皆知的。他们与警察分享了了解到的情况。根据他们拼接的画面，索普求助于大卫·豪尔莫斯，让斯科特消失。豪尔莫斯请求朋友约翰·米赛里尔——一位威尔士地毯商帮忙。然后，地毯商买通了老虎机销售商乔治·克莱尔操作此事。克莱尔又把安迪·纽登扯了进来。纽登是一位二十二岁的商务飞行员，愿意做"任何博取一笑的事"。为了支付谋杀费用，两万英镑从自由党捐款人的账户打到了大卫·豪尔莫斯的户头上。

> **皇家明信片**
>
> 诺曼·斯科特离开雷克特·瓦特时，带走了一张索普寄给瓦特的明信片。这张明信片是在玛格丽特公主与安东尼·阿穆斯特朗–宙斯（索普的朋友）的订婚仪式上发出的。索普在上面写道："殿下是多么令人遗憾啊！我倒希望与一个结婚而勾搭着另一个！"1962年斯科特受到警察传讯时，把明信片交给了警察。
>
> 多年之后，记者们在审判会期间对此大肆渲染，想要在索普事件中找到"皇家关系"。当原告和被告都拒绝把此事牵连进来时，他们大失所望。此处的暗示是，索普与阿穆斯特朗–宙斯（现在是斯诺登勋爵）有一段关系，但这完全没有根据。"皇家关系"与"南非关系"一样，根本不存在。

1978年8月4日，索普、豪尔莫斯、米赛里尔，还有一位名叫戴埃金的夜总会老板被警方拘留。拘押听证会在梅恩黑德举行。这是一个海边的风景小镇。以前，这里从来没有这么热闹过。记者蜂拥而至，准备谱写已经成为全国肥皂剧的索普丑闻的新篇章；贝塞尔从加利福尼亚飞了回来；纽登被免除刑事处罚，出庭举证索普；其他的人也来了。当然，诺曼·斯科特也来了。听证会结束时发布了一个裁决，这个案件有足够的证据进入司法程序。

为了能参加下一任竞选，索普设法把审讯推延了八天，但竞选失败了。1979年5月8日，审判最终在老贝利法院开庭，起诉书称，他们有充分的证据。但有两个事实对原告极为不利，那就是贝塞尔和纽登都已经坦白撒过谎，而斯科特多年来一直是被嘲弄的对象。还有人揭露，贝塞尔与《星期日电讯报》有交易，正在向对方出售他的一部书稿；而且，如果证实索普有罪，价格还将翻一倍。贝塞尔作为证人的资格再一次受到质疑。高等法院法官坎特利没有掩饰自己对三名证人的鄙视。

所有记者都盼望着他们所期待的亮点——索普站在证人席上。但四名被告里，没有一个出庭作证。他们失望极了。

审判结束时，坎特利法官总结陈述，认为这个案件将载入司法史册，因为它带有如此可笑的偏见。他以“这是一个奇异而又令人惊讶的案例”开始他的发言。“不可否认”，案中的四名被告都是“至今为止名声清白的人”。但这一点很值得怀疑。他请陪审团不要忘记，索普先生“是一个非常杰出的公众人物”。

接下来，在驳斥了贝塞尔的证词后，坎特利法官转向另一位证人——诺曼·斯科特。“你们会记住他”，他说，“一个歇斯底里的人，性格变态，很有成就的小白脸，非常善于利用激动赢得同情”。他就这个话题进一步发挥道：“他是一个骗子、一个吃软饭的人、一个哭哭啼啼的小人、一个寄生虫。但可以的话，他会讲出真相…… 你们一定不要因为我没有隐藏对斯科特先生的看法，就以为我在暗示你们不应该相信他。那不是我的意思。我没有表达任何观点。”

坎特利法官的确表达了一种观点。那两万英镑，无论它的去向如何，都没有像捐助者所希望的那样成为自由党的党费。他说，即使索普对此有所欺骗，也无法证明这是阴谋犯罪。陪审团花了五十二个小时，最后作出“无罪”的裁决。索普和他的第二任妻子马里昂离开法庭，返回他们在伦敦的别墅。后来，有人看到，他们在家里的阳台上与索普的母亲在一起，还招手和路过的人打招呼。

记者们对这一裁决感到震惊。已在等待排版印刷的关于索普隐秘生活的大量文章被匆忙调换，还有两部电视纪录片被搁置。

索普胜诉的理由很简单，权力集团长期以来曾给予他好运、机会，现在已经关闭了向他敞开的大门，劳动党也不想再去了解他了。20世纪80年代初期，索普得了帕金森综合征，他重返公众生活的希望破灭了。

现在，诺曼·斯科特住在德温一座11世纪建造的老房子里，被狗、猫、鸭、鹅包围着，他从来没有过分在意过索普的无罪释放。那个毁了自己生活的男人，最后也自毁前程。这一点让他感到很满足！

动机：

愤怒
慈善
嫉妒
忠诚
贪食
贪婪
希望
性欲
骄傲
懒惰

“我与那个女人没有性关系”：比尔·克林顿

比尔·克林顿总统在1999年。疲惫的神情清楚地表明，他和莱温斯基的婚外恋关系最近被曝光了

主角：比尔·克林顿（1946-）。美国第四十二任总统（1993-2001）。

丑闻：与白宫实习生莫妮卡·莱温斯基发生一系列出轨性行为，并对此撒谎。

原因：他是个傲慢的好色之徒。莱温斯基太单纯，找错了倾诉对象。

我和莱温斯基小姐的确有过不正当的性关系…… 事实上，这是不对的。它造成判断上的失误，也导致我个人的失败。我要对此负完全责任。

——比尔·克林顿总统

1998年2月初的一个晚上，在马里兰州的哥伦比亚区，琳达·特里普坐在楼上的书房里，凝视着桌上的电话。她是应该拿起听筒、拨打那个毫无疑问会置她于死地，还可能导致美国政府倒台的电话呢，还是应该继续保守秘密，保守这个直指美国最高权力核心的秘密——这个她已经孕育密谋了一年多的秘密？

特里普有许多揭露这个秘密的动机。她是一个五十多岁的离婚母亲，一位长期在政府工作的雇员（收入也很可观），曾在乔治·布什总统和比尔·克林顿总统身边工作过，后来被调到五角大楼。她觉得，突然把她从白宫克林顿身边调开是不公平的，即便薪水有了很大的提高。她有严重的"白宫情结"，一种靠近权力操纵者们的圈内人感觉和想要极力保持那种辉煌名声的心态。更何况，在靠近椭圆型办公桌的地方，她还目睹了一些不良行为——那些在她眼里很丢人、很丑恶的东西。现在，法庭诉讼已经十分接近事情的真相，特里普感到害怕——她可能被迫去为她看到的东西作证，还有其他一些不好的预兆。她想，如果被传唤作证，可能会危害到她的工作和声誉。

前实习生莫妮卡·莱温斯基与总统比尔·克林顿在白宫。检察长斯塔尔在调查1998年"莫妮卡门"事件中，用这张照片作为证据

其实，她的袖筒里还掖着一张牌。在五角大楼，她交到了一位朋友，一位年轻的女同事，和她一样也被赶出了白宫，并且对此事耿耿于怀。这位叫莫妮卡·莱温斯基的年轻女士曾告诉她，她怀疑自己的调职与她和一位上了年纪、结过婚的男人有关——这个人就是美国总统，这个自由世界里权力最大的国家领导人。特里普十分认真、充满同情地听着莱温斯基的诉说，鼓励她讲得更多、更多。莱温斯基敞开心扉，详细地描述了过去几个月中她与总统那耸人听闻的亲密关系：两个人定期长时间地电话交谈，年轻的女人在倾诉，而年长的男人在辅导。

这是一件具有重大历史意义的事，特里普心里想到，更不用说它的荒唐离谱。特里普买了个录音机，没有告诉莱温斯基，就开始对那些电话内容进行录音。她还用诱导性、试探性的问题，诱导莱温斯基把细节讲出来。她收集到了二十多个小时的电话录音。莱温斯基自信满满，在发脾气的时候，就把那个男人叫作“大讨厌鬼”。录音实在是为了自我保护，特里普安慰自己说，如果她被迫出庭并且因为证词受到攻击，这就是一个武器。她还有另一个不太光彩的意图，在华盛顿，揭露身居高位的大人物的书籍，尤其是详细描述不正当男女关系的丑闻书籍，总是很受欢迎。市面上已经有很多关于克林顿偏好年轻女人的下流故事，但特里普还是对文学代理商说，这本书一定会成为一鸣惊人的畅销书。但这位代理商为人保守，他不喜欢克林顿，但遵纪守法，劝告她要把磁带收好。

琳达·特里普终于拿起电话，拨打了独立检察官凯尼斯·斯塔尔办公室的电话——这几分钟的谈话掀起了美国历史上最疯狂的丑闻浪潮。之后的一年多时间里，整个政府和全国大部分地区，基本处于瘫痪状态。

有人欢喜有人愁

混乱出现时，克林顿总统正处于事业的巅峰。一年以前，他已经宣布要竞选连任，他的支持率高达百分之七十以上。这位民主党总统与国会中掌握多数席位的共和党就政府预算展开了苦战，许多政府机关因缺乏运行资金被迫关闭。共和党人一心想要裁减机构臃肿、铺张浪费的政府，他们认为自己在这场关闭运动中取得了胜利。但当公众意识到政府将关闭国家公园，他们将很难申请到社保安全卡、福利金也可能被拖延等问题时，抱怨声响成一片。共和党人只好认输，政府机构重新开放，克林顿获得了彻底的胜利。在外交政策的前沿阵地，克林顿的成绩也斐然瞩目。他干预了波斯尼亚冲突、海地武装斗争、北爱尔兰的暴力事件，正在酝酿巴勒斯坦人和以色列人的又一轮对话。

但他的生活中，也有一些不和谐的声音。克林顿在就任阿肯色州州长期间，与一位名叫詹妮弗·弗罗伦斯的女人长期保持不正当男女关系。克林顿和妻子希拉里只有在1992年总统竞选居于优势的时候，面对电视摄像机镜头侃侃而谈过他们稳固的婚姻关系。

克林顿在阿肯色州还有一件官司。一位名叫保拉·琼斯的女人状告克林顿拉她、摸她，对她进行非礼。据说，这个案件一直都在解决之中，已经拖了好几年。但现在，一群对克林顿充满敌意的律师接手了这起案子，他们起到了推波助澜的作用。克林顿的律师们抗议说，美国总统就职期间不能接受审讯。但最高法院一致认定，法律保护他作为总统的权利，但不包括私人事务。法院要求克林顿1月17日出庭作证，回答有关琼斯诉讼案的质询——这是一个他连想都不愿想的令人作呕的主意，还有有关其他七个女人的谣传。琼斯律师团表示，他们可以让所有人出庭作证。

独立检察官斯塔尔先生原是一名巡回法院的法官、华盛顿的幕僚、坚定的保守分子。他已经花费了三年时间，调查与克林顿有牵连的各种案件，发现其中大部分与一个“白水”房地产交易有关，少数几个牵连到白宫旅游办公室，还有白宫律师、希拉里·克林顿的朋友兼同事突然死亡的事件。琳达·特里普的电话正是他着力想要的、长期困扰他的新证据。特里普放下电话刚刚两个小时，独立检察官斯塔尔的六名工作人员和联邦调查局的调查员就来到了她家。第二天早晨，斯塔尔提出司法请求，要求扩大琼斯案件调查范围。申请获得批准后，他开始对总统的性过失进行全面调查。

风流连环套

具有讽刺意味的是，威胁克林顿总统职位的性关系，是在他事业最辉煌的时刻开始的。1995年政府关闭机构期间，白宫行政部门十分夸张地暂停了大部分带薪职员的薪水。而无薪实习生，包括莱温斯基，还在继续工作。这样，二十一岁的莱温斯基有一天晚上到椭圆形办公室给总统送文件时，两人“有了目光交流”，莱温斯基后来这样说。第二天晚上，他们又“进行了目光接触”。在一些微笑和交谈之后，她大胆地掀起了裙子，露出十字底裤，用句老话说，那就是一环扣一环。他们很快就退到了僻静的偏门边，在那里开始接吻。然后，年轻的女人为他口交。

接下来的十九个月里，莱温斯基告诉特里普和她的录音机，至少有十次这样的场面。莱温斯基在深夜或周末，悄悄溜进几乎空无一人的白宫。据莱温斯基讲，有一次，总统跟一位国会领导人打电话，她给他口交。还有一次，白宫餐厅关门了，他在那种行为中大吃外卖比萨。晚上，他会从椭圆形办公室或者竞选活动途中的某个旅馆给她打来电话，他们会进行让人脸红、充满挑逗的谈话。他们交换礼物。他送给她的是怀特·惠特曼的《草叶集》。

奇怪的是，白宫监控非常严密，但这件事却几乎没人知晓，也没人听到风声。有几位目光锐利的观察家对此表示怀疑——克林顿有"宾博喷发（桃色事情爆发）"的名声。1996年大选之前，白宫人事部门把莱温斯基调到了五角大楼。表面上，这是一个很值得的升迁，实际内情是，这位年轻的实习生把全部时间花在了在总统办公室外面的游荡上。莱温斯基把这种关系告诉了她母亲和十个朋友。特里普每周都向她的桥牌牌友们复述最新的甜蜜细节。

现在，有了琳达·特里普和一个如此浩荡的检察官团队，这场私通当然要走向公开——暴露在光天化日之下。检察官们接到扩大调查的命令后，就要求特里普约请莱温斯基吃饭，他们给她配备了隐密的"身体电线"，以便对谈话内容录音。他们授意特里普如何向莱温斯基提问，他们特别想知道，克林顿是否指示莱温斯基在琼斯案的证词中撒谎。法律规定，在誓言下撒谎，会构成伪证罪和妨碍司法罪，两者都构成犯罪。

总统与一位比他年岁小一半的女人发生了风流韵事——独立检察官办公室被授权调查此事。这是个新闻——一个大新闻——媒体疯狂了！特里普和莱温斯基发现，每家报纸的头版都刊登着他们的照片，记者对他们严守死盯。本来，各大电视新闻的节目主持人都飞到哈瓦那报道教皇约翰·保罗二十三世的出访了。现在，他们丢弃了教皇，立刻飞回美国，报道更加桃色的白宫丑闻。有关教皇的报道，被挤到了新闻的收尾部分。

在一片混乱中，巴勒斯坦领导人亚瑟·阿拉法特访问克林顿。几名美国和巴勒斯坦记者及摄像师获得采访拍摄机会，两名领导人肩并肩地坐在椭圆形办公室的壁炉前，接受拍照。白宫拍摄条例规定，拍照结束之后可以提几个问题。前两名记者很有礼貌地问了中东问题以及重启以色列-巴勒斯坦和谈的可能性。接下来由一名美国记者提问。他直接把问题指向了克林顿："先生，可否请您向我们说明一下您与莱温斯基的确切关系，你们两个是否在电话上交谈，包括你可能留下的任何口信。"在场的外国记者被突如其来的跑题弄得莫名其妙。为什么要允许

"个人私事"——在他们国家，只要简单地忽略或掩盖起来就行了——干扰中东和平这样重要的大事呢？

1月22日，克林顿安排了一个小时电视采访，PBS《新闻时间》的著名主持人吉姆·莱勒对他进行采访。莱勒是一位非常有绅士风度的记者，但他也是一位知识渊博、锲而不舍的记者。采访的主题是即将宣布的国情咨文讲话，但吉姆·莱勒彬彬有礼地以莱温斯基和"可能的性关系"这一话题开始了采访。克林顿直接面对摄像机说道："（现在）没有性关系。"他还声称，他从没有让任何人撒谎。批评家们立刻注意到，他说的是"现在"，用的是现在时，并没有否认过去的关系。媒体喋喋不休地争论着。

来自朋友的帮助

特里普当然想帮助莫妮卡。一份特里普–莱温斯基的谈话手稿这样写道：

特里普：他知道你会撒谎。你告诉他了，不是吗？

莱温斯基：没有。

特里普：我想起那天晚上他叫你，你们发展得真有那么深吗？

莱温斯基：哎，我说，我不知道。

特里普：上帝啊。好吧，他认为你会说出真相吗？

莱温斯基：不……噢，上帝。

特里普：所以，他至少还有点儿安全感，知道这事不会再进一步发展，对吗？

莱温斯基：对。

特里普在她十五分钟的成名故事中，异常活跃。她几乎未经劝说，就把二十盘秘密磁带交了出去。其中部分谈话很快就泄露了。

那天的早些时候，克林顿告诉他的高级助理们，所有的传言都"没有根据，无论如何没有事实根据"，这只是政治对手发动的又一次没有事实根据的进攻。妻子希拉里也相信他的否认，她在其《亲历历史》一书中回忆道，1月21日早晨，"比尔很早叫醒了我。他坐在床边，说道，'今天的报纸上，有些消息你应该知道'"。希拉里问他在说什么，克林顿告诉她，新闻报道说，他和一名年轻的白宫实习生有关系，并且授意她在琼斯案证词中撒谎。两个指控都是假的，他对自己的妻子发誓。她相信了他，而且，也是这么告诉其他人的。

在对职员谈话时，克林顿坚持他的总统日程安排。在一周混乱之后，国情咨文讲话总统任期内的重要事件，按原定计划在1月27日发布。人们对演讲内容猜测纷纷：他会提到丑闻吗？会坦白吗？会道歉吗？会辞职吗？让大家大吃一惊的是，他只字未提丑闻。而且，连他的敌人都称赞这份报告讲得非常好。报告谈到，美国经济处于繁荣时期，财政赤字正在减少，医疗保健、教育和环境得到立法。莫妮卡·莱温斯基？她是谁？

然而，斯塔尔检察长和他的检察官们并没有忘记莱温斯基。他们要求特里普再次约定午餐聚会，但这次，莱温斯基要面对检察官和联邦调查局调查员组成的方阵。联邦调查局调查员威胁要逮捕她，把她带到了一家旅馆，在那里滞留了十二个小时。他们暗示她，安排一次与克林顿的会面，要求她“带上电线”，就像特里普那样。如果她不合作，就将面临牢狱之灾。莱温斯基一会儿哭，一会儿想法阻挠。她请求他们，让她给她妈妈打电话。根据她后来授权的传记记载，检察官们嘲笑她是二十三岁的成年人了，还让妈妈保护，但最后检察官们还是松口了。她母亲玛西亚到达以后，立刻安排了一位律师代表她的女儿。在律师的坚持之下，这次见面才结束。

接下来的几周中间，律师威廉姆·金斯伯格谈成了一个协议，莱温斯基为大陪审团作证；作为交换，她被免于起诉。她作证六个小时，检察官不停地催促她用形象生动的语言，描述他们见面过程中身体接触的诸多细节。

有些事，莱温斯基只对特里普讲过。莱温斯基还保存了一件沾有克林顿精液的蓝色制服，但这种秘密，特里普是不能一个人长期保守的。她的代理人很快就把这件事捅给了媒体。结果，报纸用小报惯用的彩旗式醒目标题登了出来。但对莱温斯基住所的搜查，并没有找到那件衣服。在对大陪审团作证时她承认，出于安全的考虑，她把衣服交给了母亲。斯塔尔团队立刻取来了衣服，并对上面的污迹做了DNA检测。然后，他们要求提取总统的血液样本。因为别无选择，克林顿勉强答应了。检验结果无可争辩，完全匹配。DNA专家说，只有七百万分之一的概率表明精子不是总统的（克林顿的一位忠实追随者说，感谢上帝，不是百分之百）。对检察官们来说，这就是冒烟的手枪——证据确凿了。莱温斯基向特里普讲的每一件事，都是真实的。

> **特大新闻**
>
> 在《丑闻故事》一书中，马温·坎儿伯列举了美国主要报纸有关莫妮卡·莱温斯基丑闻故事的篇数和字数。在两天时间里，《纽约时报》发表三十二个故事，共计一万五千个单词；《华盛顿邮报》刊登四十一个故事，总计一万七千二百四十八个单词。

接下来的几个月中，克林顿都在闪烁其词。到了1998年8月，克林顿再也无法躲避了。在斯塔尔检察长的周旋之下，克林顿不用去联邦法院向大陪审团作证，而是在白宫就地接受质询。大陪审员们通过录像，观看审问过程。作证被限定在四小时之内，因为美国总统还有更重要的会议要出席。这次的质问很尖锐，很严肃，甚至充满敌意，总统的表现异常镇静，甚至是温和的。质询的调子在第一个回合就定了下来。“总统先生，”检察官罗伯特·比特曼问道，“你与莱温斯基在身体上有过亲密接触吗？”克林顿看了看书面材料，承认与莱温斯基有“不恰当的亲密接触”，但那“不包括性交”，也“没有构成性关系”。他的根据是琼斯案件中所给的定义——一个冗长而又费解的定义，对不适当的爱抚和触摸、身体特定部位、有“意图引起”性欲的行为有详细描述。他根本没有提及口交的事。后来他的助手们说，民意调查显示，大多数美国人认为，性关系指实际的性交，而不是口交，克林顿只不过反映了那个普遍的观念。

司法质询越来越充满火药味，但克林顿一直保持克制、冷静。他给出的回答是充满法律术语、冗长繁琐的答案。他指出，琼斯案件与莱温斯基毫无关联，谴责他的政治对手仅仅只是为了把一只毁灭之球扔向他，看看他们能造成什么样的破坏。白宫日志显示有莱温斯基的电话和拜访记录。面对这个质询，他说他记不清时间和日期，不认为那很重要。当被问到为何要如此卖力地隐藏他们之间的关系时，他坦率地回答：“我做了人们做错事时都会做的事。我设法在别人看不到的时候，做这些事。”

接下来，到了给克林顿下结论的时候了。比特曼检察官先回忆了在琼斯案件的证词中，克林顿的律师团曾说过“没有任何方式、形式或形状的性交”，然后比特曼问道：“你同不同意那完全是伪证？”克林顿保持着他那著名的微笑，回答说：“这取决于‘is’的含义。如果‘is’的意思是‘不’和‘从来没有过’，那是一回事。如果它的意思是‘是’，那就是个完全真实的陈述。”这个“is，is”的回答，后来进入了巴特利特的《熟悉语录》。

就在那个早上，克林顿终于向希拉里道出了事情的真相。她非常震惊，异常愤怒，然后变得冷淡无比。她无声地谴责他。克林顿在他的回忆录《我的一生》中写道，接下来的六周，她就睡在沙发上。那天晚上，希拉里参加了白宫高层官员会议，讨论他如何在电视讲话中对公众交代。他和他的顾问们在坦率请求公众谅解，还是公然谴责检察官心存报复之间犹豫不定。他转向希拉里，诚恳地征求她的意见。“这是你的讲话，比尔。说你想说的话！”她说。

在四分半钟的讲话中，克林顿先是表示懊悔，解释原因。然后，他气愤地把话题转向斯塔尔的团队，谴责他们在毁灭一个人。

事情开始出现一些微小的逆转迹象。民主党民意测评专家表示，民意调查清楚表明，绝大多数电视观众接受克林顿的道歉。在八个月毫无休止的“莫妮卡门”事件之后，他们想要继续往前走了。这个国家不仅有蓝衣服上的精子污迹，还有其他许多问题需要解决。正如电视偶像奥普拉·温弗瑞反复强调的那样，人们应该相信救赎和原谅罪恶，才是最重要的。

独立检察官斯塔尔向国会递交了一份长达四百四十五页的报告，十天之后，又送上了克林顿的证词录像。斯塔尔在报告中，措辞激烈地陈述了他所认为的“能构成弹劾的依据”，包括可提起公诉的伪证罪和妨碍司法公正罪。为了支持他的论点，报告对克林顿-莱温斯基的性行为进行了下流的、几乎是色情的描述，甚至还包括图示，说明克林顿用香烟进行性刺激游戏，他常常在何时、以何种方式射精等。为了保证这份报告具有最广泛的曝光效果，在国会议员们收到报告之前，它们就在互联网上传开了。

“莫妮卡门”事件几个月后，克林顿夫妇于1999年6月参加八国集团首脑会议时在德国出席科隆-费拉末尼交响音乐会。克林顿正在向人们挥手致意

克林顿的死对头们喜气洋洋。首先，在民主党内部，在参议员约瑟夫·利伯曼的带领下，一些民主党领导人大声呼吁克林顿辞职。利伯曼两年后成为民主党副总统候选人。另一些人不赞成弹劾或从总统职位上赶走他，他们主张请求国会通过训责法案，谴责总统行为不端。这是在美国历史上从来没有发生过的事情。国会里的共和党闻到了血腥味，拒绝了这样的提议。他们期盼着11月份大选的来临。到时候，对“莫妮卡门”丑闻反感的选民们，自然会增加他们的投票率。

接下来，滑稽的事发生了。一次又一次的民意调查显示，选民们虽然对克林顿感到失望，但对斯塔尔的调查同样感到厌恶。经历了20世纪60年代和70年代性危机的选民们，对“比尔-莫妮卡”性丑闻并不感到震惊。他们似乎认为，斯塔尔和他的同僚出于政治的需要羞辱克林顿，应该受到主要的谴责。还有一些人，对报告中X级的细节描写感到异常愤怒。人们指出，这些东西很容易被易受影响的少年儿童在电脑屏幕上看到。一些图书馆设立了最低阅读年龄，限制阅读报告的读者。

11月的大选结果，大大出乎人们的预料。民主党不仅没有受到克林顿丑闻的影响在竞选中失利，反而在众议院又赢得了四个席位。

克林顿的对手没有被打倒，但明显泄气了。共和党掌控的众议院迅速运用宪法赋予他们的权力，着手起草弹劾议案。然后，火速把弹劾议案送到了参议院，要求参议院在新的民主党参议院议员可能影响大选结果之前，举行弹劾听证。接下来，参议院十分尽职地对弹劾进行表决。

最终裁决其实已成定局，只不过多了些闹剧元素。首席大法官威廉姆·伦奎斯特根据宪法程序主持仲裁。他出来时穿着一件专门为弹劾听证设计的法官袍，袍子的袖子上有深红色的条纹，让人不禁想起吉尔伯特和沙利文表演的轻喜剧。克林顿说他忙于总统职责，没有时间出席诉讼活动，引起双方一片可以预想到的漫无目的的讨伐声。这幕闹剧中最为引人注目的，或许是克林顿的辩护律师——前阿肯色州参议员戴尔·邦普斯的闭幕词。他嘲笑对方锲而不舍追求的正义，不是总统的行为问题，而是他的性格问题和暴力原则。他解释了一个关于金钱的古老谚语：“当人们说这与性无关时，它与性有关。”邦普斯说。

特大新闻

克林顿发表四分半钟有关莱温斯基丑闻的电视讲话的第二天，在白宫举行早餐祈祷，乞求上帝的原谅。在一座非洲裔美国人的教堂里，他再一次乞求原谅，并邀请教堂的会众与他一起祷告。他说，他从心理顾问和《圣经》中得到慰藉。一些崇拜者感动而泣，转而安慰他。

《宪法》规定，一百个议员中必须有三分之二的投票认定克林顿有罪，才能解除他的职务。投票结果相差甚远，议员们以四十五比五十反对起诉伪证罪；五十比五十反对妨碍司法公正罪议案。

从拨打电话那一刻开始的将近一年时间里，琳达·特里普几乎就是整个事件的一个脚注。她收到了六十万美元的现金支票，因为五角大楼非法泄露了她的档案。她离开了政府公务员行列，做了整容，剪短了头发，嫁给了老情人，进入了古董行业。她从前健谈的年轻朋友留给她的最后一句话是：“我恨琳达·特里普！”

谋杀与神秘故事

肥胖的阿尔巴克（前排右二）在审判会上。罪名是性虐待和误杀好莱坞明星。尽管最终被无罪释放，但案件的负面影响迫使他提前退休

动机：

愤怒
慈善
嫉妒
忠诚
贪食
贪婪
希望
性欲
骄傲
懒惰

开明的专制君主：凯瑟琳大帝

凯瑟琳大帝以她的骑术闻名于世。但这却引来无数与性欲相关的谣言，包括她在与马性交中死去的传说

主角：凯瑟琳大帝（1729–1796），俄国女皇。

丑闻：有下令杀害丈夫彼得三世的嫌疑。

原因：彼得大帝对妻子和国家都是一个巨大的耻辱。

诱惑与被诱惑是极其相近的事情……无论何时，感情与这种东西有了瓜葛，只要一激动，我们就已经走得比我们所能意识到的还要遥远。

——凯瑟琳大帝

1762年6月28日，凯瑟琳大帝发动政变，推翻了她的夫君——沙皇彼得三世的统治。一周之内，彼得三世猝死，凯瑟琳当上了俄国女皇。这是一次令人难以相信的政治操作，她的一生将被过度纵欲、不通人性和谋杀丈夫的谣言纠缠不休。

1745年8月21日，星期五，安哈尔特-泽波斯特王室家族的郡主——索菲亚·弗雷德里卡，后来著名的凯瑟琳大帝——嫁给了俄国皇位继承人——大公爵彼得·费德洛维奇。这是圣彼得堡有史以来最耀眼瞩目的婚庆大典！精美的喷泉里流淌着美酒；数不清的宴会餐桌上摆满了各色美味佳肴；冬宫门前的河流里挤满了游艇和帆船；由一百二十辆马车组成的游行队伍一眼望不到头，每辆马车四周都有数名仆从环绕陪伴；步兵、铁骑兵、骠骑兵、龙骑兵组成的方阵在巡游队伍前后开道护送。游行队伍从皇宫沿着那威斯基观礼台一路排开，直到喀山圣母教堂。新婚夫妇乘坐的马车高大华丽，就像一座小小的城堡，所到之处引来阵阵欢呼声。巡游队伍如此之长——新婚夫妇整整花了三个小时才接受完庆贺，到达几个街区之外的教堂。

对于十六岁的新娘来说，一切不能再美好了。在场的人没有人会猜到，在俄国宫廷，将会有怎样的未来等待着这位年轻的公爵夫人！

充满活力的小姑娘

凯瑟琳，1729年4月12日出生于珀莫拉尼亚（现波兰境内）的斯德町。父亲是位小王子，在普鲁士军队担任高级职务。母亲是荷斯坦-高陶普的约翰娜公主，其家族可直接追溯到瑞士国王。

凯瑟琳母亲唯一的人生目标是繁育后代和养育继承人，确保家庭血脉的延续，让祖先的土地不要外流。因此，在这个家庭里，儿子理所当然地受到偏爱，母亲的大部分注意力都放在了照顾两个体弱多病的弟弟身上。凯瑟琳公主很独立地长大，性格外向，不受拘束。她喜欢玩男孩子们玩的粗野放荡的游戏。她在性方面很早熟，常常很不体面地问一些性方面的问题，让信义导师们深感震惊。

有些东西她是从自己身上发现的。大约十岁的时候，她发现了手淫的乐趣。她在日记中记录了这样的场景：“这些日子我充满活力……一旦屋里没人，我就骑上我的枕头，在床上驰骋，一直到我精疲力竭……我这样做时，从未被抓住，也没有人知道。我骑着枕头，在床上疾驰飞奔。”懂事之后，她应该会为如此直白的言辞感到懊悔。

公主的教育

相对于兽交行为和女色情狂的名声而言，凯瑟琳早期的教育十分严肃庄重。有人用青春活力点燃了她正在苏醒的性欲。那个人是乔治·路德维格王子，她的叔叔，大她十岁。这位痴情男子经常去她家拜访，花上数个小时，哄他十三岁的小侄女开心。老师们抱怨这种打扰，但小姑娘很喜欢这种新的魅力和它带来的受关注的感觉。

彼得三世爱发脾气，或长时间生气不说话。他喜欢恶作剧，给俄国宫廷带来难堪

路德维格王子请求凯瑟琳嫁给他，而她却说他在开玩笑——她太小了，根本不懂得爱。他们之间偷偷发展到接吻的关系。后来，她常常为这个想法感到温暖。这种感觉是在她母亲要他们结束这种关系之后产生的。

然而，凯瑟琳并没有意识到，整个事情是在她母亲的纵容之下进行的。事实上，她母亲希望这种关系能教会她诱惑的艺术。她已经悄悄为凯瑟琳安排了更好的婚姻——她的侄儿彼得·费德罗维奇公爵。彼得是俄国女皇伊丽莎白的外甥，皇位的继承人。

凯瑟琳也许学会了如何用充满诱惑的微笑和媚眼吸引男人，但她走向婚床时，完全处于无知的状态，对男女之情一无所知。婚礼前，她曾把自己的老师和女仆召集起来，举行了一个晚会，试图从他们身上获得婚姻知识，但没有人向她提供任何清晰的答案。那些远没有未来公爵夫人天真的人提醒她，这种知识更适合由她的母亲来传授。当她去找她的母亲时，却受到了严厉的斥责。

因此，毫不奇怪，凯瑟琳是在充满紧张不安的气氛中结束她的新婚之夜的。午夜之后，贴身女仆把她放到床上，她在期盼、激动中独自一人度过了好几个小时，终于等到了已经酩酊大醉、咯咯笑个不停的彼得。凯瑟琳后来回忆说，她很失望，那天晚上什么也没发生。

俄国的耻辱

彼得，甚至比凯瑟琳更没有经验。她发现，宫廷里大多数人都知道——二十七岁的彼得大公，仍然是个被惯坏了的小男孩！

彼得由宫廷女仆抚养长大。她们纵容他的每一次任性和心血来潮，其结果是，造成了这位年轻人令人难以置信的不成熟性格。他脾气暴躁，喜怒无常，生起气来没完没了。他嗜好恶作剧，还有偷窥癖——喜欢在宫廷的墙上钻洞偷窥别人。外交官们认为，这种粗野行为是俄国宫廷的耻辱。他们给伊丽莎白女皇递交了这样一份备忘录——“必须教会殿下，不要对人做鬼脸；不要对部下进行无礼的谈话；不要在餐桌旁从仆人的头上往下倒酒。”

> **最新谣言**
>
> 最新的谣言，是凯瑟琳设立秘密快乐宫殿的故事。1941年冬天，在她死后的第二百五十年，德国军队在圣彼得堡发现了这个地方。这个故事讲述了四个令人难以置信的房间。据说，里面装满了椅子、沙发、绘画、桌子、地毯、烛台，所用物品全部用最生动的性图案设计而成。在每一处显眼的地方，都挂有萨堤尔、仙女、农牧神的壁画，全部用想象中的性姿态构思而成，脚下的地毯上是扭动淫荡的身体。显而易见，这是专门设计来刺激最疲惫的性欲的房间。但是，历史学家们对此毫无兴趣。

彼得喜爱的娱乐是玩武士玩具。他是普鲁士军队的狂热崇拜者，宫廷里有整营的玩具士兵、城池和微型大炮供他玩打仗。他的婚床没有成为夫妻享乐的地方，而是成了操练战场，上面摆满了玩具娃娃、玩具和木头士兵，彼得来来回回地走着正步，嘴里喊着口令，还不时发出大炮的声音。

一想到将来有一天，这个心智发育明显滞后的孩子要成为伟大的俄国战争机器的总指挥，凯瑟琳吓呆了。她收集了整整一房子当时最先进的书籍，一头扎进书堆，开始学习国家管理艺术、哲学和政治学。她的丈夫，显然不适合担当统治者的职责。未来似乎难以确定，她想自己做好准备，为丈夫做坚强的后盾！

闲言碎语与谣传

凯瑟琳用体力活动和骑马，缓解性生活中受到的挫折。她喜欢跨着骑马，整个宫廷对此感到十分震惊——当时，人们听都没听说过女人跨骑在马上。皇宫是闲话的温床，于是谣言四起，说凯瑟琳唯一的性趣是把马夹在两腿中间。凯瑟琳在皇宫里的敌人很快就把顺序颠倒了过来，咬着耳朵说是马横跨在公爵夫人身上。这个丑闻，很快传到了伊丽莎白女皇的耳朵里。

女皇已经意识到，她的外甥不适合领导职位，就痛下决心，要重新培养一位继承人——最好是彼得的儿子。但一年又一年，凯瑟琳丝毫没有怀孕的征兆。女皇开始向凯瑟琳唠叨，认为骑马就是她不能怀孕的原因。女皇敦促她把自己打扮得更讨丈夫喜欢一些，"要表露爱情，甚至激情。总之，一句话，要动用一切手段去赢得他的温柔，完成与他同床共枕的职责"。

凯瑟琳憎恨大家丝毫不觉得顽童彼得大公爵也有过错的态度，开始心硬起来。如果游戏的规则是以一个公众形象掩饰个人快乐，她比任何人都会玩得更好！

二十三岁时，凯瑟琳在压抑了六年的本能冲动之后，开始充分宣泄她的性欲。她有了第一个情人，瑟吉·萨尔特科夫，是宫廷管家。这是她长长的情夫队伍中的第一位。她从不掩盖这个事实，理由是传她与年轻英俊、有教养的男人的闲话，总比传她与马的闲话要好得多。

出轨，给凯瑟琳精力充沛、贪得无厌的传奇故事添加了新佐料。虽然皇室男性成员有情人是很平常的事，但人们还是不能接受女人这样做——尤其是这个完全对自己的肉欲毫不掩饰的女人。她曾经坦言，"我长着一颗发情的猫的心"。

听到凯瑟琳的风流韵事，女皇再也无法否认一个事实，子孙无望可能是彼得的过错！但让彼得去做检查，却是非常令人头疼的事。他对自己的身体极其害羞，从不允许别人看他的裸体。女皇发下旨意，命他必须洗个澡，试图骗他去做个检查。但彼得大发雷霆，身体抽筋。他尖叫道，他从来没有洗过澡，也从来不想洗澡，洗澡会弄伤他的身体——会杀了他！他满怀愤怒地说道，他不是小孩，不能把他当小孩对待！最后，脾气发过之后，他进行了检查。他有一点儿性无能——可能是包皮紧缩造成的——这很容易治疗。

1754年9月20日，凯瑟琳生下了一个儿子。伊丽莎白女皇给他取名叫保罗。但小孩一出生，就被抱走，送到了女皇的寝宫。凯瑟琳很少能够见到他。宫廷里没有人相信，彼得是这个孩子的父亲，伊丽莎白女皇也不信，最有可能的候选人是萨尔特科夫。据说，当一位外交官说孩子的皮肤与彼得苍白的皮肤不一样时，伊丽莎白喊道，如果他是个混账，那也不是她家里的第一个混账。年迈的女皇需要一个继承人，这就足够了！

婚姻触礁

到了这种地步，这段婚姻已经完全变味了。彼得利用每一个机会羞辱凯瑟琳，从精神到肉体。他威胁说，他一旦当上沙皇，就会杀了她。他也找了一个情人——伊丽萨维塔·沃伦特索娃。沃伦特索娃满脸都是天花留下的瘢痕，被人们认为是宫廷里最丑的女人，性格也很不好。凯瑟琳的朋友们认为，彼得是有意选择她来恶心自己的妻子。但凯瑟琳安慰自己说，这是宫廷里唯一能让彼得不感到自卑的人。

无论如何，凯瑟琳对彼得再无留恋之情了。她认识到，她未来幸福的最大危险就来自于自己的丈夫。于是，她平静地开始着手保护自己。

彼得顽皮无知，不懂得公众舆论的威力，凯瑟琳对此却十分敏感。1762年，伊丽莎白女皇去世，凯瑟琳为她自己赢得了众人的爱戴。她公开为伊丽莎白哭丧，上演孝敬的戏码。而她的丈夫彼得——新沙皇，却拒绝在遗体前守灵。他好像有意要嘲笑这种场合，他拉着脸，开着玩笑，他的大笑声甚至好几次打断了葬礼仪式。他的表现就像个小丑，与凯瑟琳形成了鲜明的对比！

众人的心理开始摇摆。凯瑟琳知道她有两个选择，要么和她的丈夫一起倒台，要么起来推翻他！

谣言与军事演习

虽然凯瑟琳已经预料到，彼得最大的敌人将是他自己，但她并没有下手的机会。 他有可能把矛头指向她，对此她有心理准备。她开始培植亲信，在宫廷的三种主要力量中选择可以利用的人。在军队中，她的主要关系是她的新情人——格里高伊·奥拉夫。奥拉夫是战争英雄，皇家护卫队里五个管事的弟兄之一。虽然护卫队只有几千人马，但卫队是军队的关键——不仅是通向武装力量的桥梁，而且在政治上得到认可，在社会中享有威信。

> **女皇的启蒙运动**
>
> 在十八世纪，虽然俄国只有百分之二的人口接受过教育，但凯瑟琳如饥似渴地学习，尽一切努力提高智力。她与法国作家伏尔泰交朋友，雇用法国作家和哲学家狄德罗改进国家图书馆，赢得了支持启蒙运动的名声。她及时了解西方国家的文学和思想运动，撰写政论文章和剧本，她用俄、法两种语言写过剧本，著作有《论俄国历史》和十二卷的回忆录。

凯瑟琳明显偏爱年轻军官，这又为谣言贩子提供了更多的猛料。下流猥亵的漫画上，画着性饥渴的公爵夫人在视察卫队，选择交欢对象。由此激发起这样的幻想：士兵排着长长的队伍，裤子褪到了腿上，巨大的阴茎直立着，等待放荡的女人查看它们的尺寸、重量和长度。但凯瑟琳真实的兴趣在于——捕获他们的头脑和心灵！

在外交方面，凯瑟琳与高级外交官、野心勃勃的政治家尼可塔·帕尼结盟。凯瑟琳答应在宫廷中给帕尼高级职位。作为回报，凯瑟琳可以自由支配他的政治影响力和在国际上的声望，由他在幕后把她推到公众舆论的风口浪尖上。但这只覆盖了权力的两大范围，如何才能把阴谋的标签贴到丈夫的身上呢？凯瑟琳的杰作是与伊卡特琳娜·达丝科娃交朋友。达丝科娃是彼得情人伊丽萨维塔·沃伦特索娃的妹妹。有了达丝科娃通风报信，没有她的认可，彼得别想动一步！

凯瑟琳意识到自己在玩火！结盟是一回事，但现在，她是在积极策划推翻沙皇的阴谋！如果彼得听到一丝风声，她都会面临监禁和死刑的下场！

与此同时，彼得也担任了新角色——俄国军队最高指挥官。他用游戏的方式与军队玩耍，好像他们是他盒子里的玩具士兵一样。他用对待敌人的方式对待自己的士兵，把他们当成普鲁士士兵，命令他们改换普鲁士军服，用对待俘虏的纪律侮辱他们。他不分白天黑夜地下令在彼得堡开炮，模拟战争的喧闹声，困扰整个城市。有一次，彼得心血来潮，想知道一百门大炮同时发射的声音，就下令军队演练一次。当部下劝说，他这会把整个城市震成碎片时，他那愚蠢的念头才被打消。

1762年4月24日，彼得犯了一个大错误。他与普鲁士国王签订了一个条约，归还了俄国占领的所有普鲁士的领土。俄国军队愤怒了！他们在七年（1756-1763）的战争中遭受了巨大的损失，但以母亲俄国的名义忍耐着！彼得一棒子就打掉了他们所有的努力！军队起义的时机成熟了！

凯瑟琳大帝统治俄国三十四年，直到1796年去世。她文化素养极高，充满智慧。由于许多促进俄国现代化的改革措施，她赢得了“伟大”的声誉

无流血革命

俄国第一次革命由家庭纷争引起。在一次正式的晚宴上，凯瑟琳拒绝起身去拿烤肉，沙皇彼得羞辱她，称她为傻瓜。就在那天晚上，达丝科娃报告说，彼得下令逮捕凯瑟琳。与此同时，阴谋事件的核心成员巴斯克上尉也被逮捕了。凯瑟琳担心他会泄密，感到采取行动的时候到了！那年，她三十三岁！

1762年6月28日清晨，凯瑟琳大帝第一次展露出她的领导才能。艾利克斯——格里高伊·奥拉夫的兄弟，很早就来唤醒她，告诉她一切计划已经准备完毕。她被马车送到了圣彼得堡郊外格里高伊所在的独立团团部、伊茨麦拉夫斯基护卫队营地。欢呼的士兵跑过来迎接她。她用三句话向他们做了改变俄国命运的演讲：“我来向你们寻求保护！皇帝下令要抓我！我担心他会杀了我！”

她没有多说一个字。士兵们涌上前来，亲吻她的衣服下摆，宣誓效

忠皇后。精心策划的革命开始了。凯瑟琳立即宣誓即位女皇，然后，在欢呼的人群的簇拥下，马不停蹄地继续赶到其他兵营。她被所有人狂热地接受了。到这天晚上为止，整个彼得堡已经完全臣服于她了！

凯瑟琳懂得象征的伟大力量。她在普里奥波拉茨斯基耶兵营，给自己换上了陆军上校的绿军服——这是彼得大帝的军衔。她登上一匹白马，手握缰绳，成为象征意义上的指挥官。当她带领军队去面见彼得的时候，军队发出一片欢呼声。

彼得又会怎么样呢？他唯一见过的真正意义上的军事行动就是与自己的妻子对抗！他的军队弃他而去！他被迫放弃抵抗，可耻地投降了！一周之后，他死了！

凯瑟琳害怕谣言引发另一轮危险，便下令验尸，并公布了验尸结果——彼得死于痔绞痛。没人相信这个报告——他们是对的。多年之后，一封揭发信把矛头直接指向了女皇："艾利克斯·奥拉夫（凯瑟琳情人的弟弟，政变的参与者）走进来抓住他，直到他精疲力竭。因为他被掐住了喉咙。奥拉夫用尽全力挤压，不幸的沙皇垂下了头，好像被枪射中一样！"

凯瑟琳迅速作出反应，应对这件丑闻。她下令为彼得进行国葬，给予他所有的荣誉。遗体公开展示两天，供公众瞻仰。一块方巾十分严密地遮住了他的喉咙，一顶大帽子盖住了那张紫黑色脸的大部分！

挥之不去的谣言

凯瑟琳保全了脸面——还有皇位——但谣言从没有远离过她。她统治了俄国三十四年，每一天都被谣言和丑闻所缠绕，直到她死去。在她六十七岁死去的时候，还有至今不解的新神话滋生——她是在企图和马性交时被马踩死的。

当今的俄罗斯领导们，包括前苏联领导人，对凯瑟琳在俄国伟大统治者中的地位一直持有矛盾的心理。不是因为她谋权篡位，或者倒行逆施的性行为，而是因为她那悬而未决的谋杀案！

动机：

愤怒
慈善
嫉妒
忠诚
贪食
贪婪
希望
性欲
骄傲
懒惰

“私下搞定”：小艾伦·伯尔和开国元勋之死

主角：小艾伦·伯尔（1756–1836），美国第三任副总统（杰斐逊任期内）。

丑闻：决斗中杀了汉密尔顿，被指控犯有叛国罪。

原因：政治对抗和个人复仇。

托马斯·杰斐逊任期内的副总统和民主共和党早期成员艾伦·伯尔。伯尔在决斗中，枪杀了他的政敌亚历山大·汉密尔顿

总统已经预先对我的当事人下了定论，声称“对于他的罪行没有疑问”。他把自己设想成超人，假装对我深受人们敬重的朋友进行心灵探索。他宣称我的朋友是叛徒……说他在战争中溜走了。这是地狱猎犬般的起诉，为了追捕我的朋友……

——大法官马沙尔为艾伦·伯尔辩护

1804年7月11日，黎明之前，躺在乡村别墅沙发上的副总统艾伦·伯尔被一名仆人唤醒。这是纽约一个又闷又热的夏日清晨，伯尔穿上黑色的衣服和外套。几个朋友聚在一起祝他好运，他接受了他们的祝福。然后，他和朋友威廉姆·凡-尼斯一起动身前往哈德逊河附近的岸口。他在那儿雇了船只和船工，他们要穿过河流，去对岸新泽西州的威霍肯村附近事先选定的一个地方。这个地方好像被弃用有一段时间了，两个人动手收拾地上的树叶和枯枝。他们忙着干活的时候，另一只小船出现了。船上坐着四个人：船工、纳斯尼尔·彭德尔顿、医生戴维·赫萨克和美国开国元勋亚历山大·汉密尔顿。汉密尔顿和伯尔已经同意进行“私下会面”——当时决斗的委婉说法。

> 我已经下定决心，如果我们的会面（决斗）以惯常的方式进行，而且如果上帝愿意给我机会，保留或打偏第一枪，我甚至有心想保留第二枪。
>
> ——亚历山大·汉密尔顿

汉密尔顿和他的助手彭德尔顿上岸后，朝正在进行清理工作的伯尔和他的助手凡-尼斯走过去。尽管两人马上就要拔枪相对，他们还是有礼貌地相互致礼，打招呼，当然带着一丝明显的敌意——他们的决斗完全是为了维护绅士的荣誉，而不是为了复仇而使用暴力。这次决斗的动机有政治上的忧虑和恐惧，也有背后不易察觉的勃勃野心。它是美国两个最自我的男人男子汉气概的优雅展示！

决斗双方同意用汉密尔顿提供的手枪。两人分开之后，两名助手掷硬币，决定决斗的方位和开枪发令的人。此时，时间已经快7点了，太阳正在冉冉升起，阳光照射在河面上，反射出耀眼的金光。彭德尔顿让伯尔背光站着，认为这样容易看得清楚一些。然而，这也意味着汉密尔顿要逆光迎着太阳。

两名对手接过手枪，按要求各自退后十步，站到射击位置上。手枪有两个扳机，一个正常的扳机，一个用头发触发的扳机。凡-尼斯上好扳机后把手枪交给伯尔，彭德尔顿问汉密尔顿是否要用头发触发装置，他答道，“这次不用”。汉密尔顿有点儿逞能。他不是不知道“决斗代码”——为荣誉决斗制定的详细规则，但他决定第一轮交手时不向伯尔射击。这几乎是接近精神失常的勇敢（也许没有看上去的那么严重）！为了使射手不容易射中对方，决斗规则加大了射击难度：手枪发射时间被有意延长，枪管长度不允许超过十一英寸（二十八厘米）；射击的准确性也有严格限制，与步枪的沟槽不同，手枪枪管内部要光滑，子弹也要光滑，以便能够在枪管内有效弹起，更进一步限制射程和准确性。决斗中受重伤的概率是十四分之一，受伤一方大多能够自己走着回去，不用采取医疗措施。

彭德尔顿征求双方的意见，问他们准备好了没有。汉密尔顿把枪口举向天空，喊了叫停，他把手伸进衣服口袋，掏出一副眼镜戴上，藉以阻挡耀眼的阳光。然后，两个决斗者正式摆出决斗姿势，右脚在前，左脚在后，身体紧缩以瞄准目标，手臂交叉，起到支撑作用。他们极力克制加快跳动的脉搏，保持镇静，等待彭德尔顿喊“开始”。这是可以开枪的指令！

亚历山大·汉密尔顿。美国最重要的宪法律师，有过显赫的政治生涯。他是联邦党的创始人

两支枪前后发出响声。当烟雾散去之后，汉密尔顿已经倒在地上。伯尔第一枪就开枪了，他射中了。这一枪是伯尔走了狗屎运。他在射击时踩中了一颗石子，滑了一下。汉密尔顿却因此被射中了，他的枪脱手了，飞到伯尔头顶三点五米高处的树枝上。伯尔看到倒在地上的“敌人”，感到十分懊悔。在彭德尔顿去喊等候在船上的医生时，伯尔走上前去，想察看汉密尔顿的伤势。凡–尼斯害怕医生认出他来，把他拉走了。他返回自己雇用的船只，划船回家去了。

当赫萨克医生找到汉密尔顿时，彭德尔顿正扶着他呈坐立姿势，子弹从他的右髋关节射入，穿透了他的肝脏和隔膜，钻进了一根椎骨。赫萨克医生沉重地宣布了诊断结果，汉密尔顿中了致命一枪。

他们划船把汉密尔顿带回河对岸。其间，他好几次命悬一线，危在旦夕。但等他被带回家时，他又醒了过来，恢复了说话的力气。在床上，他看到哭泣的孩子们和妻子，还有许多赶来告别的朋友们。第二天下午，美国的开国元勋之一，美国革命的英雄离开了人世！

从友好到仇恨

简单回顾一下汉密尔顿和伯尔的生平，可以发现，他们有许多共同之处。他们都是纽约的庭辩律师，美国独立战争中功勋卓著的退伍军人。但汉密尔顿是联邦党，而伯尔是共和党。伯尔为人极其谦虚，对许多联邦党人士都很友好。他们有一些共同的政治观点，比如废除奴隶制。他们作为庭辩律师，经常在法庭见面。尽管是政治对手，他们的关系在很长一段时间内非常友好。汉密尔顿与另一位未来的美国总统詹姆斯·蒙罗曾经进行过决斗。汉密尔顿与蒙罗的妻子玛丽亚·雷纳尔多发生了婚外情。事情泄露之后，蒙罗以此对汉密尔顿进行敲诈。汉密尔顿向蒙罗发出挑战——要和他决斗。伯尔作为蒙罗的助手，积极进行了干预，维护了两个人之间的和平。甚至可以这么说，虽然伯尔杀死了汉密尔顿，但他以前曾经救过他的命！

那么，是什么把他们推向决斗的战场呢？表面原因是，汉密尔顿骂伯尔卑鄙，侮辱了他的名誉，又不肯好好道歉；而实际上，真正的危险在于，两个人都爱慕虚荣，野心勃勃，想要达到名誉的巅峰——每一位都认为自己堪当这个声誉！总之，汉密尔顿开始为了政治利益诽谤伯尔，而伯尔的反应则是向汉密尔顿宣战——从战略上来讲，决斗也与他的政治前途息息相关！

两人的另一共同点是，他们的事业都开始走下坡路，竭力想在公众中树立“非我不可”的形象；但事情正朝着相反的方向发展。两人都希望通过决斗，能让他们的事业恢复活力。

带刺而又傲慢的人

亚历山大·汉密尔顿升任美国财政部部长，是件很耀眼的事。他出生于西印度群岛的尼维斯，是一位苏格兰商人的私生子，母亲是法国人。他在报纸上发表了一篇关于旋风的新闻报道，感动了整个尼维斯——他要去纽约上国王大学，也就是现在的哥伦比亚大学。深深被感动的尼维斯人资助了他去纽约的路费。独立战争开始时，他把自己的同学组织起来，成立了炮兵团，被授予上尉军衔，后来提升为中校，加入了乔治 ·华盛顿的个人参谋行列。

汉密尔顿后来的成功，与华盛顿欣赏他的个人能力有很大关系。战争结束之后，在1784年，汉密尔顿主持建立了美国银行；1787年维护宪法，反对托马斯·杰斐逊一派；1789至1795年之间，在华盛顿内阁中担任财政部部长。在任期间，他主要负责为新成立的国家建立一个坚实的财政体系，还负责创建美国海军。

亚历山大·汉密尔顿和艾伦·伯尔在决斗中瞄准目标。这次决斗结束了汉密尔顿的生命。1804年

汉密尔顿出身不好，怀疑民主，喜欢以道义取胜。这一切让他成为一个带刺的人。一个傲慢的人，他身上有着让人不快的嗜好。

华盛顿一退休，汉密尔顿就失去了政治靠山。他试图在幕后控制华盛顿的继任者约翰·亚当斯的内阁成员。这种意图导致亚当斯解雇了许多内阁成员。在1798-1800年，战争处于胶着状态期间，亚当斯曾经抵制过，但最终接受了华盛顿的建议，任命汉密尔顿做他的副司令员。就在这段时间里，汉密尔顿被提升为将军。汉密尔顿把他大部分的雄心壮志贡献给了联邦党，但联邦党的分裂，使得激进的政治对手共和党人詹姆斯·杰斐逊以压倒性优势取得了竞选胜利。伯尔也在1800年当选为副总统。

汉密尔顿回到了个人生活之中，继续做他的律师。他期待着美国与法国或西班牙的战争，梦想在战争中重现他的军事荣耀，他努力操纵纽约联邦党的政治命运。然而，到他与伯尔决斗的时候，这位老政治家的影响力正在渐渐衰退。这是他开始不喜欢伯尔的主要原因。在当时，尽管美国政界正在多方面展开崇高理想的大讨论，但建国元勋们常常策划非常肮脏的政治阴谋诡计，他们往往为了恢复昔日的荣耀而决斗，也喜欢把刀子刺进别人的后背。

伯尔这一边

如果说汉密尔顿是混混儿出身，伯尔则来自传统清教徒家庭，出身于名门。父亲是普林斯顿大学第二任校长，叫艾伦 ·伯尔牧师；外祖父是著名的加尔文神学家乔森纳·爱德华兹。但伯尔对他们两人都知之甚少。因为他的外祖父和父母亲在一年之内相继去世，留下两岁的伯尔成了孤儿。

汉密尔顿不是他们家中第一个死于威霍肯村的人。1801年，他的儿子菲利普在与一名杰斐逊的支持者——托马斯·伊科——的决斗中被打死。菲利普被同时代的人称为“悲伤的靶子”。而伊科是个坏蛋，与他的父亲一样，拒绝道歉。

与汉密尔顿一样，伯尔也是神童型的孩子。他十三岁进入普林斯顿大学，十六岁大学毕业。怀着“选举”贤人的理想，为了上天对所有人开放的民主概念，伯尔结束了他的宗教职业，放弃了加尔文的神学思想。

反叛性格伴随着伯尔的一生。伯尔是感性主义者，有许多情人。他的政治观点是实用主义的。然而，潜藏在这种“魔鬼可能在意的方法”之下的，可能是那种清教徒式的恐惧。也就是说，他常常无意识地在面临最伟大的机会时，成为自己的障碍。

伯尔在放弃神学之后，捡起了法律这个武器。他在独立战争期间表现活跃，赢得了“勇敢战士”的称号，军衔升到上校。然而，华盛顿不看好他，在战争胶着期间，约翰·亚当斯想提升伯尔做准将，但华盛顿不同意，理由是伯尔太爱耍阴谋。也许，是因为伯尔说过，“他鄙视华盛顿没有才华，是一个连普通的英语句子都不会写的人”。与亚当斯一样，华盛顿的二把手汉密尔顿将军赞成伯尔当准将。

1800年，由于当时竞选制度的无法预测性，伯尔险些成为美国总统。当时总统和副总统没有分开选举，而是由各州选出总统选举团，总统选举团的每位代表有两次投票权。当时的人们这样推断，总统候选人的票数一定会超出副总统候选人的票数。然而，1801年，选举的结果却是杰斐逊和伯尔各获得七十三票，只好移交众议院做最终裁决。众议院花了三天时间，进行了三十六轮投票表决，最后选出杰斐逊为美国总统。如果伯尔出对牌的话，他很有可能能够说动联邦党代表为他投票，但他踌躇了。作为公正、英明的领袖人物，虽然他在参议院中名声很好，但失去了自己党派的信任，也使杰斐逊终生仇视他。从那时起，杰斐逊就下定决心要毁掉他。联邦党中把关键一票投给杰斐逊的，就是亚历山大·汉密尔顿——即使伯尔更接近他的政治观点。

伯尔杀了汉密尔顿后，仍然是在任的副总统。伯尔和杰斐逊闹翻了，杰斐逊选择伯尔的政治大敌——乔治·柯林顿做他连任总统的副总统候选人。为了挽回败局，伯尔决定竞选纽约州州长，与柯林顿区的候选人摩根·里维斯展开了竞争。但杰斐逊选择支持里维斯，并在暗中支持柯林顿区的喉舌詹姆斯·奇塔姆，利用他的《美国公民报》丑闻版，非常严厉、但常常是严重失实地诽谤伯尔的竞选活动。

伯尔要竞选州长的理由之一，是很多联邦党人支持他。联邦党员中的激进分子对杰斐逊和他的党魁所推行的弗吉尼亚霸权非常愤怒，相信应该从美联邦中分裂出一个新英格兰。伯尔没有心思与他们争吵。当然，联邦党最大的党魁汉密尔顿也反对这样做。当许多联邦党同僚表达他们支持伯尔的意愿时，汉密尔顿也加快了诽谤伯尔的活动。这些活动从1801年汉密尔顿支持杰斐逊时就已经开始了。

有一段时间，伯尔看上去就任州长已经胜券在握。但最后，共和党候选人摩根·里维斯轻松取胜，留下伯尔丢人现眼。他的政敌圈起来打狗，结束了他的政治生涯。

被人恶意中伤的伯尔

伯尔在向汉密尔顿发出挑战的时候，一定已经知道，汉密尔顿许多年来一直在说他的坏话。詹姆斯·奇塔姆在《美国公民报》上转载了一封据说汉密尔顿写于1801年的信。在信中，汉密尔顿声称，有史以来，从未见过如此巨大的“奸诈、伪善和背信弃义集中体现在同一个人身上”。这封信还指控伯尔是“如此穷凶极恶，人类语言中找不到一个足以形容他的卑鄙无耻的术语”。这种情绪让有些人猜测，汉密尔顿可能指控伯尔正在与他女儿乱伦，因为他与女儿很亲近是事实。在整个州长竞选活动期间，伯尔通过对他友善的《清晨纪事报》反驳那些针对他的诽谤。但他并没有像杰斐逊–柯林顿一伙或汉密尔顿那样，为他的敌人抹黑。在他惨败给摩根·里维斯之后，这种情形发生了改变。伯尔一定是从某种程度上感觉到了他的诽谤者复仇的欲望。但如果这是他唯一的动机，那么他应该向乔治·柯林顿、奇塔姆甚至杰斐逊发起挑战更好一些。因为这帮人才是制造诽谤的主要人物，他们甚至比汉密尔顿更恶毒。

伯尔与汉密尔顿一样，他的野心已经从政治转向了期待军事辉煌。当时正是动荡时期，国家边界没有划定，与欧洲列强的结盟处于不断变化之中。战争一触即发，要想宣布你已为国家荣誉做好了准备，还有什么办法比来一次高调的决斗更能吸引全国人民的关注呢？

自从1800年以来，伯尔一直听人说，汉密尔顿在嘲笑他的性格。在他的政治盟友泰勒法官举行的晚宴上，汉密尔顿又一次表达了对伯尔的蔑视。泰勒的女婿查尔斯·库伯注意到了这件事，他在1804年4月的两封信中讲述了整个过程。这两封信后来都泄露给了报纸《奥尔巴尼记录》。文中引用了库伯的话语："汉密尔顿将军和肯特法官宣称，伯尔先生是一个危险人物……（而且）我可以给你进一步提供一个更为详实的观点——汉密尔顿将军表示，伯尔先生是个卑鄙的人。"

伯尔直到6月份才看到第二封信。他给汉密尔顿写信，请求他承认或否认这种卑鄙的看法。汉密尔顿用律师的口吻写了封回信，辩解说他不会抵赖任何定义如此不准确的东西，信中还附上了一篇关于"卑鄙"词义的小文章。伯尔对这个回答很不满，认为它很傲慢，回避了事实。然而，汉密尔顿也不想让步。在他们两人和各自的助手在接下来的信中为了某个语义而不断争吵、互递口信时，死神的影子就已经投下来了。对于伯尔来说，汉密尔顿已经不愿承认令他感到耻辱的罪名。而汉密尔顿觉得，让步会破坏接下来军方对他的任命。决斗日期定在了7月11日。那天之后的第二天下午，汉密尔顿就中弹而亡了！

尾声

伯尔是否想要杀死汉密尔顿，这一点值得怀疑。如果他想，那就事与愿违了！汉密尔顿的死引起了公众极大的悲痛情绪，伯尔成了“不受欢迎的人”，失去了许多人的支持，而这正是他急需的东西！他的对手也很快以此为借口，大做文章！虽然伯尔在决斗过程中的表现无可挑剔，虽然决斗地点选择在新泽西进行——在那里决斗是合法行为。他的敌人还是想方设法，要以谋杀罪逮捕他。纽约发出了逮捕伯尔的授权令，然后新泽西也要逮捕他。然而，两份逮捕令都没有生效。这也反映了他们之后的动机不够真诚。尽管伯尔是被追捕的要犯，杰斐逊和他的同盟军却请求最高法院的塞缪尔·蔡斯法官弹劾伯尔。伯尔返回华盛顿后，继续履行他的副总统职责。作为议会领袖，他在其间的公正行为成为保证司法公正的关键。

在伯尔因叛国罪受审期间，托马斯·杰斐逊似乎迫不及待地想给他定罪。他让人印发通告，在整个美国西部到处散发，要求“每个好公民都走上前来，向政府检举他所拥有的任何信息”。

这是伯尔在政治上最后的主要成就，但这不是他的丑闻天赋的结束。他的副总统任期届满之后，人们的注意力转移到了西部。美国军队指挥员詹姆斯·威尔金森将军及其随从巡逻路易斯安那州与西班牙的边界；有英国血统的爱尔兰贵族乔纳森·戴顿在俄亥俄河上占领了一个岛屿（受到未来总统安迪·杰克逊和英国政府的暗中支持），预谋占领路易斯安那州和墨西哥的一部分地区，在北美大陆的西南部建立一个新国家。这个计划未能实现，因为威尔金森临阵畏缩了。威尔金森此时已经做了西班牙政府的代理人，领取丰厚的薪酬，他决定向杰斐逊出卖伯尔，作为他最好的结局。伯尔受到了叛国罪的指控，但与杰斐逊的愿望相违背，伯尔被证明无罪。然而，这次审判终结了他再次辉煌的梦想！他在英格兰生活了一些年，后来又回到纽约，默默无闻地从事法律工作。他的确活着看到了1835年的得克萨斯独立战争！他冷冷地看到，曾经一度被认为叛国的行为此时变成了英雄主义！在艾伦·伯尔的人生故事里，他可能从来都没有把握好时机！

动机：

愤怒
慈善
嫉妒
忠诚
贪食
贪婪
希望
性欲
骄傲
懒惰

星条旗下的杀手：丹尼尔·西克尔斯摆脱谋杀罪名

丹尼尔·西克尔斯在美国内战期间担任联邦军将军。在1863年葛底斯堡战役中，被炮弹把一条腿炸成重伤

主角：丹尼尔·西克尔斯（1819–1914）。政治家，外交家，美国内战时联邦军将军。

丑闻：无情地杀害了巴顿·科尔，却全身而退。

原因：科尔与西克尔斯的妻子私通。

我与妻子和解是我自己的决定，没有征求过任何家人、亲戚、朋友或顾问的意见。这位背叛了我、但已知悔改的女人处境十分凄凉——未来没有希望，随时可能遇到危险。当她行为不端遭到遗弃时，就注定要忍受这些！如果我过去无法理解这些，现在，我足以理解她在众人的唾弃和指责声中来到我的门槛。我从悲惨和危险中解救的是我孩子的母亲！

——西克尔斯给《纽约先驱报》编辑的信，1859年7月20日丹尼尔·西克尔斯的父亲尝试让他不安于现状的儿子安定下来，做个体面的农场主。然而，西克尔斯觉得农村生活太单调，搬进了哥伦比亚大学八十岁的意大利教授洛伦索·达·蓬特的家。达·蓬特为莫扎特写作歌词，是传奇人物卡萨诺瓦的朋友，在他可以四处移动的坐床上，积累了数额巨大的财富。达·蓬特和他的儿子——也叫洛伦索（纽约大学教授），主动提出为西克尔斯准备大学费用。西克尔斯以老达·蓬特为榜样，热情洋溢地在曼哈顿的妓院里教育自己，成为众所周知的“风格高尚的人”。

1859年2月27日下午，在白宫附近的拉斐特广场，美国哥伦比亚区的司法检察官巴顿·科尔正在和纽约律师山姆·巴特伍兹谈话。此时，国会议员丹尼尔·西克尔斯慌慌张张走了进来。天气很暖和，但西克尔斯却穿着大衣，眼中射出冰冷、恶毒的凶光，愤怒此时已经毁灭了他的理智！

“科尔！”西克尔斯喊道，“你玷污了我的床！你应该去死”！说着，他从大衣口袋里掏出一把德林格式手枪，向科尔开了火，但子弹只擦破了科尔的手。他又补了一枪。科尔扑过来，抓住西克尔斯并抱住了他，使他无法开枪。西克尔斯把枪扔到过道上，两个人扭打起来。科尔一边往后退着，一边哭着恳求道：“别杀我！”他把一副看歌剧用的眼镜扔到地上，表明他没有武器。西克尔斯抽出另一把手枪，又开了一枪。这一次，他打中了科尔的大腿。科尔踉跄着往后退，找到一棵树靠在上面。但腿已无法支撑他的身体，他倒在了地上。“别再向我开枪了！”科尔哭喊道。西克尔斯一边逼近科尔，一边再次开枪。这一枪也没有射中。西克尔斯掏出第三把手枪——另一种规格的德林格手枪，来到更近的地方，伏在科尔身上，扣响了扳机。从几厘米近的距离，他把子弹射进了他的情敌的胸膛。甚至在这时候，他还完全没有停下来的意思，再次扣上扳机，把枪口指向科尔的脑袋，送上了致命一击，但这一枪走火了。几分钟后，巴顿·科尔停止了呼吸！

这真是一次指向弱者的谋杀！在那个时代，男人解决名誉问题的方式仍然是决斗。但科尔，身上只带着看歌剧时用的眼镜，根本没有得到一个公正的机会。更有甚者，西克尔斯竟然安然逃脱了，他因间歇性精神失常获得保释，成为美国历史上第一例以此为理由成功逃脱刑罚的人。但谁能在精神失常之下，记得带三把手枪去进行一次冲动的谋杀呢？

尼克博克家族的西克尔斯

西克尔斯对丑闻并不陌生。他是纽约有权有势、声名卓著的尼克博克家族的第六代，父亲在华尔街发了财。他是典型的纽约人，充满魅力，整日忙碌，嗅觉敏锐，善于捕捉主要机会。

有名的美人特丽莎·巴奇奥里在她十五岁时，西克尔斯引诱了她并和她结了婚，但后来却不理她和女儿劳拉

西克尔斯是天生的政治动物，十七岁时在童子军团发表了他的第一次演说。他倾慕民主党人士塔马尼·豪尔。这位人物在19世纪大部分时间内，控制着纽约的政治局面——他们腐败堕落，维护裙带关系，无恶不作。

到他三十三岁结婚时，西克尔斯已经是一名成功的民主党律师，纽约州州议会议员，政治舞台上冉冉升起的新星，他结交了许多有权势的朋友。

尽管事业兴旺发达，但西克尔斯的生活总是入不敷出。他生活奢侈，喜欢与他喜爱的妓女芬妮·怀特进行昂贵的单独约会。由于带着她进入他和同伴居住的酒店餐厅，他受到州议会的谴责。一直债务缠身的西克尔斯很容易进行金融欺诈。有一次，他因盗窃罪受到起诉，但他的塔马尼关系网帮助他让这个官司“消失”了。

爱情与婚姻

特丽莎·巴奇奥里，十五岁时已经发育丰满，成了一个真正的尤物。她在纽约最好的天主教学校接受教育，能说五种语言，是个让人头脑发热的美人。她有教养，天真无邪。对于一个本性喜欢竞争的男人来说，她是一笔令人羡慕的优良资产。她是玛丽亚·巴奇奥里的女儿，是哥伦比亚第一位印第安人教授、西克尔斯的导师洛伦索·蓬特的养女（也是真正的女儿）。西克尔斯第一次见到特丽莎时，她只有三岁。到她十五岁的时候，特丽莎对这位潇洒的年轻政治家产生了强烈的迷恋之情。这当然是西克尔斯根本无法抵御的好运气！他勾引她，和她睡觉，让她怀孕，然后娶了她——这显示了西克尔斯有起码的道德，没有毁掉年轻姑娘的一生，而她的家人是如此地善待他！

然而，如果他爱特丽莎，那这种爱也从来没有排他性。对西克尔斯而言，政治永远是第一位的，当然，还有其他的女人！在他们结婚后不久，1852年，西克尔斯得到了一个职位，去伦敦做詹姆斯·巴卡南的助手。巴卡南是民主党老将，对总统职位心怀向往。西克尔斯接受了这个职位，主要原因是它提供了政治上的便利，虽然所给薪水比他做律师的收入要少很多！当时，特丽莎刚刚生下他们的女儿劳拉，无法立刻陪他一起前往，长途旅行对母亲和新生儿都太危险了。

西克尔斯邀请他的老朋友芬妮·怀特代替妻子和他一起去伦敦。他带着她参加维多利亚女王举行的皇家招待会。他介绍说，芬妮是纽约的朱莉娅·巴内特小姐！芬妮在酒会上行了屈膝礼，与清教徒君主握了手，还上了报纸。这可能是人人都有的淘气行为，但你想想也知道，西克尔斯的老朋友和法律行业的新关系看到这个消息时会怎么想！幸好，特丽莎已经坐在去伦敦的船上了。

在伦敦，特丽莎证明了自己是优秀的政治人才。语言上的优势使她比一般美国外交官夫人都出色！她给丈夫的老板、爱唠叨的老单身汉詹姆斯·巴卡南留下了深刻印象！事实上，她给他的印象是如此的深刻，以至于他的侄女来美国时，他任命特丽莎做正式的女主人。的确，巴卡南好像十分迷恋特丽莎，以致于有了暧昧的谣言——考虑到另一个更持久的谣言说，从没结婚的巴卡南是一个同性恋者，这一点值得怀疑。但是，这表明特丽莎懂得如何吸引和保持来自有权势的老男人的关注！

在伦敦工作两年之后，西克尔斯返回美国——这让他在英国的老板感到很沮丧。詹姆斯·巴卡南已经决定，最后再参加一次总统竞选。西克尔斯，现在已经是他内部圈子的成员，赶回去提前打基础。在他的塔马尼朋友们的煽动下，西克尔斯决定自己参加国会议员的竞选。巴卡南和西克尔斯双双获得了胜利，他们在华盛顿度过了1856年的冬天。

西克尔斯租下了斯托克顿公寓——一座四层高的白色小楼，可以看到白宫。租金花去了他国会议员的全部薪水——这是西克尔斯贪赃枉法的证据。特丽莎和女儿劳拉赶来和他一起生活。特丽莎再一次证明，她是丈夫的优质财产。她在华盛顿三个最漂亮的女人中排名第一。她每个星期的下午举行一次招待会，西克尔斯家每周的晚餐邀请函在华盛顿十分抢手。

星条旗情人

巴顿·科尔，华盛顿特区的律师，刚刚帮助他的新朋友西克尔斯办完斯托克顿公寓的租赁手续。科尔出身于马里兰的名门望族，父亲是美国国歌《星条旗永不落》的作曲家，一个叔叔是最高法院的法官。他欠西克尔斯一个人情。他刚刚输掉一场不该输的官司，西克尔斯向巴卡南求情，任命他继续做特区检察官。科尔是三十九岁的鳏夫，一头漂亮的金发，忧郁的眼神，有一种南方气质的魅力。比起做律师来，他更适合做情人！女性对他的评价甚高。作为回报，他也讨好女人，吸引她们的关注。他常常提前关门下班，在华盛顿太太们的午后招待会上，施展他那迷人的魅力。

与此人相反，西克尔斯是男人中的男人。他充满无穷的精力和雄心，更喜欢充满男性活力的政治活动，而不是用甜言蜜语诱惑社交场上的女士们！他已经让自己成为巴卡南总统不可或缺的助手，在家里的时间越来越少了。特丽莎喜欢华盛顿社交生活的耀眼光芒，丈夫的频繁外出，让她感到孤独和焦虑。由于年龄差距和时代原因，她感到自己对婚姻已经没有控制力了！她的焦虑很快得到了证实。西克尔斯在巴尔的摩的大部分时间，都是与一个结了婚的女人在一家旅馆里进行“生意”的。

一个有思想的人

西克尔斯在曼哈顿因建立公共马车交通网络系统，而成为有影响的人物。没有他倡导建立中央公园（包括在纽约高级法院的长凳上状告一名资深法官），这块土地可能早被私人开发商随心所欲地开发了。

由于西克尔斯的轻浮和忽视，特丽莎对巴顿·科尔的有意靠近非常敏感。她进入这个圈子时还不是十分成熟，权威男士对她的关注让她十分兴奋，社交氛围以及闲话也令人陶醉。她自己那有权势的男人忽视她，这难道不是有意腾出空来，要把她推进巴顿·科尔的怀抱吗？她甚至十分错误地认为，如果她有了外遇，或许能激起丈夫的醋意，为自己的婚姻找到平衡，把他重新带回到她的身边！

不管出于何种原因，特丽莎和科尔很快就幽会了。在斯托克顿公寓，在马车里，在纽约的国会公墓里。他们很快成了人们闲聊的话题。他们的行为十分轻率，以致有人猜测，西克尔斯对此是默许的。但西克尔斯完全沉浸在治理美联邦的政治大计之中，根本没有注意到妻子的背叛。当闲话通过他的一名助手，最终传到他耳朵里时，他和科尔进行了一次面谈。科尔否认此事，还提出要与散布谣言的人决斗。西克尔斯的怒气被化解了！

如果科尔聪明的话，此时此刻，他就应该明智地结束一切。然而，与西克尔斯不同，科尔爱上了特丽莎。他在混杂的社区租了一套房子，开始继续和特丽莎幽会，但这不可能永远持续下去。几周以后，西克尔斯收到一封匿名信，有可能是一名迷恋巴顿·科尔的南方妇女因爱生恨，出于嫉妒，揭发了他们的爱巢。西克尔斯派他的秘书沃尔里奇去证实。那天，西克尔斯冷酷的性格被配上了夸张的色彩，他在国会哭了！当天晚上，他与特丽莎对质。刚开始的时候她否认，后来承认了。西克尔斯让她写下供认书，签名画押。在没有胁迫的情况下，特丽莎写下了供认书。

巴顿·科尔。华盛顿特区律师。爱上了西克尔斯的妻子特丽莎，为此付出了生命代价

第二天，西克尔斯与他的塔马尼同事商讨，该怎样处理此事。他担心他的政敌会利用此事给他戴绿帽子。他在愤怒、悲伤和采取策略之间进行选择时，科尔丝毫没有意识到事情的败露。他在理发馆把自己修饰一新，躲在她家外面的广场上，等待机会向特丽莎表达他的致命之爱。他希望能够看到挥动的白手帕！这是他们之间的暗号！

西克尔斯的秘书沃尔里奇发现了科尔。西克尔斯气疯了！西克尔斯的同事山姆·巴特伍兹提议西克尔斯与科尔决斗。但西克尔斯已经作出决定——既然科尔对他撒了谎，那他就应该像一只狗一样地去死！巴特伍兹离开屋子，去找科尔谈话。西克尔斯随后跟来，然后，砰！砰！砰……剩下的，都成了历史！

审判

谋杀成功之后，西克尔斯去自首了，他被关了起来。监狱看守为他提供了办公室，他在那里等候审判日期的来临。他的饭是从家里送来的。他的家人和有身份的朋友川流不息地来探望他。他的狗也在里边给他做伴，在没人探望他的时候。

如果巴顿·科尔还活着，他一定会起诉西克尔斯。可现在，他已经死了！总统巴卡南任命罗伯特·奥尔德为公诉人。科尔家族的人提出抗议，要求更换更专业的公诉人，因为奥尔德只在一起谋杀案中做过辩护。巴卡南拒绝了！罗伯特·奥尔德因自己的事业欠了巴卡南的人情，只好听从他的摆布！总统的年轻助理亲眼目睹了谋杀经过，回来直接向他作了汇报。总统让他立刻从白宫滚了出去。这个事实驱散了人们心头怀疑巴卡南偏向西克尔斯的所有疑虑。在巴卡南，也是西克尔斯的计划中，奥尔德的经验不足正是他的价值所在！

> 去你的道德
>
> 管好你的舌头；
可怜那美丽的青藤，
受到伤害，如此年轻！
为何不是坟墓？
伤心，破碎的生活；
想想她的命运
还是妻子却要守寡。
>
> ——摘自一首关于特丽莎处境的诗歌《不要评判》，1859年

美国最好的六位律师与奥尔德分庭对抗。律师埃德温·斯坦顿在案件审理之后不久，就被巴卡南任命为大律师。还有詹姆斯·布兰迪，纽约最有名的谋杀案辩护律师，他是西克尔斯的朋友。他们提出了一个新奇的诉求理由——间歇性精神失常。他们辩解道，西克尔斯发现自己被戴了绿帽子，心里极度痛苦。这一点使他无法对自己的行为负责！巴特伍兹作了假证，声称他认为科尔带有武器。但真正打动了陪审团的，是西克尔斯的爱尔兰女仆布里奇特·莱利。她把这位情夫形容为“憎恶的化身”。由于间歇性精神失常。在事实上具有不可验证性，审理过程中陪审团对被告的同情心发挥了作用。当时，陪审团成员全部都是男人。审判过程中，被告方把特丽莎的供认书泄露给了报纸。男人本能的同情心帮助陪审团的天平偏向了戴绿帽子的男人。而控方公诉人奥尔德非常令人惊讶地省略了西克尔斯本人也有婚外违规行为的事实——这可能是巴卡南授意的。

陪审团判定西克尔斯无罪，西克尔斯被当庭释放了。这一点与现在不同。现在判定为精神失常的被告，通常会被关进精神病医院。西克尔斯虽然躲过了牢狱之灾，公众在舆论上仍然支持他，但他的政治声誉大受影响，特别是南北方调停人的声誉被搞得乱七八糟。后来，报纸又揭露他不仅和妻子有书信往来，还原谅了她。为此，他失去了大多数人的支持。大家对这种软弱的表现感到十分惊骇，他被迫给《纽约时报》的

编辑写信解释原因。

如果西克尔斯主动原谅了他的妻子，他很快被迫明白，她现在是个政治责任。他把特丽莎和劳拉安排在曼哈顿郊区，保持了形式上的婚姻完整，但他回家越来越少了。特丽莎如同掉进了人间地狱，这几乎是复仇的终极形式！

内战和战后

巴顿·科尔把讨厌的味道留在了西克尔斯的口中。他不再是以前那位令人迷恋的南方绅士，而且，他成了“不受欢迎的人”。这使得他无法继续完成治理南北方民主党分裂的政治理想。如果西克尔斯成为“昨天”的男人，丑闻应该到此为止。但事实是，美国内战爆发了！这是西克尔斯重振雄威的绝妙机会。如果说，真有机缘巧合的话，那他一定是赶上了！他投身于共和党人总统亚伯拉罕·林肯领导的解放黑奴、废除奴隶制度的伟大事业之中，建立了自己的纽约独立旅，最后当上了联邦军的将军。

> **当天的舆论**
>
> 首先科尔是位虚伪的朋友，
> 西克尔斯以为他可以信赖，
> 但这假心肠的恶棍，
> 背叛了他的荣誉，
> 偷走了他的妻子，
> 西克尔斯杀死了他。
>
> ——当时一首流行歌曲的歌词，主要总结了当时公众的观点

他在葛底斯堡战役中起到了重要作用——尽管这场战役对联邦军取胜起到帮助作用或带来失败，现在还有争议。在战斗中，他的一条腿被炸飞了。战争一结束，西克尔斯——北方战斗英雄，有了重新建立他的政治王国的资本！他陆续担任了一系列重要职务，包括北方军都督、南卡罗来纳州都督、驻西班牙大使。出任大使期间，他和伊莎贝拉女王传出绯闻。

至于特丽莎，他让她和女儿，还有鸡，一起呆在纽约郊区。在美国内战期间，将军们的妻子对军队道德教化起到了重要作用。西克尔斯却再也没有带她露面，在公众场合支持他。特丽莎染上了结核病，三十一岁时死了。在她死后，西克尔斯还是不管他们的女儿劳拉。她酗酒，贫困交加，只活了三十八岁。西克尔斯没有参加女儿的葬礼！

西克尔斯比妻子和女儿加起来的岁数，还多活了二十年。他又结了婚，一直插手政界，一直到他九十三岁的时候。他是个精力充沛的人，但没有核心道德。在他临死的前一年，他因挪用纽约州纪念馆委员会两

万八千美元被捕。这个曾经逃脱谋杀罪名的人，再次逃脱了刑罚，尽管这次他没有逃脱最终的死亡。

尾注：特丽莎的供词

下面是西克尔斯强迫他的妻子特丽莎写下的和巴顿·科尔私通的供词。

我在第十五大街的一所房子里，与科尔先生……通常呆一个小时或多一点儿。二楼上有一张床，我做了坏女人通常做的事。这种亲密关系是冬天开始的，在我从纽约过来的时候，在那间屋子里——这是一种不合适的亲密。见过六次面或多一点儿，在白天不同的时间。每周的星期一或星期三。在街上遇到或在舞会上碰到时，我们会安排约会时间。西克尔斯先生在家时，我从不和他说话。因为我知道，他不喜欢我和他说话。我到这儿后，有一段时间没有见到科尔先生。然后他告诉我，他租了房子，作为我和他约会的地方。我同意了……

科尔先生在这所房子里，亲吻过我数次。我不否认，我们在这所房子里发生过关系。斯托克顿公寓，去年春天，一年以前，在客厅，在沙发上。西克尔斯先生有时不在镇上，有时在国会大厦。我想这种亲密关系，开始于1858年4月或5月。我觉得，在这所房子里与他约会不安全，因为有仆人，他们会产生怀疑。我和平常一样，穿着黑白色的羊毛格子裙，戴着黑色镶边的海狸帽，还有黑色条纹的蕾丝披肩。我安排科尔先生走后面的那条路。在把劳拉留给胡佛夫人以后……我从前门出去。门开着，我进入房间，脱掉衣服，他也一样。我们一起上床。科尔先生乘坐西克尔斯先生的马车，在没有西克尔斯先生允许的情况下拜访他家，在我被告知不要邀请他之后，我还这样做了，多次违背了西克尔斯先生再三的叮嘱。

我所说的都是实情。这都是我自己写下的，没有任何西克尔斯先生的原谅和奖励产生的影响，也没有受他的威胁。我开着房间的门写下了这些，女仆和孩子在隔壁房间，晚上八点半。里奇利小姐就在房间，咫尺之外。

特丽莎·巴奇奥里，拉斐特广场，华盛顿特区，1859年2月26日

动机：

愤怒
慈善
嫉妒
忠诚
贪食
贪婪
希望
性欲
骄傲
懒惰

大师的忧郁：彼得·柴可夫斯基的风雨人生

主角： 彼得·伊里奇·柴可夫斯基（1840-1893），俄国作曲家。

丑闻： 很有可能通过饮用一杯没有煮沸的生水，染上致命霍乱病毒而造成自杀。

原因： 无法忍受同性恋带来的罪恶感；有可能患有狂躁忧郁症。

柴可夫斯基是俄国最优秀的作曲家，在西方拥有大批的听众。但他一生深受忧郁症的困扰，无比绝望。据说，他可能是自杀而亡的

我要尽一切可能在今年内结婚！但如果我缺乏这样做的勇气，无论如何我都要永远放弃我的习惯，努力不再让人把我划在同性恋这个圈子里。

——彼得·柴可夫斯基

伟大的作曲家的人生经历中，总会夹杂一些天才遭受痛苦磨难的传奇故事。但没有一个故事，比得上彼得·伊里奇·柴可夫斯基的痛苦经历，那是内心备受煎熬的音乐殉道者的痛苦。柴可夫斯基早期的传记对他极为敬重，但这些作品的作者也表达了他们最真挚的遗憾。那时还没有任何人大胆地指称他为同性恋，只是认为他患有可怕的疾病。我们对这位"棒棒糖童话"作曲家的私生活越了解，就越对它的可怕，甚至危险感到震惊。作曲家甚至为此产生过自杀的念头。有关柴可夫斯基企图结束自己生命的谣言流传甚广。即使是在与他生活的同一时期撰写的传记中，对于他是否自杀的问题，也是躲躲闪闪、含糊不清的。

可怕的伤口

在两个音符之间快速滑动，就会产生颤音。柴可夫斯基的整个人生，就是一个痛苦的颤音！他挣扎在星光四射与保守秘密、社会名人与逃避出名、幻想和谐却为幻觉痛苦、心灵美丽而又自我毁灭的绝望深渊！如果我们期望找到一个夸张的场景，来描述柴可夫斯基戏剧般的冲突人生，那就是他无所适从、惊慌失措地拿自己的情感冒险的经历。这种疯狂最终导致他在1876年有了那段灾难般的婚姻。当时，他刚刚结束两段浪漫恋情（注意，是两段，不是一段），正处在伤心困惑之时。他暗恋的女演员、一位在当时已有些名气的女中音歌唱家突然甩掉了他，去波兰与另一名男中音结了婚，这让他十分难受。还没来得及喘息，另一段浪漫的同性恋也遭到挫折。而且，这次更让他大为震惊，奔涌而出的情感使他无法自控！他发现自己的弟弟——剧作家和教育家（后来为柴可夫斯基的歌剧填写歌词）马岱斯特，与一名他喜欢的聋哑男孩在交往。要么出于嫉妒，要么出于内疚，他给弟弟写了一封慷慨激昂、充满高尚论调的伦理道德信。马岱斯特一定会感到很困惑，因为在几个月前，彼得还从巴黎来信写道："管他什么地狱，快乐才是最重要的！"这封信是对婚姻美德的布道，希望他们两人能战胜"非自然的"激情，因为这种激情使他们的事业脱轨，使整个家庭面临敲诈的威胁。哥哥觉得，对他们两人来说，中止危机的最好办法是他结婚，为弟弟树立一个好榜样。当时，他丝毫没有可以作为结婚对象的线索，但这与他到哪里去找一个可以结婚的女人毫无关系，这只是在策略上作出的退出决定。他写道："我要尽一切可能在今年内结婚。但如果我缺乏这样做的勇气，无论如何我都要放弃我的习惯，努力不再让人把我划在同性恋这个圈子里。"

柴可夫斯基把这封信揣进怀里，跳上马车，离开莫斯科，疾驰而去，目的地是他的朋友别克–巴拉托夫位于乡下的房子。在接下来的四天里，他参加了19世纪俄国最臭名昭著的同性恋狂欢聚会。在那个疯狂的周末，柴可夫斯基发泄激情的具体对象是他的马车夫。

几个月之后，奇迹真的出现了，那就是安东妮雅·米露可娃。但柴可夫斯基的这段婚姻却以彻底的惨败而告终！二十八岁的安东妮雅·米露可娃是柴可夫斯基以前在莫斯科教过的学生。和大多数教授一样，他几乎不记得这个在他班上上了四年课的学生。柴可夫斯基当时正被失恋和同性恋折磨得心痴神迷，痛苦不堪，轻而易举地被积极主动地猎取他的安东妮雅俘获了。1877年3月，他接连不断地收到她的情书。不出所料，他想要结婚的候选人突然之间出现了！而对安东妮雅来说，她刚刚继承了一笔遗产当嫁妆，正需要一个丈夫！5月20日，安东妮雅和柴可夫斯基在圣彼得堡重逢时，整个场面被记录了下来——其速度也不妨称为快板！

冒险行为

尽管俄国军队长期以来禁止同性恋（由彼得大帝颁布），甚至也明令禁止沙皇尼古拉一世引入的同性性行为，但这些禁令很少得到强制执行。部分原因是许多贵族有这种行为。事实上，引发整个欧洲反对同性恋热潮的是奥斯卡·威尔德案件。那是在1893年，柴可夫斯基死去两年之后。在那之前，柴可夫斯基作为同性恋，受到的主要威胁是敲诈和难堪——让他坐牢的可能性不大。

7月6日，他们结婚了，两人在同一个屋檐下共同生活了二十天。但不出所料，他们无法圆房。刚开始时，柴可夫斯基以他脆弱的精神状态为借口，但很快，他对自己所做的事开始感到惊恐，于是他逃跑了！在接下来的两个月中，他在妹妹的乡村别墅里躲避来自莫斯科社会窥视的目光。当他返回家中时，他像羔羊一般，向妻子承认这一切是一个可怕的错误，还乐观地表达了他的希望，希望他们能够继续保持"朋友"关系。与以往一样，他不知道自己陷入了怎样的麻烦，错误地认为她会简简单单地同意终止这场婚姻，就像当初她自己走进来成为这个婚姻的一部分时那样简单容易。但这一次，安东妮雅拒不让步！在以后的许多年中，她一次又一次地拒绝了柴可夫斯基离婚的请求！

在柴可夫斯基的一生当中，他都遭受着这次主动进攻和她后来的偏执带来的痛苦和折磨。每当想起安东妮雅随时可能揭发他喜欢年轻男子这一事实时，他都会惊慌不已。于是，他每月付给她一百卢布作为封口费，直到1881年。安东妮雅比柴可夫斯基活得长，她的最后几十年是在精神病院度过的。柴可夫斯基用退休金支付她的医疗费，直到1917年她死为止。在他的日记中，他把她称为“可怕的伤口”。

强大的后盾

如果说柴可夫斯基的婚姻不同寻常，那么，他与娜德茨达·梅克夫人的关系就更加奇特。从她生活的那个时代起，梅克夫人就已经成了恩人的原型人物，是人们世世代代在心中敬仰的慷慨大度的典型。难怪作曲家先生为他这位神秘的“亲爱的朋友”，奉献了那么多的作品。

梅克夫人是个寡妇，铁路大亨的遗孀。丈夫给她留下了巨额财富。倚仗丈夫留下的丰厚家底和自身多才多艺，还有她对音乐的爱好，梅克夫人在莫斯科音乐界具有强大的影响力。柴可夫斯基的终身男友——小提琴家伊奥西夫·考特克就是她沙龙的常驻艺术家之一。也许是考特克有意向梅克夫人介绍了柴可夫斯基的伟大天赋和经济窘境，1876年，她开始雇用他演出。梅克夫人比柴可夫斯基大九岁，有十一个孩子需要养育，还管理着巨大的财富帝国。初看起来，这种安排并没有什么出奇之处。在整个欧洲，妇女做艺术资助人已渐成风气。这种风气使音乐和艺术的委托形式出现新的定义，教廷和皇室作为音乐赞助人的地位变得不再那么重要，而许多个人、富有的资产阶级如梅克夫人，开始挺身而出为音乐家续写支票！

柴可夫斯基和梅克夫人之间的关系，比恩人与贫困艺术家之类的经典故事要深刻得多。这种关系直接导致了几百部作品的问世，其中大多数都是杰作。他们保持了十四年的书信往来，数量多达一千二百多封。这些信中充满了性爱的激情。但这段奇特的友情最终以令人不快的分手画上了句号。柴可夫斯基给他们这种关系强加了一个奇怪的条件：永远不能见面。

梅克夫人资助柴可夫斯基十三年。这十三年，不仅是柴可夫斯基音乐事业最辉煌多产的时期，也是她热情浪漫的赞扬逼迫他窒息的年代。为了躲避她，他逃到旅馆、乡下以及整个欧洲，他们激情地上演着追逐与飞翔的喜剧！他们不可避免地在舞会上相遇了两次。但每一次，柴可夫斯基都偷偷溜掉了，他没有对这个女人说一句话！这个女人当时花在他身上的钱，相当于现在的数百万美元。她保证了他在经济上的宽裕状态，使得他的作品有了问世的可能。

梅克夫人可能知道柴可夫斯基是同性恋。在她早期写给柴可夫斯基的一封信中，她坦言自己有男人风范："我在自己的个人关系中没有同情心，因为我不具备任何女性的温柔。第二，我不知道如何温柔，这个性格遗传给了我的全家。我们全家人都害怕被人疼爱，或者多愁善感。因此，我们家人的关系从本质上讲是同志式的，或者男性化的。"梅克夫人最终也意识到了，两个人之间禁止接触的协议是明智的。在后来很晚的一封信中，她写道："你构成了我的失望、错误和渴望。如果我手中有幸福，我会把它给你。但现在，出于很不同的原因和一种不同寻常的感情，我害怕和你熟识。"

早期生活

这种爱的坦白，使得柴可夫斯基不得不收拾行囊。他热切地渴望受到关注，却又被亲密的渴望所击退。这种双重性格在柴可夫斯基身上根深蒂固。柴可夫斯基生长在一个十分"女性化"的环境中。法国家庭教师芬妮·德巴克，还有他的钢琴老师们，对他十分娇宠。到他七岁时，柴可夫斯基已经被确定为音乐神童。他是俄国斯多噶血脉和欧洲浪漫情调的混血儿——父亲是俄国采矿工程师，母亲是来自法国流亡家庭的俄裔法国人。柴可夫斯基有一个哥哥叫尼古拉、一个妹妹叫艾莉克桑德（萨莎），还有三个弟弟——伊珀利特、安纳托利和马岱斯特。马岱斯特是剧作家，彼得终生与他保持着密切关系。柴可夫斯基的父亲是哥萨克贵族后裔，当时是一家炼铁厂的经理，经营着莫斯科以东九百六十五公里的省会城市沃尔廷斯克最重要的工业。但他几乎不了解他。

柴可夫斯基的父亲是小鱼塘里的大鱼。在彼得十岁的时候，他们搬到了圣彼得堡。他父亲希望能够在从没有从事过的行业中找到生意机会，由此犯下了一个大错误，整个家庭经济陷入窘迫，社会地位也因此下滑。彼得被送到男生寄宿学校。在那儿，许多年纪比他大的男孩子立刻注意到了他的同性恋倾向。他们在宿舍里，大肆吹嘘他们在父母家中见到和体验到的同性恋经历。彼得第一次，也许是最激情的一次恋爱就发生在这里，对象是谢尔盖·克里夫。这是他的初恋。彼得爱慕很多年轻人，包括同学中其他中产阶级家庭的男孩子们。他们的父母为了攀龙附凤向上爬，把他们送到了这里。彼得的爱慕对象中也有贵族血统的，如弗拉基米尔·米歇尔斯基亲王——他们的关系保持到毕业以后，他一直出现在彼得的生活中。这位亲王，是当时道德的完美榜样，但他是位十分活跃的同性恋。俄国在那时已经具有十分完善的性剥削传统，农奴基本上听任主人任意摆布，就好像年龄小的、贫穷的男孩在学校受到年长的、家境好的男孩的支配一样。

当家庭悲剧发生的时候，彼得还在上学期间。母亲在他十五岁时死于霍乱，妹妹萨莎承担起了家庭的重担。他们每天在债务和失望中挣扎着。他们的父亲，此时完全从他们的生活中消失了！在残酷的现实面前，具有浓厚艺术家气质的彼得也不得不变得实际起来，想办法为维持生计而操劳。进入法律行业当然是第一选择。柴可夫斯基1859年离开学校，到司法部做职员，这是令人脑袋发麻的苦差事。我们对柴可夫斯基在司法部四年的工作及生活知之甚少，主要从他日常伏案工作的合同书，还有他在圣彼得堡同性恋地下世界不断变化的性伙伴中，可以窥见一斑。夜夜笙箫达旦，醉生梦死，陪伴着伏尔加酒的牌局和激情艳遇中的高潮迭起。但每天早上返回办公室上班报到时，面对的依然是冷酷的现实。

没过多长时间，对事业的矛盾心理和享乐主义的生活态度所带来的罪恶感向柴可夫斯基袭来。他意识到，那虚伪体面、刻板单调的公务员生活不适合他。创作激情在他内心燃烧。1861年，他第一次出国旅行，去了柏林、汉堡、安特卫普、布鲁塞尔、伦敦和巴黎。回来之后，就再也难以静静地坐在办公桌前抄写文件了。

麻烦缠身的作曲家

1863年4月11日，柴可夫斯基突然辞掉了工作，进入圣彼得堡音乐学院学习。这所学校是安东·鲁宾斯坦开办的。鲁宾斯坦是当时事业辉煌灿烂的作曲家。这里的音乐世界，给柴可夫斯基提供了一个完全不同的天地！那年夏天，他受艾莱克斯·葛尔茨恩亲王的邀请，来到他的乡下别墅。在这里，他开始把俄罗斯民间音乐的曲调和自己的创作融合起来。1865年8月，柴可夫斯基迎来了令人陶醉的第一次演出，演奏的是他的一部管弦乐作品——他为合唱团和管弦乐队改编了席勒的《欢乐颂》（贝多芬在他的第九交响曲中也用了同样的歌词）！那年11月，他第一次担任指挥。安东的弟弟尼可莱·鲁宾斯坦邀请柴可夫斯基到莫斯科的音乐学院担任教授。他的音乐事业走上了一条巨大的成功之路。莫斯科一个由五名作曲家组成的“俄罗斯库塔卡”，或者叫作“强大之手”的民间音乐团体立刻向他伸出欢迎之手。他们是塞萨尔·崔、米里·巴拉德利夫、尼古拉·林姆斯基-高沙可夫、亚历山大·保罗丁、莫德斯特·穆索尔斯基。然而，柴可夫斯基却把他们的民族音乐和西方的曲风糅合在了一起。

彼得·柴可夫斯基的作品包括六个交响曲、三个钢琴协奏曲——只有两部创作完成、一个小提琴协奏曲和十一部歌剧

虽然柴可夫斯基在音乐方面找到了自己的声音，但忧郁、失眠、头痛和奇异的幻觉一直折磨、困扰着他。他的爱情生活也一团糟。他让一名十四岁的学生，弗拉基米尔·士罗夫斯基做他创作的灵感源泉，并为他奉献了好几首曲目。但他的性取向不稳定，他对迪斯莉·阿塔特——

一位正处于上升阶段的女中音抱有痴情。他们是1868年春天相识的。那年秋天，迪斯莉在莫斯科的舞台上表演。12月份，柴可夫斯基给他父亲和弟弟写信，暗示他想结婚。然而，次年1月，迪斯莉跑到华沙，与一名西班牙男中音结了婚。这是导致柴可夫斯基婚姻出现危机和不幸的开端！

与此同时，柴可夫斯基的音乐杰作不断问世，一些伟大的芭蕾舞音乐作品和管弦乐作品从他的笔头源源不断地流出，让人不可思议！从1869年《罗密欧与朱丽叶幻想序曲》问世开始，他接着在1875年创作了《天鹅湖》，同年创作了名曲《降B小调钢琴协奏曲》。这一年，他访问了歌剧界的麦加城——巴伐利亚的拜罗伊特。在那里，他遇到了弗朗兹·里斯特，倾听了瓦格纳的音乐。

这次游历，促成了柴可夫斯基系列歌剧的诞生。在国外，大众对他音乐天赋的接受速度几乎与国内一样快——在19世纪70年代，他的作品在伦敦、波士顿和纽约首次亮相都一炮走红，成为有口皆碑、广受赞誉的佳作。在个人爱好方面，他还是那么善变。但柴可夫斯基始终是自律的艺术家，一直保持着创作和生活规律，每天下午散步两小时，从不间断。梅克夫人坚持不断地给他写信、开支票，直到她的资助突然停止。柴可夫斯基对此很是不满！

至此，柴可夫斯基已经在世界音乐舞台树立了自己的威望，功成名就！随着名望的增长，他到欧洲各国的音乐之都巡回演出，也对美国做过简短访问。他有机会享受匿名的性爱，总有长长的志愿者候选名单，而且总有大把的年轻男人。柴可夫斯基的生活非常淫乱，尤其是在巡演途中，但他并不是不能产生强烈的感情。他的长期情人阿廖沙（从前的仆人）被强征入伍，这位作曲家想方设法通过官方渠道，给他安排了一个安全的职位。

无论享受到了多少放荡的乐趣，柴可夫斯基从来没有能够摆脱长期以来情绪波动和犯罪感带来的困扰。在柴可夫斯基的一生中，这种双重性在他身体上的具体表现就是，他不停地在大城市的同性恋地下场所和自己乡下家里的纯真的乡土气息之间穿梭，在皇宫内廷享用众星捧月、纷繁热闹的生活和为了逃避现实进行创作，或在旅馆及朋友家里度过的孤独夜晚之间穿梭。他的个人生活犹如乱麻一般！这种双重性也反映在他的音乐之中。当人们陶醉在《天鹅湖》缤纷色彩的甜蜜世界和《胡桃夹子》的“棒棒糖童话”世界之中时，它们也有黑暗的一面。在世人皆知的《第二钢琴协奏曲》和《一八一二序曲中》中，精湛的演奏家手下倾泻而出的狂风暴雨般的低音和弦，还有战场上混乱的音乐场景，暴露了他内心的痛苦！

忧郁症和生命终结

至少，从一种意义来看，柴可夫斯基的双重生活是完全可以理解的。作为B小调第六交响曲《悲怆》的作曲家，他对自己音乐中表现的极致快感和黑暗悲惨生活的强烈预感有一种病态的向往。这种状态，过去叫狂躁抑郁症，或者在更早一些时候叫忧郁症，现在被称为两极状态。这是最新修订的术语。这种诊断解释了众多艺术家的情绪波动。长期以来，柴可夫斯基的病情引起人们对他死亡情况的争议。有一个早期的版本说，年轻的时候，在一段恋情破裂之后，他感到伤心绝望，试图跳进河里自杀。但大多数传记都将此视为猜测。他六十三岁时的死亡故事提出了更为严肃的问题，尽管众所周知，他于1893年10月25日清晨死于霍乱。当时他感到胃痛，已经有五天霍乱的征兆。但一种很快流传的说法是，他在已经生病的情况下，在圣彼得堡一家名叫莱奈的餐馆吃夜宵时，故意喝下了一杯未煮开的生水。他的弟弟回忆说，旁边陪伴的人吓呆了，但柴可夫斯基挥手驱散他们的恐惧，告诉他们不要担心。从此，他的死因，让传记作家们忙碌着、争论着。自杀还是自然死亡，恰好构成了他漫长的双重人生中最后两个音符之间的颤音。

动机：

愤怒
慈善
嫉妒
忠诚
贪食
贪婪
希望
性欲
骄傲
懒惰

澡堂里的胖男人：“大胖”阿尔巴克

在1922年，当“大胖”阿尔巴克被指控谋杀的时候，他正处于事业的巅峰。前两次审判招来大陪审团的审议，三审获得当庭开释和书面道歉。这在美国司法史上是前所未有的

主角： 罗斯科·考科林·阿尔巴克（1887–1933），好莱坞喜剧演员、演员兼导演。

丑闻： 阿尔巴克被指控强奸并谋杀舞女兼电影演员弗吉尼亚·拉裴。人们广泛认为，这个案件是一起诽谤性杀人案。

原因： 一名地方检察官野心勃勃，利用街头低级趣味的小报，打定主意要判他有罪。

我们在审判的不只是罗斯科·阿尔巴克……在很大程度上，我们也是在审判我们自己，审判我们现有的道德良心……比起这个不幸的可怜人到底有罪还是无辜，这个问题实实在在要重要得多！

——拉扎罗斯法官

时间刚刚进入怒吼的20年代，禁酒令刚刚在美国颁布。一家高档旅馆的房间里，狂欢豪饮的私人派对刚刚开始，丑闻就发生了。它震惊了刚刚起步的电影业，也使美国最耀眼的大明星从此陨落！

这位“大”明星有任何理由感觉良好！他刚刚手忙脚乱地完成三部故事片的拍摄任务——三部影片同时开机。正常情况下，这个时间只是一部影片的拍摄档期。“大胖”阿尔巴克是电影界的顶尖人物。他体重一百二十公斤，精力旺盛，工作认真负责，职业道德高尚。每个人都为他感到惊奇！阿尔巴克自我感觉良好，最新拍摄的这几部电影是他有生以来拍摄的最滑稽的电影。现在，艰苦的工作终于结束了！那天是周末，又是劳动节，这应该是辛苦工作换来的休息和放松的时间。

> 在禁酒令期间，旧金山是出了名的开放城市，可以和以往一样随意买到酒水。像阿尔巴克这样的名人，会有人送酒过来。非法制造的威士忌和杜松子酒成批地装箱打包，随时等待召唤。虽然没有客人名单，但有电话就有一切。而且，好莱坞明星无论走到哪里，都少不了晚会招待。

阿尔巴克和他的两个哥儿们——导演弗雷德·费斯巴赫和演员洛厄尔·谢尔曼，从洛杉矶一路开车过来，来到旧金山，在这座城市最豪华的圣弗兰西斯旅馆订了房间。阿尔巴克和费斯巴赫住在12楼的1219房间，谢尔曼住在1221房间，拐角处的1220房间临时改装成会客室。这是一个完美无缺的晚会安排！

舞会定于中午开始。届时，女模特兼临时电影演员弗吉尼亚·拉裴将会按响门铃，光临舞会。拉斐是有名的舞会女郎，费斯巴赫邀请她来助兴。拉裴曾问，她是否可以带些人过来，包括她的经理阿尔·西姆纳克和经理的朋友毛德·戴尔蒙特。客人很快就开始出现了，第一批来的是歌女泽·普莱温和艾丽丝·布莱克。晚起的阿尔巴克仍然穿着睡衣和浴袍。但这是一个随意的周末聚会，谁会介意呢！早餐订好了，香茶泡上了。女士们喝着杜松子酒、橘子汁，男人们喝着威士忌——他们还邀请乐队演奏音乐助兴。客人们越来越多，舞会变得热闹起来，服务员和侍从川流不息地为客人提供周到的服务。

一周之后，阿尔巴克遭到控告，指控他在那天晚上恶毒地强奸和谋杀了弗吉尼亚·拉裴。

没有架子的人

如果是在晚会的前一天，你很难找到一个说阿尔巴克坏话的人。和他配戏的女演员明达·杜尔费形容他是活着的人中最不摆架子的人，并在后来的婚礼上向他伸出了手。

阿尔巴克惊人的天赋为他增添了无穷的魅力。他能像杂技演员那样翻跟头，唱起歌来像个天使。著名男高音歌唱家恩利科·卡罗索听了阿尔巴克唱歌后，劝他说："放弃你这个无聊的谋生行当……受些训练，你能成为世界上第二个伟大的歌唱家！"

但阿尔巴克已经踏上了全世界最伟大的喜剧大师的征程。他从玩杂技开始一路走来，来到了麦克·塞纳特的"拱心石"电影工作室。在"拱心石"，阿尔巴克给年轻新秀、英国演员查理·卓别林提供了极大的帮助。卓别林1914年加入这家公司，当时阿尔伯克已经是明星了。卓别林就是借了阿尔巴克的灯笼裤、靴子和带商标的小帽子，创作了他最著名的人物"流浪汉"。卓别林后来上升为电影界的头牌明星，但当时这顶帽子却是阿尔巴克的。

1916年，电影行业导演兼明星的人才很少，阿尔巴克算是为数不多的几个人之一。就在他对"拱心石"电影公司老是拍摄简单的闹剧感到厌烦之时，派拉蒙电影公司插了进来，给他开出了每天一千美元的片酬，还有百分之二十五的利润提成。这是前所未有的天价。但对阿尔巴克来说，最好的部分却是拥有完全独立的制片权。在两个成功的年度之后，派拉蒙公司意识到他们在阿尔巴克身上挖到的是怎样的金矿！1918年，派拉蒙公司积极采取措施，公司执行董事阿尔道夫·祖考尔、杰西·拉斯基和约瑟夫·申克为了确保他们对明星阿尔巴克的所有权，与他签订了三年期限的合同，给他三百万美元的片酬——当时的天文数字！这是好莱坞有史以来最大的合同，但阿尔巴克值得这笔钱！

遗憾的是，那些电影永远不会上演了。在影片拍摄完毕之后，阿尔巴克、费斯巴赫和谢尔曼直接跳上一辆皮尔斯-爱罗，直奔旧金山去参加圣-弗兰西斯旅馆的派对。他的命运由此被彻底改变！

谋杀指控

1921年9月12日，星期一，毛德·戴尔蒙特投诉阿尔巴克，指控他谋杀弗吉尼亚·拉裴。案件审理持续了八个月，举行了六次不同的司法听证会。

在警方取证过程中，戴尔蒙特声称，在派对的那天晚上，清晨三点左右，阿尔巴克把拉裴拽到他卧室的门外说："为了得到你，我已经等待了五年。"拉裴挣扎着，但她根本不是这个男人的对手。戴尔蒙特在证词中说，阿尔巴克把她拽进了卧室，锁上了门。戴尔蒙特能够听到里面挣扎的声音和她哭喊着求救的声音。戴尔蒙特用她的手和鞋砸门，但没有作用。一小时之后，阿尔巴克打开了门，大汗淋漓。拉裴身上的衣服被阿尔巴克扯掉了，她的内衣和晚礼服被撕成碎片，散落在房间四处。拉裴叫喊着："我要死了！我要死了！罗斯科杀了我！"她浑身上下到处都是瘀伤，脖子上还有两个"猴子咬痕"。六天之后，她死了！

旧金山地方检察官马修·贝拉迪是案件的公诉人。贝拉迪铁了心似的要给案子定谋杀案。他利用低级趣味的小报制造影响，对此毫无愧疚之心。他在未听取一个字的证据之前，公开发表声明说这是一起证据确凿的谋杀案。小报便以疯狂的标题叫嚣："'大胖'阿尔巴克狂欢致死被抓，贝拉迪说证据显示是谋杀。"

无声电影时期的喜剧演员"大胖"阿尔巴克和他带有标志性的小帽子和灯笼裤

大陪审团

大陪审团在没有任何被告代表的情况下，秘密召开了听证会，因为这次审讯只是为了确定起诉的理由。戴尔蒙特向大陪审团讲述了那个骇人听闻的兽欲发泄的故事。但即使是在没有被告的情况下，贝拉迪的取证工作也遇到了麻烦。歌女泽·普莱温在所谓的强奸案后见过拉裴，她讲述的故事与戴尔蒙特完全不同！

根据普莱温的证词，拉裴躺在床上，衣服整齐，不停地喊痛。就是在这个时候，她开始狂乱地撕扯自己的衣服，嘴里喊道："我要死了！我要死了！"贝拉迪的助手试图让她证明戴尔蒙特郑重保证过的那三个神奇的词——"罗斯科杀了我！"他盘问了好几个小时，但普莱温拒不承认听到过这句话。他们暗示她被收买，威胁她作伪证会受到起诉，但普莱温坚决否认听到过那句话！最后，在数小时的拷问之下，普莱温崩溃了，同意在听到拉裴说“他伤害了我”的声明上签字。

陪审团投票表决，同意以过失杀人罪起诉阿尔巴克。

在验尸官的取证会上，戴尔蒙特讲述了不同的故事。这一次，她的证词与她向警察局和大陪审团的陈述不同。她曾对警察局、报纸和大陪审团说，阿尔巴克拽着拉裴说“五年来我一直在等着得到你”，这一点在验尸官质询中没有被提及；先前她说拉裴不停地喊叫，但现在她说没有一点儿声音；她曾声称拉裴赤身裸体，撕碎的衣服散落一地，但现在她说她衣服整洁；这一次，她也没有提到拉裴身上的瘀伤或者“猴子咬痕”。

两名给拉裴看过病的医生和奥法尔斯验尸官向陪审团出示了证据，一致表示没有暴力迹象——没有瘀伤，没有出血——阴道检查显示没有任何异常。死亡是膀胱破裂引起的腹膜炎造成的！至于膀胱破裂的原因，他们没有说。

贝拉迪根本没有让泽·普莱温出庭作证的打算。陪审团坚持认为，死因调查如果没有她的证词，他们无法作出结论。但贝拉迪不愿让步，他坚定地认为他们的裁决是正确的！他们真的这样做了！既然是膀胱破裂造成的死亡——那一定是阿尔巴克挤压造成的。陪审团最终判定，阿尔巴克是过失杀人！

治安法庭听证会

贝拉迪铁下心来，要让谋杀罪名成立。如果能够判定阿尔巴克谋杀，他就有可能当选加利福尼亚州州长。他希望被人们看成“整顿”电影业的人。此时，他的袖筒里还有一张牌——治安法院听证会。这一次应该有辩护律师。

听证会开始之前几个小时，拉裴的经理阿尔·西姆纳克对媒体宣布，事实上，阿尔巴克把一块冰放进了拉裴的阴道。这个声明立刻引起轰动。报纸更加歇斯底里，在头版登出大幅标题——“弗吉尼亚·拉裴酷刑案被起诉！”标题如此醒目，今天的大多数人仍然能想起这个案件（只是不知怎么的，冰块变成了瓶子）。

西姆纳克立刻成了贝拉迪的救命稻草。但他在听证席上改变了证词，他形容那天晚会上，阿尔巴克对女人很“有绅士风度”。显然，他并没有看见冰块事件（三个目击证人也已经证实，阿尔巴克把冰放在拉裴的肚子上，是因为他们都认为她是胃痛）。几小时之内，控方认定，西姆纳克是个“充满敌意的证人”。

被告律师弗兰克·多明格斯把西姆纳克传到证人席上，指控他是在勒索。他指着西姆纳克说，我们试图证明这个人受戴尔蒙特夫人和第三人的建议、煽动和指使，想出了伪造现场的主意，拿着他们事先保存的拉裴小姐撕碎的旧衣服作证，目的是从罗斯科·阿尔巴克那里勒索钱财。

弗吉尼亚·拉裴。时装模特和无声电影演员。据称，阿尔巴克在一次狂野舞会上强奸了她。之后几天，她就死去了。1921年

法庭一片骚动。控方提出反对，法官判定证据不予受理，禁止多明格斯沿这条线索辩护下去。但多明格斯没有停止，他拿出戴尔蒙特发出的电报继续读道：“我们在阿尔巴克身上找到了漏洞，这是从他身上弄些钱财的好机会！”戴尔蒙特有长期的犯罪记录，非法获取财产、重婚、诈骗和勒索！多明格斯从她的一些受害者身上取得了证据，等待着传她出庭。

但法庭自始至终就没有传唤戴尔蒙特。贝拉迪心里清楚，戴尔蒙特会彻底毁掉这个案子。自从起诉开始，她从没有做过两次相同的证词，他承担不起传她出庭的风险。法官感到十分震惊，这么重要的证人怎能不出庭？他向贝拉迪发出警告：“我必须向您，检察官先生提出建议，您正在冒革职的风险！您在一步步地逼近我的底线，逼我解散法庭！”但贝拉迪十分强硬地坚持要求法官作出裁定。

拉扎罗斯法官在他的总结陈词中，慷慨激昂地批评控方提供的证据站不住脚，驳回了控方的每一个证据。衣服是死者自己撕破的；冰块只是传闻；没有瘀伤；“我找不到任何证实阿尔巴克先生强奸或企图强奸的证据！”

被告团队欣喜若狂！但他们高兴得太早了！因为法官接下来说，“我们在审判的不只是罗斯科·阿尔巴克……在很大程度上，我们也是在审判我们自己，审判我们现有的道德良心……比起这个不幸的可怜人到底有罪还是无辜，这个问题实实在在要重要得多……”法官判定罗斯科·阿尔巴克犯有过失杀人罪！

第一次审判

控方举出医疗证明，试图证实导致拉裴膀胱破裂的原因是阿尔巴克造成的，但医生不能提供任何结论性的东西。据透露，控方一直以来声称是处女的拉裴，实际上患有淋病。

控方加进了普莱温和布莱克的证词。但显而易见，现在的证词是在胁迫下作出的。

控方邀请了指纹专家，但他非常不称职。辩方律师加文·麦克纳伯揭穿了他的说法，引来法庭上的倒彩。

控方攻击阿尔巴克的性格。有一名证人声称，三年前，为了索要拉裴穿衣间的钥匙，阿尔巴克向他行过贿。这个说法本身证据不足，辩护律师让它过去了。

控方找来了拉裴的体型教练，证明她是个健康、充满活力的姑娘，一生中没有任何疾病。辩方用几名证人反驳，证明她有膀胱炎，只要一犯病，就用起诉书中提到的方法撕衣服。

最后，罗斯科·阿尔巴克被传唤出庭。他平静地讲述了事情发生的经过。他返回自己房间，去换下穿在身上的睡袍。当他试图打开浴室门时，发现拉裴小姐倒在厕所前面的地板上。她在呕吐。他从门缝里挤进去，把她抱了起来。在她再一次呕吐的时候扶着她，然后让她坐下，给她擦脸，倒水给她喝，扶着她上了床。然后，他去叫参加晚会的其他人。当他们返回来的时候，拉裴小姐正在疯狂地撕扯自己的衣服。然后，"姑娘们"照顾她。后来，他返回房间去找戴尔蒙特夫人，她正在用冰块给拉裴按摩。她的身上放着一块冰。他拿起冰块问道："这是做什么？"戴尔蒙特夫人回答道："放在那儿！我知道如何照顾弗吉尼亚。"他想拿开冰块，给拉裴盖上毯子，戴尔蒙特夫人生气了，让他从房间里出去，留她一人来看护她。"我告诉戴尔蒙特夫人闭嘴。否则，我就把她从窗户里扔出去。然后，我走出了房间。"

> 一个身材笨重的人，跳起滑步来与弗雷德·阿斯黛儿一样轻盈。他巨大、肥胖——只是单纯的肥胖。"我叫阿尔巴克，"他说，"罗斯科·阿尔巴克。请叫我'大胖'。我是杂技演员和滑稽演员，敢打赌在电影方面也能做好。走着瞧？"然后，没有任何预兆，他羽毛般轻盈地跳起了舞，双手打着节拍，还连续做了几个后空翻。筋斗翻得与女杂技演员一样流畅自然。这就是前期非常著名，而后来变得不怎么有名的"大胖"阿尔巴克对电影公司所做的自我介绍。
>
> ——"拱心石"电影公司，马克·赛尼特

陪审团被他简洁、直截了当的证词感动了。更令他们感动的是，控诉方交叉盘问了三个小时，他都能平静应答，从未动摇。他们提了三十多个强奸问题、二十八个戴尔蒙特如何会来到舞会的问题、两百多个关于在旅馆的时间问题。这天结束时，法庭里的旁观者起立为他鼓掌！

陪审团返回法庭时，辩护律师们十分自信。然而，陪审团令人绝望地僵持着——十人中只有两人说无罪。法官宣判审判无效。

阿尔巴克是个十分难得的人，一个真正快乐的胖子。他的心中没有吝啬、恶意或者嫉妒。每一件事好像都让他快乐高兴。他随时给出自己的建议，但在花钱和借给别人钱的时候，太过随意大方。我找不到一个更加好脾气的人或者更有学识的人，来教我电影艺术。

——巴斯特·基顿

第二次审判

第二次审判中的大多数证据与第一次相同，但也有一些例外。泽·普莱温承认她撒了谎，说地方检察官强迫了她。指控阿尔巴克行贿的人被查出是个非法销售商，曾因猥亵八岁女孩而坐过牢，是一个犯罪团伙的在逃人员。更多的证人站出来，证明拉裴有撕扯衣服的习惯。专业指纹鉴定专家证实，控方的证据是伪造的。辩方律师加文·麦克纳伯非常自信，他没有叫阿尔巴克出庭作证——事实上，他是如此地自信，以至没有做总结陈词，因为“陪审团掌握了所有的事实”。判决结果为：十比二，有罪。陪审团继续僵持着，还有另一次审判机会。

麦克纳伯低估了围绕这件案子的公众力量，陪审团利用他没有传唤阿尔巴克出庭作证，或者没有做结束性发言的漏洞，作为判定阿尔巴克有罪的根据。

第三次审判

这一次，公众舆论给了阿尔巴克机会。在过去的七个月中，报纸上充满了好莱坞放荡不羁的报道，触目惊心。人们被告知，好莱坞有钱和有权势的人在进行幕后交易，妨碍司法公正。每一天，公众都被提供一个戏剧性的谎言！阿尔巴克的电影在全美遭到禁演！戴尔蒙特在全国进行单人巡回表演，自称“签字指控阿尔巴克谋杀的女人”，许诺要“撕开隐藏在大屏幕后面的好莱坞和电影帝国”。在这种环境中，不可能找到一个没有偏见的陪审团。

麦克纳伯还有其他问题没有解决——泽·普莱温离开美国，躲到古巴去了。“泰勒丑闻”（导演威廉姆·泰勒悬而未决的谋杀案）爆发，新一波的好莱坞狂欢、变态和谋杀的故事出台了。

为了避免让陪审团疏远自己，麦克纳伯在分析拉裴和歌女的性格时，采用了很温柔的辩护策略，但现在他不再碍手碍脚。在对艾丽丝·布莱克交叉提问时，麦克纳伯变得非常尖锐凌厉，以致她在证人席上倒了下去。他抓住每一个机会批评法官。他传堕胎专家约瑟芬·罗斯出庭，证明拉裴是她诊断过五次的病人：四次堕胎，一次是在她十四岁的时候生了一名男婴。他讲述麦克·塞纳特找人把他的工作室整个熏蒸了一遍的故事，因为拉斐把阴虱带到了那里。麦克纳伯无法知道陪审团在想些什么，但他知道自己是在孤注一掷，冒险一搏。他知道，攻击死去的姑娘要冒巨大的风险！如果他错了，阿尔巴克要坐十年监牢！陪审团退庭，去商议最终裁决。

六分钟后，陪审团返回法庭，决定无记名投票。他们用五分钟时间作出了以下陈述：

> 对罗斯科·阿尔巴克来说，当庭释放是不够的。我们感到已经对他造成了巨大的不公正。我们也感觉到，给他免责是我们唯一朴素的责任。没有丝毫的证据把他与犯罪行为联系在一起。
>
> 在整个案件审理过程中，他表现出来了十足的男子汉气概，在证人席上直截了当地讲述了案情的经过。关于这些，我们都是相信的。
>
> 在旅馆发生的事情是个不幸的事件。如同证据所显示的那样，阿尔巴克不用负任何责任。
>
> 我们祝愿他成功！希望美国人民能接受十四个男人和女人坐在这里三十一天的听证。罗斯科·阿尔巴克是完全无辜的，应该免于任何责任！

不愉快的结局

阿尔巴克被当庭释放的第六天，威尔海斯审计局禁止他从事电影行业，他的明星生涯就此结束了。他用假名继续工作，十二年后死于心脏病。现在电影合同中有关道德的条款，还继续沿用“阿尔巴克条款”的说法。

伪先知们

倒台的电视布道牧师金·贝克，由联邦警察押送去北卡罗来纳州的夏洛特法庭

动机：

愤怒
慈善
嫉妒
忠诚
贪食
贪婪
希望
性欲
骄傲
懒惰

牧师与妓女：吉米·史华格

主角：吉米·史华格（1935-），传道牧师。

丑闻：由于和妓女的性丑闻遭到拘捕。

原因：“恶魔”让他做了这件事。

传道牧师吉米·史华格手持《圣经》在讲道。他的虚伪似乎没有边际——他谴责神召会其他牧师的类似行为，并把他们赶出教堂之后，自己却在一次性丑闻中被曝光

如果这个周末我不能返回讲坛，数百万的人们将走进地狱。

——吉米·史华格

1988年2月21日，星期天。路易斯安那州巴吞鲁日小镇的家庭礼拜中心，八千多名会众聚集在一起，倾听一场不同凡响的布道。吉米·史华格——当红电视布道家、全世界宗教王国里的领袖人物，痛哭流涕地站在他的几千会众面前，用颤抖的声音公开宣布：“我——犯了罪！”

史华格被人们视为罪恶、淫乱和色情的罪魁祸首。不久前，他刚把两名偏离正义的电视布道者赶下了台。现在，在儿子和妻子的注视下，在电视镜头前，他每一个痛苦扭曲的面部表情都被清晰地记录了下来——这次轮到他忏悔了！

电视布道家

史华格很早就开始接受福音传道训练。1935年3月15日，他出生于路易斯安那州费里德小镇上一个贫穷的家庭。未来的摇滚巨星杰瑞·刘易斯是他的堂兄和最好的朋友，两人同年出生。两个男孩一起学弹钢琴，他们常常溜进镇上具有传奇色彩的黑人舞厅“哈尼的大房子”，在那里接受了节奏布鲁斯和布吉-乌吉式音乐的熏陶。吉米的父母——威利和米妮·史华格，1943年加入了五旬节教会。很快，八岁的吉米开始“讲方言”——一种近似欣喜若狂的胡言乱语。这被认为是圣灵的感召，成为五旬节集会上人们谈论的话题。

史华格开始在街道的拐角处练习布道。有时，他还自己用手风琴伴奏，即兴演唱歌曲。1952年，他娶了弗兰西斯·安德森，有了儿子丹尼尔。他们经常驾车从一个复兴聚会赶往另一个聚会。整整花了十年时间，才从赖以生存的汽车里搬了出来！史华格的布道才能就是在这种情况下一点点磨练出来的。他开始录制了一些福音专辑，销路很好。1967年，史华格在巴吞鲁日修建了大楼，设立了他的传道总部。两年后，他开设辛迪加无线广播布道频道。1973年，他开始进行电视布道。史华格极具布道才华，演讲充满激情，含有戏剧表演成分，极富感染力，还不时穿插一些吹拉弹唱的音乐加强教化。自然而然地，他成了受欢迎、具有感召力的电视布道人之一。

史华格属于神召派。这是一个极为成功的五旬节教派，成立于1914年。在20世纪80年代，史华格一跃成为该教派最有影响的明星牧师。

他的巴吞鲁日综合大楼成为世界上最大的传教中心。这里有可以容纳七千五百人的家庭礼拜中心，一座包括吉米·史华格圣经学院和一些专门处理教会邮件订货业务或其他投资项目办公用地在内的建筑群。有一百九十五个国家可以收看到史华格的电视转播，他每年的收入高达一点五亿美元。

这样的天文数字不可避免地吸引了媒体的关注，记者对他的总部和财务状况表现出了极大的兴趣。1983年初，记者约翰·坎姆普计划拍摄一个关于神召会的纪录片。在跟踪拍摄史华格期间，他听到了一个谣言，说有人看到这位布道者和妓女在一起。坎姆普的内线对此不屑一顾，他们告诉他，对于史华格来说，这根本是不可能的！

同时流传的谣言还涉及神召会另外两位极具感召力的主讲牧师——马文·戈尔曼和金·贝克。戈尔曼是新奥尔良州一个欣欣向荣的教堂的主讲牧师。他做了一档电视节目，很受信众欢迎。已经有确切消息说，他要被委以重任。早在1981年，就有人告诉史华格，戈尔曼牧师和一名教堂女会员有染。当对面质问时，戈尔曼承认，他们之间有接吻和抚摸行为，但保证他们从来没有发生性关系。史华格相信了他的话。但关于这件事和其他风流韵事的谣言还在继续传播。据说，其中一些就是史华格牧师散布的，因为他看到了作为竞争对手的戈尔曼对他的潜在威胁。

1986年，史华格得知，戈尔曼与另一位牧师的妻子有长期私通关系，就在自己家里召开了严肃的谴责会。会上，戈尔曼承认了这桩风流韵事，但否认还和其他任何人有染。史华格指责戈尔曼是谎言家，命令他立刻从牧师的位置上滚下来——神召会规定，通奸要进行两年的忏悔和名声修复！戈尔曼请求宽限几日，因为第二天就是他新买的教堂和两个广播电台所花一千六百万贷款的还款日期，但史华格毫不通融。戈尔曼被迫辞职。在礼拜日集会上，史华格对戈尔曼以前的信众宣读了一个声明，指控他犯有“大量淫乱和非法通奸”罪。戈尔曼被赶出了神召会，他破产了！

比起戈尔曼来，金·贝克才是一条真正的大鱼，而且要大很多。金·贝克在妻子泰米·费伊的协助下，开办了PTL基督教有线电视网，还有以《美国遗产》（全美传承会）为主题的宗教娱乐休闲公园。公园内配有滑水设施和假火山。贝克夫妇每年揽到的收入多达一亿美元。史华格鄙视他们华而不实、突出财富的布道风格。在他看来，那是对讲道极不严肃的态度。

在戈尔曼倒台之后，贝克是少数几个替他说话的人之一。有人听到他这么说，“如果他在戈尔曼身上得了手，下一个动手的对象就是我！”他的担心是有道理的。有关金·贝克是同性恋的谣言已经在城市上空飘荡一段时间了，而且还有另一个故事：PTL给教会女秘书付了一大笔钱做封口费，所以她才没有讲出他与她的关系。史华格不断向金·贝克施加压力，最终迫使他不得不从PTL总裁职位上下台——导致他最终被捕入狱。

吉米 ·史华格终于为自己扫清了神职道路上的两大障碍，巩固了自己在神的国度里的地位。“不能掩盖罪恶！”他说，“你必须把它揭露出来！”

汽车旅馆的幽会

“色情与酒精、毒品或者赌博一样，也会上瘾——这是业已证明的事实……上瘾只需很短时间，然后它会不断地扩大和加剧。‘旧的’色情没有‘新的’刺激，先前看过的东西，再看就失去了令人颤栗的激动。你想要‘更大、更刺激’的稳定食谱。”吉米·史华格在一本叫作《色情——美国的黑点》的小册子里这样写道。这是他的经验之谈。

1986年的某一天，二十六岁的妓女戴伯拉·摩弗里正站在新奥尔良州机场高速公路的一角招揽客人。这一带有一些破败的汽车旅馆，还有妓院。一辆黑色林肯轿车停了下来，里面坐着一位身穿防汗背带和T恤衫的男人，运动短裤前面的拉链开着，上面盖着一块手帕。摩弗里问他是否需要约会，他回答说：“我只需要打一会儿手枪……看着你的奶头。”他提出给她十美元，她感到受了侮辱，要了二十美元。

> 妓女
>
> 戴伯拉·摩弗里，1961年生于印第安那州的帕塔卡。她的父亲是铁路工人，她在循道教家庭长大。然而，在高中时，她变得有点儿“狂野”。她自己如此说。摩弗里十六岁结婚，五年中生了一个女儿和两个儿子，然后离开她的丈夫，在纳什韦拉一家社交陪护中心工作。她爱上了一名可卡因毒贩，两人搬到了新奥尔良州。1987年，她一天接待十位客人。在汽车旅馆作为妓女陪伴史华格之后，她变得臭名在外。她因拉客受到起诉（与史华格无关），被罚款五百美元，判处六个月监禁。

史华格成了摩弗里的固定客人，每两周左右与她见一次面。刚开始时，他们坐在车里开车到处乱转。他一边开车，一边要求她脱掉衣服。“他总是企图说服我脱掉裤子，侧身面对他，张开大腿。”她回忆说。有一次，他要她脱光衣服，下车走到其他人面前去。她拒绝了，因为害怕他把她一个人赤身裸体地留在那里，开着车跑掉。后来，他们在旅行酒店她租的房间里幽会。这家旅馆的窗户上有一幅标语，“十五分钟后概不退款”。路的对面是一个巨大的广告牌，上面醒目地写着：“除非重新活过，人永远无法看到神的国度——你的永恒性命攸关。”

印第安那妓女戴伯拉·摩弗里。在7月版的《豪华阁楼》发行后，会见媒体。这期杂志对她做了专访，并配有插图

刚开始的时候，摩弗里曾提到他长得像吉米·史华格，但他说：“好些人告诉我长得像，但我的名字叫比利。”

他们的幽会有了固定模式。史华格先把她放到汽车旅馆，自己开车兜一会儿圈子。在确保周围没有警察的情况下，他来到摩弗里的房间，在没有“亲热”的情况下满足自己的欲望。然后，在桌子上放下二十美元。他从来不给小费。

史华格喜欢让摩弗里摆出各种他在色情杂志上看到的姿势，或者让她站在他身上，观看她衣服下面的内容。他们进行口交。在此期间，他总是戴着避孕套。有好几次，他请她再找几个妓女，但摩弗里说她不熟悉这个地区的人。每次见面，他停留的时间都不会超过二十分钟。

有一天，他看到了摩弗里九岁女儿的照片，开始询问她的情况。他想知道摩弗里能否让女儿观看他们的性交。她对这种话很反感，告诉他说：“你可以做任何你想做的事，但不要再提我的女儿！”

史华格总是在白天去机场高速。他在金·贝克案件中获得了许多公开露面的机会。他还好几次发表声明，说他自己没有什么可隐瞒的。他一定能意识到，他在冒什么样的风险，但他不知道陷阱已经布下。

戈尔曼正准备起诉史华格和他的助手，试图追回九千万美元的损失。听到有关妓女的传言，戈尔曼的儿子兰迪——也是一位牧师，同时兼任后备副警长——开始巡查机场高速公路。兰迪认识摩弗里的时间与她开始约会史华格的时间大致相同。他没有告诉她姓名，她只知道他是“条子”。

摩弗里给另外几个妓女讲过，她在与史华格约会，但她们几乎没人对此感兴趣。但当她告诉“条子”这件事的时候，他非常感兴趣。他开始每天给她打电话，给她自己的呼机号，让她在史华格出现时随时和他保持联络。她扔掉了呼机。她不反感史华格，就像她后来所说的，“他从来没有伤害过我，或对我大呼小叫”。

兰迪·戈尔曼在旅游酒店隔壁的汽车旅馆租下了一个房间，就在摩弗里房间的正对面。他在那里安插了监视人员，随身带着照相机。1987年10月17日，大约下午两点左右，摩弗里在自己的房间里看到史华格开车过来了，就走出去向他挥手。他问她有没有“麻烦”，她回答说很安全。史华格停好车，进了她的房间。

就在这一刻，马文·戈尔曼接到一个电话。他正在自己用仓库改建的新教堂里。这个电话的内容是：“他在这儿，快来！”

史华格把二十美元放在桌子上。摩弗里听到汽车关门声后，向窗外望去。她看见那个“条子”向隔壁的汽车旅馆跑去。“我不喜欢这样的场景。”她说道。史华格闻声站起来，抓起钱问摩弗里，以后还能不能和他见面。

然后，他离开了，坐进车里发动汽车。当他往外倒车时，发现轮胎瘪了。监视人员看到了这一切。他给车换了胎，但换下来的车胎没有放好。就在他重新整理的时候，他听见有人喊道：“吉米！”

拘捕

戈尔曼向他走了过去。史华格主动伸出手，但戈尔曼拒绝和他握手。他们坐到了汽车里。根据戈尔曼对这次见面的描述，史华格不停地问他想怎么样，并主动提出恢复他的牧师职位。后来，史华格崩溃了，承认自己召见妓女已有好几年了。“如果这些女人下了地狱，”他说，

"我不知道自己该怎么办。"戈尔曼说他对良心谴责不感兴趣，他只想让史华格在教会长老面前坦白罪恶，恢复他所有的一切。"你怎么能一边自己过着这种生活，一边却来攻击我呢？"他愤怒地责问道。史华格连连道歉，说他会把事情处理好。

第二天，史华格和妻子弗兰西斯一起会见了戈尔曼和他的律师。戈尔曼提出了他的条件，要求史华格撤回他有多个情人的指控，坦白自己的罪恶，接受教会审查。弗兰西斯是一个像铁钉一般坚硬的女商人，她控制着史华格王国的大部分资产。她想知道，如果她丈夫答应了所有条件，戈尔曼是否会撤回他的官司。这次会面以史华格接受戈尔曼的条件而告结束。

然后，史华格开始拖延时间。他和弗兰西斯一定考虑到了，有多少人会相信戈尔曼这种颜面扫地的人。还有，他正在起诉他们。人们一定会猜想，他在虚张声势，吓唬人。因此，他们决定不再听从戈尔曼的摆布。但戈尔曼没有告诉他们，他手里有照片。

到1988年2月，戈尔曼熬光了所有的耐心。他把证据送到了神召会的长老们面前——一共两百张彩色照片，都是史华格及其他男人出入摩弗里房间时被暗中拍摄的。第二天是星期五，史华格飞往密苏里州斯普林-费伊德神召会的总部。长老们从全国各地匆匆赶来参加会议，会议持续了十个小时。霎时，史华格飞往神召会的谣言四起。当天晚上，ABC新闻中播报了这条消息。

"我有罪"

星期天早上，吉米·史华格穿着深蓝色的西服站在家庭礼拜中心他众多的信徒面前，心情沉痛地告诉他们："我不打算用任何方式洗刷我的罪恶"，"我不把它称为错误或谎言，我称它为罪……除了我自己，我不责备任何人。我不会把责备放到任何人的脚下，因为没有人应该受到责备，除了吉米·史华格！"他向自己的妻子、儿子、女婿，向神召会，向他的牧师助手们，向其他布道者，向曾在电视上看他布道的任何人——噢，还有耶稣基督，真诚地道歉！

史华格说，他还会继续他的牧师生涯，但会走下讲坛，具体时间未定。他没有在任何一点上明示他所犯的罪恶的性质。最后，他背诵了诗篇第五十一节，“请彻底洗刷我身上的罪恶，”他号啕大哭，“使我从我的罪中获得洁净！”结束以后，他被支持者们层层包围，人们哭泣着抱成一团。

那天晚上，数百万人在电视上看到了史华格痛苦抽搐、满是泪痕的脸，其中之一就是戴伯拉·摩弗里，当时她正在佛罗里达。她意识到，“他在说我”。她迅速出去，给自己找了一名代理人。

在路易斯安那州，神召会的代表们坐在一起，商讨史华格的命运。他们大多是他的老朋友，提出让他修复两年。这意味着，在三个月之后，就又可以看到他的布道了。教堂信徒面对如此宽大的处理，发出了愤怒的吼叫声！斯普林-费伊德的长老们不得不要求代表们重新考虑。史华格的支持者们认为，他已经洗清了他的罪恶。有些人甚至说，他和妓女的关系只是一种简单的私通。然而，摩弗里在这个时候跳了出来，她在电视采访中倒出了长达一年的交往中所有的污秽细节——包括史华格对她小女儿的兴趣！

斯普林-费伊德的长老们驳回了路易斯安那州代表们的决定。他们宣布，史华格必须停止布道一年，停止发行磁带！史华格不愿接受这些条件，只好从神召会辞职了。

结局

史华格因嫖妓内幕暴露而身败名裂。他的追随者们不得不在他和神召会之间作出选择。史华格圣经学院的大多数学生退出，很多教职人员辞了职。史华格的电视转播收视率从宗教类节目的第一名下降到了第七名。他被迫解雇职员，停止工程建设，卖掉公务飞机。史华格的艰辛日子还造成了路易斯安那州当年的经济严重下滑。

1989年7月，《豪华阁楼》对戴伯拉·摩弗里进行了长篇采访，还刊登了史华格喜欢的各种姿势的黑白照片。

虽然受到公开的羞辱，但史华格还是在努力地往回爬。他继续布道，淡化在新奥尔良所发生的事情。他声称，“我一生中，从没有在任何时间任何事情上，有过越轨或反常行为”。相反，他谴责恶魔让他出

当吉米·史华格与金·贝克夫妇发生纠纷的时候，他登上了《时代》杂志的封面。性丑闻、欺诈、盗窃和伪善，对媒体有无法抵御的诱惑

现失误。他说，牧师奥拉尔·罗伯特在电话上施了魔咒。在道德上，他现在是纯洁的。信徒们开始陆续回来听他布道，电视收视率也开始逐渐回升。

然而，1991年10月，即三年后，恶魔又回来了。在一次成功的宣讲途中，在加利福尼亚州印第奥地区的一个停车场，史华格碰到了三十一岁的妓女罗丝玛丽·卡西亚。她上车后，看到后排座位上有几本色情杂志。就在史华格询问她，是否知道放映色情电影的汽车旅馆时，发现周围有警车。惊慌失措的他想把色情杂志塞到车座底下，结果汽车拐了弯。警察把他叫了过去，查看他的驾照，请他下车。当他明白过来时，其他几辆警车已经到了现场。因为召妓，他又被警察抓住了！

这次事件之后，大多数曾经选择支持他的人也彻底放弃了他！

吉米·史华格仍然在布道，继续做电视节目。他偶尔会反弹成为头条新闻。2004年，他说，如果他抓住对他抛媚眼的同性恋，会“杀了他们，然后告诉上帝他死了”（他后来为此道歉，说他是在开玩笑）。比起过去常常给成千上万人布道的宏大场面来，现在，他的听众只有几百人了。史华格的巴吞鲁日综合大楼——或者说剩余的部分——成了真正的鬼城。

动机：

愤怒
慈善
嫉妒
忠诚
贪食
贪婪
希望
性欲
骄傲
懒惰

“被‘香蕉’强奸的男人”：牧师卡南·巴纳纳

主角：卡南·巴纳纳（1936–2003）.津巴布韦前总统（1980–1987）、卫理公会牧师。

丑闻：吸毒、强奸男助手。

原因：性变态和同性恋在津巴布韦要判处十年徒刑。

“太平间里的无理谎言，恶意的诋毁报复，性格暗杀！”

——卡南·巴纳纳

津巴布韦前总统卡南·巴纳纳。1986年。在被查出十起性犯罪之后，巴纳纳没有出庭听候审判。随即追缉令在全国印发，追捕巴纳纳

1983年年底，津巴布韦。警察杰夫塔·杜贝二十一岁，身材适中，相貌英俊，是警察局下属的黑色眼镜蛇足球队的明星球员。他们正在与托纳多斯国会足球队进行比赛。国会足球队隶属于津巴布韦总统、牧师卡南·巴纳纳。巴纳纳是出了名的球迷，这一点众所周知。杜贝的运球动作敏捷优美，与对手抗衡时的强壮有力和高超的球技，都给总统巴纳纳留下了深刻印象。几天以后，巴纳纳总统把杜贝召唤到了总统府，提出给他提供一份工作，要求他做自己的私人副官，同时希望杜贝加入自己的足球队，许诺给他升职、提供去海外旅游的机会。这对于杜贝来说，无疑是个巨大的荣誉，是发展事业的绝好机会！巴纳纳是津巴布韦第一任黑人总统，而且从1980年津巴布韦独立以来，他一直就是总统。他是备受尊敬的革命家、满怀激情的诗人、谦和睿智的外交家、津巴布韦人民心目中的男子汉！杜贝非常愉快地接受了他的建议。谁会拒绝找上门来的好运气呢？

然而，十二年后的1995年，已经晋升为警督的杜贝却由于开枪杀死一名同事被捕了。1997年，杜贝案件进入法律审理程序。他非常痛快地承认了杀人的事实，但提出因精神原因要求减轻刑罚。最后，他被判处十年徒刑。杜贝的生活中到底出现了什么情况呢？答案是，卡南·巴纳纳！

杜贝作为政府办公室副官，大部分时间处于一种轻松自在的状态，尤其是，当任命他的理由是踢足球的时候。巴纳纳总统的职能绝大部分是礼仪性的，但他是个受欢迎的人物，他参与调解了绍纳部落和恩德贝勒部落——津巴布韦政治社会中的两大力量——之间派系争斗造成的重大流血事件。对这样一个好人，没有人会站出来枪杀他。杜贝得到的似乎是一份高威望、低压力的好工作。

但如果总统喜欢的不仅仅是杜贝的球技，那就另当别论了。在审理这起枪杀案件的过程中，杜贝在法庭上说，他在总统府曾几次遭到巴纳纳的奸辱，并强迫他从1983年到1986年与他保持了三年左右的同性恋关系。他当时本想告发，但巴纳纳却以解职相威胁。根据杜贝的供认，巴纳纳对他的强迫使他开始酗酒，精神抑郁，而这也成为他最终开枪打死同事的原因。这位了解内情的警察不断地嘲笑他，奚落他是“香蕉[1]的老婆”。杜贝勃然大怒，开枪打死了那个警察。

---

① 巴纳纳为英语“Banana”的音译，意为香蕉。

杜贝入狱时，巴纳纳从总统职位上退休已有十年之久，过着舒适的晚年生活，在津巴布韦大学担任教授，也涉足国内和非洲外交事务。如果杜贝的这些证词是真实的，那么，按照通常的标准，这个为自己的国家作出巨大贡献但却没有要求回报的男人，将面临着一个可悲的命运结局。

谋到称心如意的工作

卡南·巴纳纳，1936年出生于津巴布韦巴拉圭雅地区一个信奉基督教的家庭。他从小在教会学校读书，后进神学院深造，1962年受洗，获得卫理公会牧师资格。巴纳纳拥护“解放神学”。“解放神学”是用社会主义理论解释基督教教义的运动，宗旨是提高穷人的权利，尤其是在发展中国家。巴纳纳开始讲道，并逐渐开始在南罗得西亚（津巴布韦前身）宣传反对伊恩·史密斯白色种族主义政权的思想。他定期撰写文章，更新“主祷文”。他的文章常常以“我父在平民窟”开始，文中经常使用诸如“教我们学会获得自己的那份金子/原谅我们的顺从/因为我们要的是自己的那份公平”等表述和思想。这些思想使他成为全国知名人物。1976年，他抛弃对种族主义政权持温和态度的解放组织领导人阿贝尔·木措瑞拉，转投由罗伯特·穆加贝领导的好战组织——津巴布韦非洲民族联盟“纳努”。在罗得西亚内战中，他多次遭到种族主义政权的拘捕和关押。最后一次直到独立前夕才获释。1980年，津巴布韦宣布独立，穆加贝当选总理。他为自己的政权选中了理想的傀儡巴纳纳，巴纳纳就这样当上了津巴布韦第一任总统。当然，从资历来看，巴纳纳担任这一职务无可挑剔。更重要的是，他来自属于少数的恩德贝勒部落，而穆加贝来自占大多数的绍纳部落。

> 卡南·巴纳纳不是津巴布韦常用名。20世纪晚期，在菲律宾重大过失排行榜上，这个名字被列为最不走运的名字之一。1982年，巴纳纳在总统任期之内颁布法令，拿他名字开玩笑是犯法行为。但“杜贝丑闻”爆发后，媒体使用诸如“被‘香蕉’强奸的男人”等标题，对此大做文章。

在这个礼仪性质的总统位置上，巴纳纳带给本国国民的主要是道德教化和宗教关怀。他是慈爱谦和的长辈，也是虔诚的神学家和满怀激情的诗人。他通常身穿毛泽东式的制服，但他很擅长打民粹牌。他的国家大部分是乡村，因此当他出现在电视采访节目和报纸上时，人们常常可以看到，他穿着工作服和长筒胶靴，在国会大厦他自己的养鸡场里给鸡撒饲料的身影。他会弹吉他，也是津巴布韦第一号铁杆足球迷。在许多新兴国家出现内部紧张气氛时，他经常扮演调停人的角色。

虽然巴纳纳的总统角色主要是礼仪性的，但他很会利用这个角色取得理想的政治效果。1987年，马塔贝莱兰地区发生两万人大屠杀事件后，巴纳纳利用自己的政治影响，积极促成了穆加贝和他的主要政敌约舒亚·恩科莫之间的谈判，挽救了数千人的生命。不久之后，总理穆加贝作出决定，合并总理和总统的职能，由他自己来担任总统。宪法改变之后，巴纳纳非常大度地从备受尊敬的国家元首职位上退了下来，领取全额退休金。卸去总统职务之后，他并没有过闲居生活。一方面，他仍在津巴布韦大学担任神学教授，继续从事神学研究和著述；另一方面，他仍然是非洲统一组织——调解非洲冲突的主要机构——的重要成员。

强奸的指控

当听到当年的贴身警卫杜贝在法庭上的指控时，巴纳纳回应说，那是“太平间里的无理谎言，恶意的诋毁报复，是性格暗杀”！会不会是有人在故意诬陷巴纳纳呢？因为随着巴纳纳被解除职务，津巴布韦政治局势变得黑暗冷酷，加上穆加贝的一手遮天，有些知名人士已经失踪了。非官方的严刑拷打是家常便饭，对政府而言，毁掉一个潜在对手并不是什么大事。

以前就有关于巴纳纳性取向的闲言碎语，杜贝谋杀案的主审法官倾向于相信他的证词。根据减轻责任的法律条文，法官给杜贝少判了刑期。他说在这起案件中，杜贝令人遗憾的遭遇对导致枪击事件的发生带有一定的现实性。

不久之后，警方接到调查前总理的命令。在非洲，司法公正往往极度反复无常，让这个案子消失并不是非同寻常的事。然而，尽管巴纳纳是穆加贝的政治同盟，但他所犯的罪名同性恋，却是穆加贝极其憎恨的。穆加贝总统鄙视同性恋是出了名的。他有一句非常有名的话，斥责他们“比猪狗还要低贱”。英国布莱尔政府曾经十分严厉地给穆加贝半

卡南·巴纳纳和妻子珍妮特到达哈拉利法庭时摄。1997年。在巴纳纳坐牢期间，珍妮特离开了他，在伦敦寻求庇护

独裁统治的政府打上了不良的印记，为此，穆加贝嘲笑托尼·布莱尔是一个“领导着同性恋联邦、同性恋王国、同性恋政府的同性恋暴徒”。1995年，在杜贝枪杀同事的同一年，穆加贝在一次集会上还告诉他的支持者，“如果你们看到任何举止像同性恋的人，逮捕他们，把他们送到警察局去”。在津巴布韦，鸡奸是要判处两年以上监禁的刑事案件。

虽然穆加贝总是称巴纳纳是他的战友和同志，但似乎不愿或不能向他伸出援救之手。如果穆加贝帮助前盟友逃脱同性恋罪名，他势必在这个能够与全国人民普遍达成一致的事情上，拿自己的信誉冒险。即便在原则上不反对这个想法，对穆加贝而言，在这个案件中干预“司法公正的基本程序”，在政治上也会是非常愚蠢的举动。相反，从另一方面来看，如果穆加贝允许巴纳纳在法庭上被捣成泥浆，对他或许更有利，至少可以给他的裙带关系涂上一层虚伪的公正来加以粉饰。还有一种可能性，它甚至可以帮助穆加贝赢得全国人民的欢迎，至少也可以为不断恶化的国家经济困境开创一种新的逆转局面。

在司法机关的授权下，警方开始行使自主调查权，对杜贝指控的巴纳纳进行全面彻底的调查。受害者不止杜贝一人，其他受害者还包括总统府当年保护巴纳纳的警察、士兵、他的厨师，还有一名求职者和一个搭便车的人。他们都站出来证实，巴纳纳也以“胁迫手段”对他们采取过类似的性行为。1997年7月，巴纳纳以十一项罪名被提起诉讼：两项鸡奸罪，三项鸡奸未遂罪和六项非法性骚扰罪。在交纳保释金后，他被保释，等候开庭审理。

巴纳纳的律师团队极力阻挠法庭的审判。他们上诉说，已有的不利宣传使巴纳纳不可能受到公正审判。但津巴布韦高级法庭驳回了上诉。在津巴布韦高级法庭戈弗雷·奇迪奥西库庭长和两名审判员的主持下，法庭于1998年6月1日开庭审理巴纳纳。巴纳纳的妻子珍妮特到法庭为巴纳纳做无罪辩护，声援丈夫。

听证会那天，法庭大部分的时间用于对质杜贝的证词。1983年，杜贝上任新职后不久，巴纳纳邀请他与家人共进晚餐，杜贝感到非常吃惊。出于职责考虑，他和巴纳纳及其妻子和孩子一起吃了饭。杜贝对这次晚餐的记忆是，它是一次沉默的晚餐。巴纳纳的律师就此提出反驳，说杜贝对这次晚餐记忆甚少很不正常。但这个小伙子突然与津巴布韦第一家庭在亲密空间近距离接触，会感到手足无措，被吓住了是很容易理解的。这顿晚餐对杜贝来说无疑是很痛苦的，但与接下来将会发生的事情相比，这次经历并不是那么难以忍受。

> 巴纳纳没有受到强奸起诉，因为津巴布韦在法律上，没有对自愿和非自愿鸡奸犯罪行为作出相应的司法解释。

晚餐之后，巴纳纳和杜贝返回位于国会大厦的总统办公室。巴纳纳是卫理公会牧师，却打开了威士忌酒。杜贝与他的主人坐下来玩了几把扑克牌。深夜的时候，他们的话题转移到了在舞厅跳舞上。总统说这是他喜欢的业余爱好，杜贝则坦言他不会跳舞，于是巴纳纳主动提出教他。他抓住杜贝的腰，把手放在杜贝的肩上，让他听从他的指令。练习舞步的时候，巴纳纳把杜贝搂得越来越紧。令他感到不安的是，他能感觉到总统把他勃起的阴茎压在他身上，把他抱得更紧了。巴纳纳开始与他接法式吻。杜贝设法抽出身子，告诉巴纳纳他要回家。在他离开时，巴纳纳拍着他的臀部说，他们还会再见。那天晚上，杜贝去了姑姑家，他哭了：突如其来的好运已经变成一场噩梦！

那天晚上，杜贝对总统说“不”，一定是鼓足了勇气。但第二次，他就没有那么幸运了。这一次杜贝没有被请去吃饭。他们直接来到总统办公室，杜贝接到了一杯饮料。这杯饮料里也许下了药，因为杜贝不久就感到头晕目眩。接下来，他知道巴纳纳压在他身上，亲吻他，扒他的衣服，然后杜贝昏厥了。他知道的下一件事，是天已黎明，他躺在总统房间的地毯上，全身赤裸，身上盖着羽绒被。他的臀部和大腿上到处都是精液，半裸露的巴纳纳正微笑着俯视他，说道："在你睡着的时候，我们相互帮忙了。"

接下来，就是出于强迫的同性恋关系，这种关系持续了将近三年。1984年，杜贝拒绝了总统的要求，巴纳纳让人把他在军事监狱扣押了三天。他还敲诈威胁杜贝，让他在认罪书上签字，说他犯有玩忽职守罪，如果不与他发生性关系，巴纳纳就把一切公开，让杜贝的事业完蛋。

杜贝曾在不同场合接近上司，寻求帮助，包括一个警务处副处长和一名警务长的高级助理，他恳求他们帮他调离国会大厦。但他们说，他们无能为力。一直到了三年以后，在副总统西蒙·莫扎得的直接干预下，杜贝被调到另一个城市。但到那时，他与巴纳纳发生性关系的次数已经多得数不清了，他的生活已经被毁掉了。他无法通过心理考验，这使得他成为一些同事嘲笑的对象。这一切加在一起，最终导致了1995年的枪击事件。

在对巴纳纳审讯期间，事实变得越来越清楚，杜贝只是巴纳纳进行过性骚扰的许多年轻人之一。证据显示，巴纳纳对他的厨师和一名国会园丁进行过性骚扰。然后，军事首领索罗门·马加洛将军提供证据说，因为他对巴纳纳干预军事事务感到反感，他已经把自己的军队撤出了国会。巴纳纳是国会形式上的指挥官。一名空军军官举证说，他曾经被迫把巴纳纳推进国会大厦的游泳池，以击退他的求爱。其他证据说，巴纳纳假装帮一名求职者找工作，在一家城市旅馆勒索他，长达两年之久。他也对一名搭便车的年轻人进行过性虐待。所有证词都表明，巴纳纳曾"利用职权胁迫下属"，从这些人身上获得性满足。

1998年6月22日，巴纳纳的律师团提出议案，鉴于证据缺乏，这个案件理应被驳回。这个提议有点儿诡异，也许他们在希望，通过创造这样一个法律窗口，幕后的人或许会走出来，把他从越来越有可能被判罪的境地中营救出来。

逃亡之中

6月17日的庭审之后，法官们退庭商量最后的判决。11月26日，巴纳纳被判定犯有鸡奸罪和其他罪行。法庭宣布裁决时，他没有到庭。巴纳纳突然失踪了！后来才发现，即将面对可能被判处二十二年刑期的巴纳纳粘上假胡子，在一周前已经悄悄越过边境，秘密逃往博茨瓦纳去了。津巴布韦警方随即对他进行通缉和追捕，津巴布韦政府试图从博茨瓦纳引渡他回国，以便参加12月10日的判决听证。

卡南·巴纳纳和津巴布韦总理罗伯特·穆加贝——此人以仇视同性恋而著名

当博茨瓦纳警方试图将巴纳纳缉拿归案时，发现他已经溜过该国国界，逃到南非去了。虽然南非与津巴布韦有引渡条约，但在南非，同性恋刚刚合法化。有传言说，巴纳纳会在南非作为同性恋难民寻求避难。国际刑警组织还提出了另一种可能性，巴纳纳也有可能在智利寻求避难。

然而，南非和津巴布韦两国当时正处于紧张状态。在刚果发生的动乱中，南非想通过和平途径解决冲突，而津巴布韦派兵出战。穆加贝也知道，尼尔森·曼德拉作为南部非洲最伟大的后殖民时期的领导人，其权力和地位难以撼动。但当媒体揭露曼德拉与巴纳纳有直接接触，并且就在南非警方声称对他的去向一无所知的同时，曼德拉已经在12月2号接见了他。但这种关系此时已无济于事了。对话首先在穆加贝和曼德拉之间展开，然后曼德拉又与巴纳纳进行了谈话。12月16日，巴纳纳坐着一辆奔驰车，出现在了津巴布韦边界。他被接到了津巴布韦警方预备的一辆奔驰车中。汽车飞快地驶离边界，前往哈拉雷。人们普遍猜测，双方已经达成某种“共识”。因此，从情形上看，巴纳纳似乎不大可能服任何刑期——他甚至有可能得到总统的赦免。

巴纳纳告诉法庭，他并不想逃避审判，而是因为得到政敌想借机置他于死地的“危险信息”，感到安全受到威胁，因而有必要“与他真正的朋友分享危险的信息”，商讨对策。然而，如果有人曾经就赦免巴纳纳入狱达成过一致意见，那他一定是忘记告诉津巴布韦高级法庭了。1999年1月18日，法庭宣布判处巴纳纳有期徒刑十年。不过，其中八年是缓刑，剩余两年合并执行。巴纳纳被处罚金五十万津巴布韦币（折合一万美元或三千英镑）。罚款的一半归杜贝，另一半归被杜贝枪杀的警察的家属。

巴纳纳不服，提出上诉。2000年5月，津巴布韦最高法院驳回上诉，维持原判。从6月5日起，他不得不到监狱服刑。不过，巴纳纳得到宽大处理，躲过了去津巴布韦最臭名昭著、最残酷的监狱服刑的厄运。他被关在位于津巴布韦中部新建立的卡纳马拉开放式监狱。在那里，他教年轻的男囚踢足球。他也得到特别许可，可以去哈拉雷购物。2001年1月30日，服刑八个月后，巴纳纳因“表现良好”提前四个月获释。

与丑闻爆发前的生活相比，巴纳纳出狱后的生活发生了巨大变化。服刑期间，他的妻子离开他，去伦敦与女儿一起生活。卫理公会免去了他的圣职，津巴布韦大学不再聘用他为神学教授，非洲统一组织开除了他。获释以后，当他作为津巴布韦足球协会主席走进球场接见国家足球队时，得到了一片嘘声。出狱后一年左右，他患癌症死去，而他那不可小觑的政治功绩则注定要被他的性行为和不祥的名字所掩盖。

动机：

愤怒
慈善
嫉妒
忠诚
贪食
贪婪
希望
性欲
骄傲
懒惰

赞美主与“通过掠夺”：金·贝克威信扫地记

主角： 詹姆斯·奥森（金）贝克（1939—），传道牧师。

丑闻： 欺诈信徒，强奸教会秘书。

原因： 他出身贫寒，想要拥有一切。

丢尽脸面的电视布道人金·贝克在对他的支持者发表讲演。贝克以欺诈的形式窃取教堂信众的捐款，在四十七个不同银行账户上藏匿了一亿五千八百万美元巨款

“我非常抱歉地承认，七年前不怀好意的朋友和同事恶意怂恿我，他们利用一名女帮凶迫害我。在我的婚姻生活陷入巨大困境的时候，他们密谋诱骗我与他人发生了性关系……我成了他们阴谋计划的组成部分。他们利用我为自己谋取好处，觊觎教会的圣职。”

——金·贝克

部分复活的泰米。2005年复出之后，在福克斯电视网做脱口秀节目

靠电视发迹，因电视毁灭！这就是牧师金·贝克的戏剧人生。电视布道世界里第一对黄金搭档，金·贝克和泰米·菲儿·贝克夫妇，凭借电视的力量从社会底层脱颖而出，一跃而入富人行列。他们的竞争对手、电视布道行列里的其他牧师，动用一连串离奇手段，借助黄金栏目《砸成碎片》，把他们拉下了屏幕。《砸成碎片》是一档旨在揭露一切——性丑闻、欺诈、百万盗窃案、虚伪伪善的调查类节目。1987年春天，身为PTL电视布道网络总裁的金·贝克，迫于牧师杰瑞·法威尔和吉米·史华格以及其他同行明星的压力，被迫辞职。PTL是一个随着贝克夫妇名气也在冉冉上升的（也是获利丰厚的）巨大电视传教网络产业，它的收益动辄数百万美元。牧师中的竞争对手们夜复一夜地攻击和诋毁其他教会的节目，连《拉里金播报》和《夜间新闻》等主流媒体的新闻栏目也受到他们的攻击。贝克被指控窃取了数目巨大的募捐善款、勾引女秘书、带妓女进教堂，还有其他更疯狂的性丑闻。史华格牧师，这位在几年后由于相似丑闻也倒了台的传道者，称金·贝克为“基督身上的毒瘤”。传道者们想尽办法要除掉对手，以挽回自己濒临消失的收入。

这场运动的幕后操纵者们的动机是他们担心自己的信誉和利益会遭到毁灭。事发之后，金·贝克于1987年3月19日被迫辞职，但电视转播行业的“私刑”才刚刚开始。神召会指派杰瑞·法威尔——贝克曾经的老板，去挽救PTL和收益丰厚的“全美传承会”主题公园，但法威尔用一把火让它化为了灰烬。他宣称：“上帝派我去立刻结束这个不道德的金融欺诈，这个‘宗教肥皂剧’。它使基督福音在全世界感到尴尬。”法威尔用这种手段洗净了他的手。另一个小社团的电视布道者约翰·阿克伯格，在电视节目中指控贝克有同性情人，金·贝克绯闻瞬间被踢上丑闻排行榜。在原教旨社区，也就是贝克获得数百万财产的地方，同性恋是令人无法容忍的出格行为！

金·贝克的形象问题

PTL神职人员召妓、换妻和侵占财产等丑闻大餐，让电视观众们瞠目结舌。金·贝克试图挽回自己的形象。他在《夜间新闻》中接受了长篇采访；就在最终被五旬节大会免去圣职之前，他还与泰米·菲儿在镜头前设法平息观众们莫名其妙的恐惧。他们上演了募捐剧目中最为有效的把戏——老剧目《喷泉的眼泪》。泰米·菲儿站在她的男人身旁说道："我与这个人结婚已经二十六年了。我可以告诉你们一件事：他不是同性恋，也不是双性恋。他是个了不起的、可爱的丈夫！"

至少在1987年，那个改变命运的春天之前，贝克夫妇在屏幕上的形象干净清爽、优美健康。他们自称是基督派来的福音使者，以帮助数百万信众为使命。但等到联邦检察官起诉贝克时，泰米·菲儿的离婚律师把他批得体无完肤，事实简直令人难以置信，无法形容。贝克被逮捕时，聚敛到的个人财产达一亿五千八百万美元。这些资产分别存在四十七个不同的银行账户上——这还只是用他的名字登记的存款。

从出身卑微到挥金如土

所有的钱都去了哪里？金·贝克和泰米·菲儿夫妇的生活场面壮观奢华，为通俗小报大写特写提供了丰富资源。例如，他们喜欢肉桂面包的味道，会每天花一百美元来购买新鲜面包，使他们的旅馆房间里充满肉桂的味道；金·贝克做拉皮整容手术花去两万五千美元；泰米·菲儿一个下午在曼哈顿疯狂购物花去一万美元；私人飞机每年载着他们进行好几次跨洲旅行，烧掉的油费达十万美元；他们给狗买了一个空调狗屋——但结果发现，噪音太大，吵得狗无法入睡；他们在棕榈泉别墅里安装的镀金浴具价值六万美元，而这仅仅是许多奢侈品中的一件。

1980年12月6日的那个夜晚，贝克带着二十一岁的教堂秘书杰西卡·哈恩，去了佛罗里达州克里尔沃特地区的喜来登-桑德基酒店，夺取了她所谓的贞操。这是导致他走向毁灭的导火索。这次诱惑的虚伪目的已经写进了历史，"当你帮助牧羊人的时候，你就是在帮助羊群！"几个月之后，哈恩收到了二十六万五千美元的封口费，七年后才得以提出起诉。当她站出来提起民事诉讼时，贝克人生中不需要闪光灯的部分开始暴露在聚光灯下，其他的受害者在不久之后也站了出来。

贝克夫妇创建了巨大的财富王国。他们一夜成名的过程是一个创业奇迹，同时也是一个宗教神话。两人原本是生活在社会最底层的小镇商贩，却建立了浮华的商业帝国。尽管为了哗众取宠、换取惊人效果，夫妇两人在全美观众面前用南方口音表演脱口秀，实际上两人都是来自美国中西部地区下层社会的可怜人。金·贝克出生和成长在密歇根北部，泰米·菲儿出生于明尼苏达州一个贫穷的家庭。两人在明尼阿波利斯的美国中央圣经学院相遇，当时都是本科生。由于没有毕业就提前结婚，违反了学校不准在校期间结婚的规定，贝克夫妇不得不中途辍学，成为五旬节福音教派的流动传道者。1965年，电视台打来电话，邀请他们为帕特·罗伯斯特伴唱。随后，贝克夫妇在弗吉尼亚一家地方电视台举行的庆祝活动中主持“700”俱乐部。这是一档即时致富的节目，节目许诺，如果虔诚的信徒送来超出经济承受能力的捐款，上帝会赐予他们财富。当时，罗伯斯特的名气还不大，但他最终成为全美最著名的保守党大人物。罗伯斯特于1988年作为总统候选人竞选总统，他是罗纳多·里根，还有老乔治·布什和小乔治·布什赢得共和党选票的关键支持者！

虚拟人物埃尔玛·詹特利是个有丑闻价值的人物。辛克莱·刘易斯1927年讽刺小说的同名小人，一名奸诈的律师。利用他作为布道者在讲坛练就的修辞技巧，引诱年轻姑娘，分割老女人和她们的财产。当贝克垮台闹剧上演之后，促成了它自身的“文学”繁荣，包括所谓的纪录片《泰米·菲儿的眼睛》、由乡村和西部明星雷·史蒂文斯谱写的歌曲《基督会在电视节目中戴劳力士手表吗》。

后来，贝克夫妇离开罗伯斯特的庇护，前往洛杉矶教会电视台工作。他们在1974年创办了自己的“PTL俱乐部”公司（PTL是“赞美主”和“爱人们”的英文首字母缩写。后来，喜欢恶作剧的人把它改为“通过掠夺”的缩写）。1974年，他们开办“赞美主俱乐部”电视剧场。当时美国人还没有像现在这样，对电视感到厌烦或谨慎——从那以后，贝克夫妇和其他人一直在敲他们的竹杠。电视传道者偶像般的巨大吸引力使全国各地上当受骗的人蜂拥而至，发誓要效忠他们。他们仰仗官方认可的全国著名人物，如比利·格拉汉姆的名声和威望——比利在宗教事务方面已经有十多年的威望——开创性地建立了传道一企业的运作模式。这个商业运作模式的赢利前途一片光明！

贝克家的传道总部设在北卡罗来纳州的夏洛特，可以用富丽堂皇来形容。他们在那里创办了“全美传承会”。这是一个以原教旨为宗旨的主题公园，里边设有骑马和嬉水运动设施。记者奥卢克尖刻地批评说，这是“第一个挂在大商场里的基督教堂”。贝克家这个强大机构的魅力不可抗拒，这可不是开玩笑的！到上世纪70年代末为止，每年有六十万会员，主动把一亿两千九百万美元的巨款投入贝克开设的金库。这些钱大部分投资到了主题公园的扩建和购买更新电视设备上。他们以吸纳会员的方式许诺，凡是每年在募捐活动中捐献一千美元的信众，就可以“终身”享受传承会豪华大旅馆免费住宿和免费公园门票的服务。共有十一万四千人为了这个打包销售毫不犹豫地跳了下去，成为他们公司的“终身合作伙伴”！

现金源源不断地流了进来，贝克开始在身边雇佣专业助手。虽然助手如云，但他们对金·贝克利用虚假国外传教项目筹集资金修建传承会游泳池和活动中心豪华设施的错误做法却视而不见。早在杰西卡·哈恩揭发之前，该公司就有做假账的谣传。在20世纪70年代，联邦调查局开始暗中监视传承会的办公大楼。美国税务局得到贝克公司无法回收补偿金的消息后，税务部门的“永久性”服务部门要求PTL俱乐部追缴九百万美元的补偿金罚款，并免去了他们在美国大部分宗教机构享受的免税优惠。美国邮政局也在调查PTL的募捐活动。PTL于1979年启动募捐彩票的行动，但由于它在1982年变卖了电视台，才没有受到起诉。贝克现在只出让转播权，但生意照样兴隆，每月都有一千万的新捐款入账。尽管贝克每年只有二十万美元的薪水，但他每年给自己发放的奖金高达几百万美元。与此同时，全美传承会还在迅速发展，每年的参观者人数仅次于加州与佛罗里达州的迪斯尼乐园，位列全美第三大主题公园。贝克夫妇的版税收入也高达八百万美元。

帝国的倒塌

1987年，金·贝克建立的庞大帝国轰然倒塌了！各种调查一起袭来，构成系列刑事和民事诉讼，贝克一连在被告席上呆了好几个月。1989年12月，贝克被联邦法院以欺诈和阴谋罪等提起诉讼。法律术语“发现真相”的意思，是在法庭上披露之前不为人知的秘密。人们很难

1987年，杰西卡·哈恩声称，在她担任贝克教堂的秘书时，被贝克和他的一名电视布道同伙强奸。为此，神召会付给她二十六万多美元，让她保持沉默

"发现"比贝克更令人震惊、更极端的犯罪案例了。联邦法院陪审团认定，贝克一共犯有二十四宗欺诈罪，判处他四十五年监禁和五十万美元的罚款——但这只是一种警告和轻微的惩罚。根据最保守的审计结果，他至少卷走了三百七十万美元。

欺诈案件的调查和审理主要围绕"全美传承会""终身"免费房间的使用问题。检察官认为，贝克少报"合作伙伴"的购买数目是撒谎行为。他超量预订豪华套房，把所得收入悄悄放进自己的秘密账户，用来堵哈恩的嘴巴和满足妻子奢侈的消费。他口口声声所说的正在修建的旅馆，甚至连破土动工的阶段都没有达到。贝克被判有罪。1989年至1993年，他在监牢里服刑，1993年获得假释，被提前释放。但贝克的官司麻烦远远没有结束。他唯一获胜的案子是一个独立的证券欺诈案。

贝克声称，他的倒台从一开始就是牧师团体内部的对手操纵的。这些人利用哈恩陷害他。他从未改变过这种论调。在审判期间，他的第一个策略是，声称他在精神上不适合出庭，想以此逃避定罪。然后，他辩护说，背叛朋友的犹大让他摔倒了。"我非常抱歉地承认，七年前不怀好意的朋友和同事恶意怂恿我，他们利用一名女帮凶迫害我。在我的婚姻生活陷入巨大困境的时候，他们密谋诱骗我与他人发生了性关系……我成了他们阴谋计划的组成部分。他们利用我为自己谋取好处，觊觎教会的圣职。"

贝克的辩护律师试图使用"人皆如此"的方法为他辩护。"如果一个人筹集到一亿五千万资金与迪斯尼和主要网络展开竞争，而把其中的三百万留给自己，他可能有管理不善的错误，太天真甚至愚蠢，但这是犯罪吗？难道你们认为福尔韦尔住在有五个房间的房子里吗？"贝克的律师这样问道。然而，这些问题根本没有对陪审团产生影响，贝克输掉了所有上诉。

现在他们在哪里

金·贝克被定罪后，泰米·菲儿为他做了相当多的努力，为贝克辩护，继续传教，但所有努力均宣告失败。然后，她开始灰心，进入与世隔绝的状态。后来，她又回到电视上，在保守的福克斯电视网做一档脱口秀节目。在摆脱了贝克并从经济上撇干弄净之后，她与罗伊·梅斯纳结了婚。梅斯纳后来被证明与贝克如出一辙——他是一个奸诈的建筑承包商。“全美传承会”主题公园大部分华而不实的建筑就是他修建的，他把数百万美元偷偷存入了自己的银行账户。1996年，他被裁定为犯有破产欺诈罪。现在，他和泰米·菲儿仍然在为美国国税局缴纳后备税。

杰西卡·哈恩还活着，身体健康，住在好莱坞西区——色情明星们喜欢住的社区。1988年，她三次公开为《花花公子》拍摄裸体照片，还为《豪华阁楼》杂志的中间插页拍摄性感照片来换取金钱。

令人吃惊的是，金·贝克又回来了。1993年他被假释出狱后，作为电视布道运动中的穷人“拉扎勒斯”（《圣经》中的麻疯乞丐），住在军队没有完全竣工的房子中。后来他悄悄回到了他的老本行，重操旧业，与一家有限电视公司开设了一档电视节目——《金贝克剧场》。他在密苏里州的布兰森建立了一个影视制作中心，在那里主持每周剧场、静修活动和会议。他写了“过失”系列丛书。1996年出版发行的忏悔思过录《我错了》登上了畅销书排行榜。2000年出版的《繁荣、未来启示录和避难所：撕裂世界基督社区的欢乐》也备受欢迎。

1998年，贝克与三十五岁的金发女郎罗莉·格兰汉姆结了婚——她的神学思想是这个新帝国的组成部分。罗莉与泰米·菲儿长得十分相像，简直就是她的克隆。他们从不发达国家收养了“彩虹部落”的孩子，微笑着出现在镜头前，帮助外国传教团体募捐。目前，他们传教的主题是贪婪的邪恶本质，标题是《危险的猜测游戏》。贝克从2006年2月开始撰写网页布道文章，他把人们对现代财富的欲望比作巴比伦妓女。他写道：“简单地说，妓女不是一个特别的教堂，而是这个世界的经济体系！”

逃避追缉

电影导演罗曼·波兰斯基（中间，穿双排扣西装）与他在萨玛达·吉莫事件中的律师一起离开法庭，1977年。他被判定强奸十三岁少女

动机：

愤怒
慈善
嫉妒
忠诚
贪食
贪婪
希望
性欲
骄傲
懒惰

画家卡拉瓦乔的画像。1600年。卡拉瓦乔脾气暴躁，被描绘为眉头紧锁、性格粗俗、脸上带着"贼头贼脑"的表情

逃亡：
卡拉瓦乔的逃亡生活

主角：米开朗基罗·卡拉瓦乔（1573–1610），意大利巴洛克派画家。

丑闻：一次争吵之后，在决斗中用剑刺死了对方。

原因：脾气暴躁，有暴力倾向，也许还有精神紊乱症。

他是一个极富幽默感的人，一个实实在在的怪人……（一个）艺术的天才，（一个）大自然的奇迹。

——朱利奥·吉格利对卡拉瓦乔的评价

1606年罗马最负盛名的画家是圭多·雷尼。当大多数画家同行住在贫民区狭窄的屋子里为工作和生计奔波时，雷尼住在他雇主的宫殿里，四周侍从环绕，生活在亲王们还有主教甚至教皇本人的喝彩声中。他的作品很受欢迎，因为他的画风与拉斐尔非常相似。拉斐尔是文艺复兴时期最受人尊敬的艺术大师，在明亮度、和谐感和美感方面堪称艺术典范。不信的话，就看看雷尼的油画《圣米歇尔》——虽然描述的是天使长战胜撒旦的故事，但雷尼的米歇尔优美、儒雅，更像一个摆着造型、光彩夺目的舞蹈家，而不是满身盔甲、把恶魔送进地狱的武士。

可惜的是，雷尼的光芒非常短暂。画家米开朗基罗·卡拉瓦乔（以“卡拉瓦乔”为人所知）更相信，按道理，雷尼的财富、名望和地位应该归他所有才对。卡拉瓦乔是一个更了不起的画家——他对明暗度的夸张运用开辟了绘画的新风气。与圭多·雷尼相比，他在画作构思方面更富有戏剧性，在智商、情感乃至精神上更富有激情，感人至深。

打破常规

虽然雷尼受到欢迎，但罗马有些人的看法与卡拉瓦乔是一致的，他们推崇卡拉瓦乔为罗马最好的艺术家。他的三幅以圣马太生活为原型的油画，为他赢得了渴望已久的声誉，使他受到广泛关注。每个见到《基督下葬》的人都会赞叹不已，大呼杰作。但卡拉瓦乔的性格常常使他不得不打破常规。对于他的作品《圣母之死》，即便是最忠实的支持者们，也觉得难以原谅他。

1605年，天主教卡梅里特修道院委托卡拉瓦乔画一幅油画，希望他用新的格调准确地反映历史——画面上没有合唱的天使，没有天堂洒下的金色光芒。但卡拉瓦乔呈上的作品比修士们想象的画面，更加接近现实。呈现在人们面前的是这么一个场景：在一间破烂空荡的房子里，圣母玛利亚躺在一张小木床上。她遭受穷困折磨，头发蓬乱，面容憔悴，脸上笼罩着死亡的苍白。她全身浮肿，赤着一双脚，脚上连一双袜子都没有，好久没有洗过的脚肮脏不堪。更糟糕的是，每个人都能认出扮演圣母玛利亚的模特是当时罗马臭名昭著的妓女。结果可想而知，卡梅里特修道院的修士们拒绝接受这一画作，卡拉瓦乔的名声由此受到影响。

卡拉瓦乔视名声、财产、荣誉为他的一切。他来自米兰附近一个省会小城，父亲是个石匠。卡拉瓦乔极力想要摆脱他低贱的出身，成为风度翩翩的绅士。但在文艺复兴盛名之下，他攀登意大利社会阶梯的速度非常缓慢。受此影响，他的脾气变得异常暴躁，对繁琐之事——无论大小——都变得十分敏感。世袭绅士有祖传下来的财产和头衔做保障，对一些小小的玩笑或污辱往往不屑一顾，一笑了之。但卡拉瓦乔则无法容忍此类细微琐事，即便遇到最轻微的挑衅，他也会拔剑相向。如此，卡拉瓦乔人生中出现大丑闻也就指日可待了。

网球场上的残杀

1606年5月29日傍晚，日落时分，在罗马坎坡-马里欧火星场附近有一个球场，卡拉瓦乔与他最亲密的朋友奥纳里奥·隆基在玩一种叫作啪啦-科德的游戏。这是16世纪网球的雏形。球场边，两个熟人在观看他们的比赛。这里曾是凯撒大帝时期罗马军队的阅兵场，到卡拉瓦乔生活时期，它已经是罗马城人口最稠密的街区，阅兵场已经缩减成一个小广场。

在卡拉瓦乔和朋友隆基玩游戏的时候，罗努西奥·托马索尼和他的弟弟还有两个姐夫走了过来。他们出身名门望族，很有钱，政治势力也很强大，实际上，整个坎坡-马里欧街区都由这个家族控制着。虽然没有人能探测到他们之间真正有什么过节，但卡拉瓦乔和罗努西奥彼此不喜欢对方，却是一个众所周知的事实。在那个风和日丽的春日傍晚，卡拉瓦乔利用啪啦-科德游戏向罗努西奥发出挑战。为了助兴，他们打了十个斯考第的赌（相当于现在六英镑或十五美元）。

卡拉瓦乔的朋友和罗努西奥的亲戚们站在场外，球场上球在飞动，球拍击打到球上发出单调而沉闷的声音，反映出来来回回拍打击球的力度。比赛结束时，两个人都声称自己是获胜方，都要求对方支付十个斯考第。在旁观者还没弄清发生了什么的时候，卡拉瓦乔和罗努西奥已经各自拔出了剑。这不是绅士之间的击剑比赛，没有轻松的刺探和招架。两个人都失去了理智，像疯子一样在广场上相互追逐着，用各自的武器又砍又削。很快，罗努西奥身上中了两剑，画家卡拉瓦乔的脖子也被划破了，还差一点儿被削掉了耳朵，鲜血浸透了他的衣服。卡拉瓦乔扑上来，把剑刺进了对方的腹部。罗努西奥痛苦地倒在了地上，卡拉瓦乔倒在了朋友的怀抱里。罗努西奥的家人悲愤不已，号叫着把他抬回了家。回到家后，罗努西奥只来得及向牧师做最后的忏悔，就咽气了。卡拉瓦乔的朋友们担心他回家肯定会因谋杀遭到拘捕，就把他藏在了熟人安德雷·卢费迪的家里。这里离出事现场大概有一公里半的路程。

卡拉瓦乔的这个藏身之地没能保密多久。几天之后，罗马刑事法庭的书记员就来拜访卧床不起的画家，进行初步调查。他指着卡拉瓦乔缠着绷带的脖子和耳朵，问他发生了什么事。“我在街上跌倒时被自己的剑刺伤了。”卡拉瓦乔回答道。然后，他接着说，“我不知道这是在哪里发生的，没有人在现场。”书记员对此表示怀疑，画家的执拗劲儿上来了，他重申道，“我没有什么可说的了”。就这样，卡拉瓦乔单方面结束了这次访谈。

可事情并没有就此结束。法院书记员觉得卡拉瓦乔挑战了他作为法庭官员的威严，命令卡拉瓦乔呆在卢费迪家，等待审讯。画家给出话说，他会留下。但第二天一早，他就逃出罗马，躲到了离城大约四十公里以外的阿尔班山中的小镇子里，后来又设法来到他的老朋友马茨奥·科隆纳公爵的别墅里。公爵主动为卡拉瓦乔提供了帮助。为了答谢恩人，卡拉瓦乔画了两幅画作为回报：《抹大拉的玛利亚》和《在以马杵斯吃晚餐》。与此同时，罗马法庭对他缺席审判，判处他犯有谋杀罪，并对他施以最严厉的刑罚——“班达”，立即执行。也就是说，只要任何人在任何地方看到他，都可以杀死他！

性格“黑洞”

其实，卡拉瓦乔并非一个总是充满暴力的人。事实上，1600年之后，他才开始有不良治安记录。那时他已二十七岁了——远远过了喧闹、青春期敏感和乱发脾气的阶段。

到1600年，卡拉瓦乔的大量作品已经给人们留下了深刻的印象：《捧果篮的男孩》、《鲁特琴师》、《酒神巴克斯》、滑稽的《被蜥蜴咬的男孩》、安详的《抹大拉的悔罪》、令人恐惧的《梅杜萨》。卡拉瓦乔早期绘画中最杰出的表现是他在静物方面的天赋。卡拉瓦乔没有独辟蹊径——那不勒斯、西班牙和意大利艺术家们，多年以来一直在尝试和努力寻找突破，但他的风格非常独特。他画的静物具有近似自然主义的极为强烈的质感，窗户的反光和晶莹的水珠常令观者惊叹不已，为未来艺术家们树立了榜样。不仅如此，他还赢得了弗朗西斯科·戴尔蒙特枢机主教的赞许。16世纪和17世纪的艺术家需要一个关系良好、实力强大的守护神，保证他们有稳定的画源，同时利用他们的影响力，去提升和促进画家的事业发展。通过戴尔蒙特枢机主教，卡拉瓦乔取得了为圣路易吉·弗朗西斯教堂的肯塔瑞里礼拜堂作画的机会。这是驻罗马的法国外交官和法国游客的专用教堂。他一共画了三幅取自圣马太生活的油画。

卡拉瓦乔是同性恋吗

在许多艺术爱好者中，卡拉瓦乔的同性恋是个不争的事实。最普遍的看法来自画家作品中如此众多的同性色情画面。然而，同性色情与美女一样，也是情人眼里出西施的。

卡拉瓦乔时代的记录记载他时常与妓女为伴。只有一份值得怀疑的文件提到了他是同性恋。这是英国旅行家理查德·西蒙兹在1650年所创作游记——时间是卡拉瓦乔死后四十年。在这一游记中，西蒙兹提到，卡拉瓦乔所画的丘比特的模特是画家“自己的男孩或与他睡觉的仆人”。考虑到在17世纪的英国，人们有一种“常识”，认为所有意大利人都是鸡奸者，西蒙兹的游记可能告诉我们，这是一些三百五十年前的种族侮辱。但关于卡拉瓦乔的性取向，没有任何具体的文字记录。

圣马太系列作品标志着卡拉瓦乔独特画风的形成——光线明暗度对比强烈，画中人物姿势和造型夸张，暴力刻划逼真写实。这些画使卡拉瓦乔成为罗马最受人关注的画家。但这一切并没有让他发财，他仍然悲惨地住在破房子里，在罗马最穷困的社区里过着贫寒的日子。更糟糕的是，圭多·雷尼在这时来到了罗马。艺术评论家和守护神们很快把雷尼的优美、明亮、空灵的宗教主题绘画和卡拉瓦乔的黑暗、严酷的自然主义画风相提并论，甚至连两个对手的外貌特征也被加以比较。卡拉瓦乔面色苍白，长着深陷的黑眼睛，一头黑发桀骜不驯；雷尼金发碧眼，面容如桃子和雪糕一样粉红奶白；卡拉瓦乔性格暴躁、狂放不羁，雷尼是个魅力十足的男人。因为所有这些因素加在一起，也可能还有其他原因，使卡拉瓦乔轻蔑地把雷尼贬低成“黑客”。有一次在法庭上，法官问他为什么总是不能与画家同行们好好相处，卡拉瓦乔回答说，他们都是“巴葛太利”，意即他们都“无足轻重”。

特拉维夫大学犯罪心理学教授吉奥拉·绍汉姆认为，从1600年开始，摧毁卡拉瓦乔人生的暴力发泄是“黑洞”性格的表现。这是因为天赋没有得到赏识或应有的关注，从而退回到偏执状态的一种表现。这种性格的人，一般认为自己是遭受外部邪恶势力不公正迫害的好人。具有黑洞性格的人对迫害他的人最常见的反应是重拳出击，即使要为这种行为的严重后果付出惨重代价，也在所不惜。

这只是一种理论。就算有道理，也很难在他死了四百年之后予以准确诊断。不过，绍汉姆的理论可以解释卡拉瓦乔后半辈子经常发生暴力事件的原因。

《基督下葬》（也称《基督被解下十字架》），约1602–1604年画，是卡拉瓦乔的杰作之一。画面展示了夸张的造型姿势和强烈的明暗对比画法，被称为“暗色调主义”

洋蓟和油炸丸子

1600年，罗马警方治安记录里，第一次有了卡拉瓦乔的名字。卡拉瓦乔和朋友外出散步时，遇到了同行中的对手费德里科·苏卡罗和他的一群崇拜者。卡拉瓦乔站在圣路易吉教堂他的杰作圣马太系列作品前和苏卡罗斗上了气，他讥笑说：“大惊小怪地干什么？”两群人错肩而过的时候，卡拉瓦乔无意中听到苏卡罗的一位朋友说：“让我们炸了像你这种败类的丸子。”卡拉瓦乔猛地停下了，开始用最肮脏的语言咒骂苏卡罗和他的跟随者。口水战很快升级到互扔石头，然后卡拉瓦乔和苏卡罗的朋友——一位从桑特–安杰洛城堡里退伍的教皇卫士，拔出了各自的剑，使得矛盾更加激化。两边的人都尖叫着往后退，路人和紧张不安的店主腾出了街道。两个愤怒的对手相互厮打在一起。刚一开始只是决斗的两人，这会儿好像不把对方置于死地就绝不罢休。但当卡拉瓦乔划破了对方的手的时候，一场混战爆发了。

卡拉瓦乔的名字第二次出现在警方记录中，是在两年以后。这一次他因诽谤罪被捕入狱。二流画家吉奥瓦尼·巴戈里奥尼说了卡拉瓦乔的坏话，诋毁他的作品缺乏独创性。卡拉瓦乔用下流的诗来回应，他在诗中把巴戈里奥尼称为“十足的笨蛋”，并用这样的诗句激怒他：“拿着你的画……用它们去擦屁股。”

另一次事件发生在1604年，卡拉瓦乔把一盘洋蓟摔在侍者的脸上，因而被捕。站在地方治安官面前，这位画家为自己辩护说：“侍者对待我就像对待一个‘乞丐’一样！”

对莉娜的爱

1605年7月29日，天刚蒙蒙黑，在罗马最可爱的休憩之地，年轻的公证员马里亚诺·帕斯考伦正在穿过那沃纳广场。卡拉瓦乔从黑暗中跳了出来，从背后袭击了他。在公证员和他的朋友作出反应之前，卡拉瓦乔用剑击中了帕斯考伦的头部，留下了可怕的撕裂伤口，然后逃走了。在黑暗中，帕斯考伦的朋友只弄清了两个细节，袭击者手里的凶器是剑或猎刀，他的一个肩膀上披着斗篷。他们没有看清凶手是谁，但帕斯考伦说：“除了卡拉瓦乔，不会再有第二个人！”

袭击缘于一个叫莉娜的年轻女人。她出身贫寒，但可爱可敬。卡拉瓦乔要画一幅新画《罗雷托的圣母》，就给美丽的莉娜姑娘开出了很优厚的报酬，请她做圣母玛利亚的模特。莉娜的母亲答应了他的邀请，所以年轻姑娘常在卡拉瓦乔作画时，到他的家里来摆造型。

一切像在意料之中，年轻的公证员帕斯考伦爱上了美丽的莉娜姑娘，并向她求婚，莉娜却拒绝了。帕斯考伦感到受了伤害和羞辱，转而指责莉娜对卡拉瓦乔心存痴心妄想，谴责卡拉瓦乔是个“该诅咒的人”。莉娜向卡拉瓦乔转述了帕斯考伦的话，卡拉瓦乔再一次无法控制地发作了。他一路跟踪帕斯考伦，穿过罗马的街道，在接近那沃纳广场时，从后面追赶上了他。他把所有儒雅绅士的伪装都扔在了一边，从后头袭击了他的“情敌”，然后逃走了。

就连卡拉瓦乔自己也意识到，袭击帕斯考伦这种手法太过下三滥。他没有等着警察来把他抓进监狱，而是从罗马逃了出来，一路逃到热那亚。与此同时，卡拉瓦乔在罗马的朋友正想方设法地保他不要入狱。戴尔蒙特主教为自己喜爱的画家做了好多游说工作，但甚至连他也承认，卡拉瓦乔“是一个十分古怪的人”。最后，帕斯考伦同意撤回对他的起诉，作为条件，他要求卡拉瓦乔无条件承认自己的罪行，心服口服地道歉，而且是书面道歉。卡拉瓦乔被迫写了道歉书："我对自己做的事很抱歉！我恳求他签名：帕斯考伦的原谅与和解。"

正当卡拉瓦乔在帕斯考伦面前卑躬屈膝、低声道歉的时候，家里的新麻烦又来临了。房东普鲁登西亚·布卢纳忍受不了四个月不交房租的房客，没收了卡拉瓦乔的所有财产，把他锁在了房子外面。卡拉瓦乔复仇的怒火又熊熊燃烧起来了，他用石头砸坏了房东的窗户！

六天以后，房东布卢纳向法庭起诉，要求卡拉瓦乔归还所欠的所有房租，修复她的被砸坏的百叶窗。滑稽的是，房东太太向法庭提供的证据是，被损坏的百叶窗和砸窗子用的石头。

> **马耳他骑士团**
>
> 大约在1120年左右，一位十字军骑士为前来朝圣的朝圣者开设了一家医院，护理人员全部由修士承担——其中，也有发誓要保卫圣地的勇士，成立了"耶路撒冷圣约翰医院骑士团"。
>
> 1291年，萨拉瑟斯人把所有十字军赶出了圣地，十字军骑士团后来在罗德岛定居下来，帮助欧洲天主教抵御穆斯林海盗的袭击和扩张。他们仍然开设医院，保持着当初修士的誓言。
>
> 1522年，土耳其人攻占罗德岛。骑士团英勇奋战六个多月，在弹尽粮绝之后被迫投降。他们在被解除武装后，被允许离开罗德岛，但他们早已无家可归。直到1530年，西班牙国王授予他们马耳他群岛。1565年，土耳其人进攻马耳他，以令人难以置信的残忍围困马耳他岛。四个多月后，土耳其人撤走了。骑士团的英勇事迹激励着无数的年轻贵族想要加入骑士团，但骑士团选拔非常严格。卡拉瓦乔快速获准加入骑士团，便显得更加不同凡响。

逃亡

卡拉瓦乔感到高度紧张，焦虑不安。他在意大利被定罪后的生活一定是难以忍受的。无论是朋友还是陌生人，任何人都会感谢罗马法庭。于是，1607年，他离开意大利，乘船前往要塞马耳他岛。

马耳他岛的统治者是圣约翰骑士团（或称马耳他骑士团）。他们的首府瓦莱塔是一个搭建在岩石半岛上的金色石头城，整个城市高高地耸立在海面上。差不多一来到岛上，卡拉瓦乔就立刻被介绍给了骑士团的团长——阿洛夫·威格纳考特。卡拉瓦乔当然以令人愉快的方式向自己的新主人献媚——送画。他为威格纳考特团长画了两幅英俊的肖像画，又画了一幅骑士团的守护神《受洗约翰斩首图》。画面非常夸张。这幅画现在还悬挂在瓦莱特骑士团的教堂里。

团长威格纳考特非常高兴，让卡拉瓦乔加入了骑士团。骑士团是一个非常独特的军事团体，欧洲最尊贵的贵族们都跃跃欲试，竞相参加。而石匠的儿子卡拉瓦乔能跻身这个行列，实在要归功于他的天赋，而不是家族血统。

《圣母之死》（局部）。1605年，卡梅里特修道院委托卡拉瓦乔画了这幅圣母图，但在画作完成之后，却拒绝接受这幅作品。主要是因为它太接近现实生活了。而且，画中圣母玛利亚的模特是个臭名昭著的妓女

这是发生在7月份的事情。然而，到了10月份，卡拉瓦乔已经是骑士团地牢里的囚犯了（虽然骑士们是修士，但他们身上并没有“柔软”的东西。在与土耳其人的一次战斗中，土耳其人把砍掉头颅的尸体绑在十字架上，让他们漂回港口。骑士团采取的报复形式是用土耳其人的头做炮弹）。

在骑士团，卡拉瓦乔犯了他的老毛病——在愤怒中拔剑相向。但这一次，他面对的是一位上级军官。在等级森严的圣约翰骑士团，这种侮辱是不可原谅的。卡拉瓦乔被关进监牢，牢房是用坚硬的岩石凿出的三

米深的水槽。没有犯人能够从这个监牢里逃出来过，但卡拉瓦乔不知用什么方法爬了出来。他顺着一根绳子从城堡的墙上吊落下来，然后设法逃到了码头，找到一条船，载着他逃往西西里岛。

大受打击的骑士团还是继续对卡拉瓦乔进行了审判。他们取消了他的骑士资格，剥夺了他的特权。用他们的话说，“从我们的勋章和团体中，像砍去腐烂、发出恶臭的上肢一样驱逐他！”

在西西里岛上，画家深受艺术同行和艺术品收藏家的欢迎。很快，就有人委托他作画。但卡拉瓦乔仍然是被缉拿的要犯。朋友们发现，他处在高度紧张状态，总是带着匕首，和衣而卧。1609年夏天，画家宣布他要去那不勒斯的时候，西西里岛的支持者们感到非常奇怪。卡拉瓦乔在罗马的朋友们向教皇请愿，请求赦免他，让他回家。或许是这个有关赦免的谣言把他带到了那不勒斯——从那里到罗马奇维塔韦基亚口岸，只有不长的一段海路。

卡拉瓦乔在那不勒斯等待教皇赦免的时候，经常去一家叫奥斯特里亚·塞里格里奥的小酒馆。小酒馆漂亮、时尚，是艺术家和诗人钟爱的地方。但就在这里，四名刺客伏击了卡拉瓦乔，刺伤了他的脸部和脖子。他的伤势非常严重，以至有谣传说画家死了。他活了下来，脸容却遭到了永久性的毁坏。

1610年夏天，等待已久的赦免令终于下发了。身无分文的画家彳亍在回家的路上。在埃尔卡罗港口，他病倒了。这是一个坐落在沼泽边上的不起眼的小镇，蚊子是这里的常客。当时的记录显示，他的病症是“发烧”，说明他染上了致命的疟疾。他在死亡线上挣扎了几日，于1610年7月18日离开了人间。年仅三十七岁的艺术大师永远告别了绘画。

卡拉瓦乔去世几年以后，他的朋友朱利奥·吉格利对他作了评价。吉格利说，在性格方面，“他是一个极富幽默感的人，一个实实在在的怪人……（一个）艺术的天才，（一个）大自然的奇迹”。

动机：

愤怒
慈善
嫉妒
忠诚
贪食
贪婪
希望
性欲
骄傲
懒惰

犹太大屠杀的幸存者、奥斯卡最佳导演奖获得者罗曼·波兰斯基。他被法官裁定为强奸犯和躲避正义制裁的逃亡者。1976年由一位朋友拍摄

不该把“不”当作“是”：罗曼·波兰斯基

主角：罗曼·波兰斯基（1933–），享誉国际的电影导演。

丑闻：强奸十三岁少女之后，为了逃避服刑，逃离美国。

原因：充满悲剧色彩的苦难生活可能导致了性偏差。

这无论如何不是出于自愿的性行为。我反复说“不”，但他不该把“不”当作“是”。我一个人，不知道该怎么做。现在想起来，这太可怕、太离奇！

——萨玛达·吉莫

位于洛杉矶繁华地带的马哈兰多大道的高处，有一块僻静的飞地（某国或某市境内隶属外国或外市，具有不同宗教、文化或民族的领土）。这里有三栋房子，属于马伦·布兰多的资产。电影明星杰克·尼克尔森就居住在这里。1977年，电影《唐人街》和《飞越杜鹃巢》的主演杰克·尼克尔森，租下了布兰多的一幢房产。性格演员海伦娜·卡里雅尼奥蒂斯住在飞地上的第二栋房子里。海伦娜与尼克尔森一起出演过《五支歌》，她兼任这三栋房子的门卫和管家。第三栋房子没有租出去。房屋入口处的电子门把追星族和通俗小报记者挡在门外，确保了布兰多的房客以及他们带来的客人们的隐私。

电影导演罗曼·波兰斯基是尼克尔森最亲密的朋友。波兰斯基是波兰移民，好莱坞的淘金者，主要导演艺术电影（如《水中的刀子》）。1968年，波兰斯基打破常规，导演了《罗斯·玛丽的婴儿》，票房相当叫卖。这是一部惊悚电影，在剧中，导演启用面黄肌瘦的米亚·范罗扮演“不洁母亲”，为撒旦生孩子。电影情节复杂而恐怖，受到批评家和观众的喜爱。六年之后，波兰斯基再一次成功导演了《唐人街》。凭借这部杰作，波兰斯基成为好莱坞最红火的摇钱树，杰克·尼克尔森也借助这部电影一跃成为超级明星。

1977年3月10日，波兰斯基出现在布兰多房产的大门前。电影演员兼管家海伦娜认出了他，按动电钮，放他进了大门。海伦娜跟随导演的车来到尼克尔森家，无意中瞧见四十四岁的波兰斯基旁边坐着一位年轻姑娘。

主人尼克尔森不在家，他去科罗拉多州的阿斯本滑雪胜地度假去了。他的女朋友、女演员安杰丽卡·休斯敦（电影导演兼演员约翰·休斯敦的女儿）住在这里，但她这会儿也不在家。不过，海伦娜还是打开了前门，让波兰斯基和姑娘进了屋。这位十几岁的小姑娘叫萨玛达。

奠定基础

波兰斯基说明了他们造访的目的——为了拍摄一组照片。他在为一本法国男性杂志《时尚家园》工作。这本杂志以刊登年轻女人的色情照片而闻名（或臭名昭著，这取决于个人的观点），杂志编辑聘请波兰斯基为世界各地的年轻美丽的女郎拍摄照片。波兰斯基的朋友亨利·塞拉向他推荐了萨玛达。塞拉当时正在和萨玛达的姐姐约会。于是，波兰斯基专程到位于圣弗南多峡谷的萨玛达的家里拜访了她的母亲。

去见面时，波兰斯基专门带去了一期法语版的《时尚家园》杂志，这是女人们非常喜欢的流行杂志，但他没有提及他是在为带有"荤味"的《时尚家园》拍摄照片。萨玛达的母亲看了杂志后，相信了波兰斯基从事的是合法工作，于是叫出女儿萨玛达，把她介绍给了导演。从身体条件看，萨玛达非常早熟。然而在其他方面，她完全是个小姑娘：很害羞，在陌生人面前缺乏安全感。波兰斯基对萨玛达一见钟情，向她母亲保证，萨玛达就是他要找的人。

波兰斯基在这家人的院子里拍摄了第一组照片。拍照结束之前，他与萨玛达的母亲约定了下一组照片的拍摄时间——下一次，他要带着萨玛达到电影明星杰克·尼克尔森的房子里去拍摄。为了让这位母亲放心，他许诺不会和她女儿单独相处，安杰丽卡·休斯敦将陪伴整个拍摄过程。

香槟与安眠酮

波兰斯基从尼克尔森家的冰箱里拿出一瓶香槟。萨玛达不愿意喝，说酒精会让她变得可笑。波兰斯基鼓励她可以少喝一点儿。但每次她呷上一小口之后，波兰斯基又为她添满了杯子。这个时候，海伦娜已经回自己家去了。

只剩下萨玛达和他两人时，波兰斯基拿出了一片叫作安眠酮的镇静剂，掰成了三小块，哄着萨玛达喝下了其中一小块。香槟和安眠酮的混合作用使小姑娘感到分不清方向。在这种混乱的状态下，波兰斯基领着她来到涡流式浴缸前，说服她脱掉上衣、光着身子，摆出拍摄姿势，然后，又让她脱光全部衣服，全身裸露地拍摄。拍了几张照片后，波兰斯基脱光自己的衣服，和她一起爬进了热气腾腾的浴缸。

萨玛达惊慌失措，坚持要给母亲打电话，但掺杂着安眠酮的香槟酒使她思维迟缓，不能与母亲进行直接对话。

"你怎么样？"母亲问道。

"哦，嗯……"萨玛达答道。

"你想让我来接你吗？"

"不。"萨玛达回答。

萨玛达被从浴缸里拉出来之后，又提出了第二个要求，她告诉波兰斯基，她感到难受，想回家。但他没有答应，反而指着卧室，建议她躺下来休息一会儿。她刚躺下一小会儿，仍然全身裸露的波兰斯基走进了房间，爬上床，开始亲吻她。萨玛达不停地说"不不"，但在酒精和药物的混合作用下，她没有力气推开他。在这种无助的状态下，波兰斯基强奸了十三岁少女萨玛达。

突然，有人来敲卧室的门。波兰斯基把门打开一条缝，看到来人是安杰丽卡·休斯敦。虽然门只开了一条缝，但安杰丽卡还是可以看到弄皱的床单和床单下的人。这让她很生气。波兰斯基是为了拍摄工作才借用尼克尔森的房子一个下午，而她只是这里的客人。

波兰斯基一边劝说安杰丽卡让他们单独呆一会儿，一边不停地说"我们很快就会离开"。关上门后，他回到床上，试图再一次强奸姑娘，但没有成功。他迅速穿好衣服，走出来与安杰丽卡交谈。

二十分钟后，萨玛达从卧室走了出来，衣衫不整，明显有不舒服的感觉。安杰丽卡不停地问她："你还好吧？"姑娘回答说她很好，却又不断地催促说："我想立刻回家。"波兰斯基似乎并不急于离开，他不停地找话题和安杰丽卡套近乎。最后，女演员提高了嗓门说："罗曼，你不打算带这位姑娘回家吗？"

至此，波兰斯基才慌乱地抓起他的照相器材，陪伴女孩坐上汽车，离开了。

早期事业中的亮点

《罗斯·玛丽的婴儿》（1968年）。由米亚·范罗、约翰·卡萨雷茨、露丝·戈登主演。奥斯卡最佳女配角奖（露丝·戈登）；意大利大卫–迪–多纳泰勒电影奖最佳外国女演员奖（米亚·范罗）；法国辛迪加电影评论奖最佳外语片奖。

《麦克白》（1971年）。由乔·芬奇和弗朗西斯·安妮主演。英国电影协会暨电视艺术奖（BAFTA）最佳服装设计奖。

《唐人街》（1974年）。由杰克·尼古拉斯、费尔·达纳韦和约翰·休斯敦主演。奥斯卡最佳编剧奖；英国电影协会最佳编剧奖、最佳导演奖（罗曼·波兰斯基）和最佳男演员奖（杰克·尼古拉斯）。

《苔丝》（1979年）。由娜斯塔萨雅·金斯基和彼得·佛斯主演。奥斯卡最佳摄影奖、最佳艺术指导/布景装饰奖、最佳服装设计奖；法国凯撒奖最佳导演、最佳电影和最佳摄影奖。

萨玛达姐姐偷听到的

终于回到家后，萨玛达径直冲进卧室，给男朋友打电话，告诉了他所发生的一切。在卧室外面的过道里，萨玛达的姐姐偷听到了整个谈话，感到恐惧极了。

就在同时，波兰斯基在客厅向萨玛达的母亲展示他拍摄的照片。这位母亲希望看到的是女儿高雅的艺术照片，但眼前所见都是一张张业余水平的快照，质量之差令人失望。她快速翻动着照片，发现了真正让她担心的事——波兰斯基所拍摄的女儿的半裸照片。萨玛达的母亲要求他把照片还给她，波兰斯基拒绝了。争吵不断升级，波兰斯基抓起所有照片，快速离开了。

过了一会儿，萨玛达的姐姐走进客厅，向母亲报告了她刚刚偷听到的萨玛达向她男朋友讲的话。母亲抓起电话报了警，说她女儿被强奸了。

第二天晚上，两名警官和地方检察官在伯沃里－卫尔史尔旅馆的大厅里找到了波兰斯基。他们带着搜查令，要搜查他在旅馆的房间。当他们朝电梯间走去的时候，波兰斯基把手伸进口袋，然后把手放到嘴边。他大概是在吞咽什么东西，一名警察发现后，快速抓住了他的手腕，扭开他的拳头，发现了一片安眠酮——就是萨玛达说过的、波兰斯基在杰克·尼克尔森家给她吃的药片。

来到楼上他的房间以后，波兰斯基表面上显得很平静，表现出满不在乎的样子。他先在一张大椅子上舒服地坐了下来，然后招呼客人们就座。检察官查看了房间四周，发现有年轻姑娘的幻灯照片。为了更清楚地观看照片，搜查人员命令波兰斯基取来了幻灯播放器。当警官告诉波兰斯基他被指控犯有强奸嫌疑的时候，他微笑着回答道，那位姑娘说的整个故事都是谎言，香槟、镇静剂还有性关系——一件都没有发生。

杰克·尼克尔森的房间

警察和检察官从旅馆把波兰斯基带到警察局，拘押了起来。然后，他们立刻驱车赶到杰克·尼克尔森的家里。他们在任何地方都找不到管家海伦娜，在门前花费了许多口舌，才让安杰丽卡·休斯敦打开了房门。安杰丽卡正在准备打包离开。从面部表情和声调中，她清楚地表明不愿受到打扰，即便是警察也是如此。但执法人员更清楚地意识到，她不愿再见到罗曼·波兰斯基。

警察搜查房间时，检察官和安杰丽卡去了厨房，他们在那里进行了秘密谈话。安杰丽卡戳穿了波兰斯基的谎言，说她看到他在卧室里的浴室里，光着身子来开门，二十分钟后萨玛达才从卧室走出来，她的衣服皱巴巴的，人看上去迷迷糊糊。关于波兰斯基的性趣味，安杰丽卡告诉警察说，他是个“变态”。

萨玛达母亲的投诉、波兰斯基房间里找到的年轻姑娘的照片、安杰丽卡的证词加在一起已经足够了。警察以涉嫌与十三岁姑娘“非法性交”，对波兰斯基提出起诉。他在缴纳两千五百美元后，获得保释。

在准备开庭阶段，波兰斯基聘请好莱坞律师杜戈·达尔顿为他辩护。这位律师长着一张电影演员般的面孔。公诉人是年轻的摩门教徒罗格·戛森，为人公正廉洁。大陪审团在听取证据之后，指控波兰斯基犯有六大重罪，包括利用药物实施强奸、性变态、鸡奸等。如果六项指控全部成立的话，波兰斯基将被判处五十年监禁。法官把宣判的最后日期定在1977年8月9日。这个日期，恰好是他家发生谋杀案八周年的纪念日。在1969年那起骇人听闻的谋杀案中，波兰斯基的妻子莎罗·泰特和他们未出世的孩子被残忍地杀害了。这真是扭曲而残酷的命运！

> 《钢琴家》
>
> 由阿德里安·布罗迪主演的影片《钢琴家》（2002年）在全球获得四十四项电影大奖，包括奥斯卡最佳男演员奖（阿德里安·布罗迪）、最佳导演奖（罗曼·波兰斯基）、最佳改编编剧奖，英国电影协会最佳影片奖，英国大卫−里恩艺术指导奖，法国凯撒奖最佳男演员（布罗迪）、最佳电影、最佳摄影、最佳电影音乐、最佳音响效果和最佳制作设计奖；意大利大卫·迪·多纳泰勒奖最佳外语片奖。波兰斯基还出席了戛纳电影节金棕榈奖的颁奖仪式。

以花为生的日子

如果有人值得同情，这个人应该是波兰斯基。他1933年出生于巴黎。父亲瑞斯扎德出生在波兰，母亲布拉是俄国人，他们后来在巴黎定居。波兰斯基一家是犹太人，小罗曼成长的时代，正是阿道夫·希特勒主宰欧洲、实施灭绝犹太人计划的年代。

如果波兰斯基一家留在巴黎，他们可能会直接移民南美或美国。但他们选择了返回瑞斯扎德的家乡克拉克福。这个决定，让全家人直接踏上了被纳粹侵略的路途。

纳粹占领波兰期间，波兰斯基的遭遇人们已经很难知晓了。但有一点可以肯定：波兰斯基和其他犹太人一样，被关在克拉克福集中营。在集中营里，纳粹可以以任何理由随意开枪打死任何一个犹太人。小罗曼六七岁时，亲眼目睹过这样的屠杀。一群上了年纪的犹太人要送往死亡集中营，被赶到了街上。有一位老太太几乎不能行走了，落在了队列最后面。一名纳粹军官不耐烦了，拔出手枪，在她的头上开了一枪。

1941年，母亲布拉·波兰斯基在一次聚会中被捕。有一个版本的传记说，那一次，八岁的罗曼就和母亲在一起。他能够活下来，是因为绝望的母亲把他从开往奥斯维辛集中营的卡车上扔了下来。

罗曼和父亲一起住在集中营院子里一个低矮黑暗的小棚子里。出于同情和怜悯，他们带回一名叫斯蒂夫的男孩。斯蒂夫大约和他同岁，父母已经被纳粹杀害了。但他们在一起的时间并不长。

在犹太聚居区大清洗中，罗曼的父亲被送到了马特华森集中营。小斯蒂夫和聚居区里成千上万的小孩一样，在学校操场上被开枪打死了。然而，罗曼从拉着电线的铁丝网的一个洞里爬了出来。

罗曼的父亲设法给了熟人一些钱，找到一个天主教家庭答应收养他。但这是要冒极大风险的。因为凡是庇护犹太人的基督教人士，被纳粹抓住就要杀头。八岁的罗曼躲躲藏藏地来到他家，和这家人一起生活了一段时间，后来被送到了乡下一位农民家里。

在农村的日子相对要比在城市里安全得多，但当时农村很难找到食物。收养罗曼的人家土地很少，不够养活所有的人。1971年，在主持人卡威特主持的谈话类节目中，波兰斯基回忆说，他们在森林里采草莓和蘑菇，把花煮熟作为食物，有时会有一点儿牛奶或食糖。从1946年拍摄的一张照片可以看出，战争在罗曼·波兰斯基身上留下了明显的痕迹——虽然那时他已经十三岁了，但看上去只有六岁孩子那么大。波兰斯基至今也只有一米六五高。

家门口出现的陌生人

波兰斯基一家住在贝尼迪特-开恩区的西尔罗大街。1969年3月，一个个子矮小、留着一头长发、目光凶狠的年轻人来敲他家的门。波兰斯基的妻子莎罗·泰特出来问陌生人有什么事，他回答说在找一个叫泰瑞·麦克的人。莎罗的朋友过来告诉这位不速之客说，麦克是先前的房客，但他已经不住在这儿了。陌生人得到这个答复后走开了。

这次偶遇，是莎罗·泰特在家门口唯一一次看到谋杀她的人——查尔斯·梅森。

莎罗·泰特身材高挑，体态优美，长着一头栗色长发，深褐色的眼睛深邃沉静。1969年，正是莎罗为演艺生涯奔波打拼的时候。她在20世纪60年代的情景喜剧《贝弗利山人》中参与了十五集的演出；在《艾米莉的美国化》和《矶鹭鸟》中也偶有露面。在1967年的《娃娃谷》中，她的表演有了较大突破，成为三个女主演之一。

1969年，警方张贴的邪教“家庭”的头目查尔斯·梅森的头像。他目光凶狠，流露出疯狂的神色

那个叫梅森的人想要找的泰瑞·麦克是美国最大的音乐制造商。20世纪60年代，他与一些顶尖乐队如“海滩男孩”、“飞鸟”、“爸爸妈妈”等有过合作。为了给朋友帮忙，麦克曾答应让梅森来试音，但拒绝给他录音合同。很有可能，拒绝查尔斯·梅森要求的麦克，就是他们要暗杀的目标。

所向披靡的“海尔特”

8月8日11点左右，查尔斯·梅森向他的“家庭”成员查尔斯·‘泰克’·沃森（二十三岁）、苏珊·阿特肯斯（二十一岁）、帕特里西亚·克里威克（二十一岁）和琳达·卡萨彼安（二十岁）挥手告别，开着一辆破旧的福特车，前往洛杉矶西尔罗大街10050号，去暗杀一些“有钱的猪”。

那天晚上波兰斯基不在家，正在伦敦参加《海豚日》的拍摄工作。莎罗还有两周就要临盆了，这时正与三位朋友呆在家里。他们分别是：费尔戈咖啡财团的女继承人阿比盖尔·费尔戈和她长期失业的情人沃耶太克·弗莱科斯基——波兰斯基在波兰的老朋友，好莱坞英俊漂亮的发型师杰·西伯伦。西伯伦是莎罗的前任未婚夫。弗莱科斯基坐在客厅的沙发上，费尔戈在她的卧室看书，莎罗和西伯伦坐在莎罗的床上说话。这是谋杀者进入房间时看到的场景。

查尔斯·梅森的“家庭”

查尔斯·梅森住在洛杉矶山中的斯帕恩影视基地。这里曾经是好莱坞西部片的拍摄基地，现在已经破烂不堪了。与梅森一起生活的是他的“家庭”组织，大约有三十六个年轻男女，年龄在十来岁到三十来岁之间。梅森在性欲、毒品和蹩脚摇滚乐的刺激下，向他的同伙展示了他涤荡美国社会的种族毁灭观和阶级斗争观。梅森相信，无情地屠杀一批有钱的白人，会对白人社会起到震慑作用。他作出论断，这些屠杀行为必须由黑人罪犯来实施，每一个黑人男人、女人和儿童都应该奋起反抗；洛杉矶白人与黑人、穷人与富人之间的星星之火，可以燎原，直到美国淹没在血泊中。梅森和他的“家庭”组织把这种流血称为“所向披靡的海尔特（英雄）”。

午夜12：30到1：00之间，波兰斯基的一位邻居在快要入睡时，听到远处三四下响声。她判断一定是枪声。但由于她没有听到其他声音，就熄灯睡觉了。

大约在同时，在波兰斯基家一公里以外，山下营地里的一名负责人听到一个男人的尖叫声，“噢，上帝！不！请不要这样！”然后尖叫声戛然而止。那位负责人对听到的声音感到有些害怕，就爬进自己的汽车，把车开到了山顶上的社区里，但他没有发现任何异常。

第二天早上8点，波兰斯基的管家从厨房门进到屋里。当她走进客厅的时候，被看到的情景惊呆了，家具、地毯和墙上到处溅满了血迹。前门大开着，透过门，可以看到过道的石头地面上还有一摊血迹，房屋外面的草坪上躺着一具尸体，浸泡在血中。

这个女人被吓坏了，发出凄厉的尖叫声，边喊边跑出了房子。当她匆忙跑上车道、经过一辆停放在那里的汽车时，看到有什么东西在前座上蠕动，就放慢速度往里偷看了一眼：是另一具尸体。这一下，她歇斯底里地叫喊起来，跑进一个邻居家里，“砰”地关上门，大声地喊叫：“谋杀！尸体！血！”

第一个赶到出事现场的警察对看到的场景感到恶心。汽车里的尸体是斯蒂文·帕伦特，十八岁，波兰斯基家的除草工。就在他准备离开时，看到四名歹徒从波兰斯基家里走了出来。帕伦特是第一个中弹死亡的人，胸膛中了三枪，脸部中了一枪。

警察在院子前面的草坪上找到了两具尸体。阿比盖尔·费尔戈在逃跑时被砍倒，身上被戳了无数刀。她的白色过膝睡袍被鲜血染成了红色。费尔戈尸体的附近是沃耶太克·弗莱科斯基的尸体。他发现了袭击他的人。他的抵抗似乎让凶手发了疯。他被击中两处，戳了五十一刀，头盖骨被砸扁了。

在房子里面，壁炉前的大沙发后面躺着杰·西伯伦和莎罗·泰特的尸体。西伯伦被射中一处，戳伤七处。莎罗被戳了十六刀，前胸后背上都有刀口。后来一名歹徒证实，莎罗在她最后的时刻，曾为自己和她的孩子求饶，但这名歹徒回答道："听着婊子，我对你没有仁慈之心！"

从波兰斯基家离开后，一名歹徒又跑了回去，用一条毛巾蘸上莎罗·泰特的血，在前门上写下一个"猪"字。

听到"大屠杀"的消息，波兰斯基感到极为震惊和害怕。返回洛杉矶以后，他躲了起来——凶手还没有被抓获，警方和波兰斯基都担心，他可能会成为被攻击的目标。

幕后交易

波兰斯基在失去妻子八年以后，又面临着强奸十三岁少女的罪责。然而，法庭考虑到对他的起诉的严重程度，决定给予他宽大处理。他不是美国公民，而是法国公民。但法庭并没有没收他的护照，而是允许他继续从事他的事业，包括去海外考察拍摄场地等。

波兰斯基的律师与涉案检察官和法官，甚至就判刑达成了一项幕后交易——波兰斯基接受九十天的监禁，作为承认非法性交有罪的交换条件。在此之后，波兰斯基又带着十五岁的娜斯塔萨雅·金斯基出现在洛杉矶和比沃里山附近地区。虽然波兰斯基坚持认为这种关系完全是纯洁的，但法官把它理解为电影导演波兰斯基完全无视法庭的表现。即便如此，法官仍然同意执行他与律师们之前敲定的协议。

有人可能会对检察官让波兰斯基有机可乘，提出反对意见。从他被捕的那天晚上起，波兰斯基几次改变证词，前后矛盾，相差巨大。最初，他否认与萨玛达有性关系，说他们是同时、一起上的床。后来，他修改了自己的证词，说萨玛达是自愿的，是性伙伴关系。还有一种说法，波兰斯基曾非常坦率地对朋友们抱怨，在性观念前卫的欧洲，没有人会对四十四岁的男人与十三岁少女发生性关系的问题考虑两次以上。

四十六岁的波兰斯基与十七岁的女朋友娜斯塔萨雅·金斯基在记者招待会上。1979年

最后，法官裁定波兰斯基到加利福尼亚州立奇诺监狱去做精神鉴定。当时所有的人都以为波兰斯基在奇诺监狱度过的时间，会算在九十天刑期之内。鉴定花了四十二天。到最后，波兰斯基变得异常暴怒，对把他与他称之为的“社会败类”的人关在一起相当不满。他怒火中烧，情绪沸腾。但他相信至少，对他的考验终于结束了。

但他错了。他还欠加利福尼亚州立监狱四十八天的铁窗生涯。当律师向他讲清楚这一点时，波兰斯基直接开着车到了洛杉矶机场，买了最后一张头等舱机票，逃到伦敦去了。

在伦敦，鉴于英国已与美国签署了引渡合约，而法国却没有，律师建议波兰斯基立刻去法国。波兰斯基听从律师建议，立刻逃到了法国。同一时间，洛杉矶的法官发布批捕令，下令逮捕波兰斯基。但这只是做个样子而已。波兰斯基超越了美国司法机构的管辖范围，从此与美国保持距离。

至于波兰斯基的事业，在他开始躲避警察追捕之后，成功与失败并存。1979年，《苔丝》发行。他把这部影片献给妻子莎罗·泰特（她给波兰斯基的最后一份礼物是托马斯·哈代的小说）。娜斯塔萨雅·金斯基光彩熠熠的表演和杰弗里·安斯沃思高超的摄影，使这部电影受到人们的称赞。好莱坞被迫提名波兰斯基为奥斯卡最佳导演。但美国电影协会为了保险起见，最后把这个奖颁发给了罗伯特·雷德福德导演的《普通人》。

他接下来拍摄的电影——《海盗》、《疯狂》、《痛苦的月亮》、《死亡与少女》、《第九道门》，在观众和批评家那里基本都受到了冷遇。但2002年拍摄的《钢琴家》，又一次改变了一切。

这部电影让评论家和观众欣喜若狂，在全球获得四十四个电影奖项。但人们在赞扬波兰斯基电影成就的同时，也没有忘记他的过错，再次提出了他的强奸问题，批评他逃离法律制裁，对自己所做的错事缺乏悔恨之心。电影业的从业人员和普通观众参与了大辩论，核心议题是这样的人是否值得获得那些奖项和奖品。在辩论的过程中，一个意想不到的同盟反弹到了他身边。

年轻时的萨玛达，现在叫萨玛达·盖莫，已经是三十八岁的妻子和三个孩子的母亲。她写信给《洛杉矶时报》的读者来信栏目，表示“我认为，应该根据作品的质量授予波兰斯基先生和他的电影荣誉”。盖莫夫人写道，“他用以谋生的手段和他能做多好与我或与他曾对我做过的事情，没有任何关系。我认为，把过去的事情也考虑进来，那会不公平。我觉得，电影学会的评委们应该为他们认为值得的电影投票，不要为了他们觉得受欢迎的人投票”。

于是，在萨玛达的祝福下，好莱坞把奥斯卡最佳导演奖颁给了《钢琴家》的导演波兰斯基。由于波兰斯基过去是（现在还是）逃亡人员，他没有返回美国出席颁奖典礼。在奥斯卡之夜，演员哈里森·福特——《疯狂》的主演，代表罗曼·波兰斯基接受了奖项。

动机：

愤怒
慈善
嫉妒
忠诚
贪食
贪婪
希望
性欲
骄傲
懒惰

消失的贵族：卢肯伯爵

理查德·宾厄姆（卢肯伯爵）和维罗妮卡·卢肯在他们的婚礼之后。1963年11月28日

主角：理查德·宾厄姆（卢肯伯爵）（1934-不详）。

丑闻：在消失前，因谋杀孩子的保姆并用钝器重击妻子而受到指控。

原因：赌博导致夫妻分居；想要夺回孩子的监护权。

救命啊！救命啊！我刚从凶手手中逃出来！我的孩子，我的孩子呀！他在屋里！他杀了我的保姆！

——维罗妮卡·卢肯

1974年11月7日，星期四的晚上。在伦敦郊区的贝尔格拉维亚富人居住区内，一位受伤的女人慌乱地跑进一家酒吧，喊着：“救命啊！救命啊！我刚从凶手手中逃出来！我的孩子，我的孩子呀！他在屋里！他杀了我的保姆！”这位女人就是维罗妮卡·卢肯，她的头部有很严重的挫伤，很明显遭到了钝器的重击。这一场景，标志着伦敦上流社会最罕见的丑闻拉开帷幕，它也成为全世界最持久的神秘失踪案之一。袭击卢肯夫人的主要嫌疑人，是她的丈夫卢肯伯爵。卢肯的命运，就此成为离奇悬案。

理查德·约翰·宾厄姆，人称“约翰”，1934年12月18日出生在一个名声不大光彩的家庭。他的太祖父卢肯伯爵三世是一位将军，就是他下令让命运多舛的轻骑兵团冲锋陷阵。父亲是卢肯家族的第六代，是一名激进的社会主义者，工党执政期间的政府部长。但约翰是贵族学校培养出来的铁杆贵族，他瞧不起“下层”阶级，希望用最小的努力，换取最高质量的生活。

约翰就读于伊顿公学。在那里，他发现了自己生命中的激情所在——赌博。他在军队里呆了两年，然后开始在一家商业银行做事。1963年，他与做过模特的维罗妮卡·杜恩坎结婚。维罗妮卡的姐姐嫁给了他的好朋友比尔·科德。1964年初，约翰的父亲去世，他继承爵位成为卢肯七世，维罗妮卡成为卢肯伯爵夫人。那年的后半年，他们的女儿弗朗西斯出生。也就是在这段时间里，约翰仅仅玩了两个晚上的扑克，就赢得了两万六千英镑（约六万四千美元）。他的朋友们给他起了个“幸运卢肯”的绰号。就此，卢肯伯爵决定放弃银行职业，成为职业赌博者。

卢肯的大部分夜晚时光，是在克拉蒙特赌场度过的。这是伦敦伯克利广场唯一一家赌场，赌场老板叫约翰·阿斯俾那尔。一般情况下，卢肯从晚上赌到黎明，回家睡几个小时觉，然后返回赌场吃午饭。卢肯夫人坚持陪伴在他的身边。这种作息时间，不可避免地开始影响他们的婚姻生活。卢肯夫人生了儿子乔治以后，患上了严重的产后忧郁症，他们之间的关系开始恶化。卢肯对妻子的病情起初很同情，但过了一段时间之后，他开始告诉朋友们他的妻子“疯了”。他想把她送进精神病院，但遭到了妻子的拒绝。

维罗尼卡·卢肯。在她的保姆被杀和丈夫卢肯伯爵神秘失踪一周以后所拍摄的照片

卢肯总共从家里继承了二十五万英镑的遗产，但无休止的赌博已经吞噬了这些财产，而他在赌桌上的好运气似乎也飞走了。他们的经济状况出现了问题，卢肯夫人对卢肯伯爵不肯留出钱来作为孩子的教育费用非常不满。第二个女儿出生后，她继续遭受着忧郁症的折磨。

1974年，两人分居了。卢肯从贝尔格拉维亚大街46号搬了出去，住进了伊丽莎白大街附近的一套公寓。他对朋友们说，卢肯夫人身体不好，无法照顾孩子，只能暂时拥有孩子们的监护权。接下来，两人就在高级法院展开了激烈的争夺战，争夺孩子的抚养权。卢肯夫人在法庭承认她受到忧郁症的困扰，但坚持说没有她丈夫想的那么严重。卢肯对他们之间的电话进行了监听录音，试图取得对她不利的证据，但这些努力没有奏效。同年6月，他的妻子获得了孩子的监护权，卢肯因此受到极大打击。

夺回监护权，成为比赌博更大的经济困扰。卢肯的花销巨大，他在四家银行有了透支记录。争夺监护权的官司花掉了他四万英镑。他开始变卖家里的银器。

卢肯和他的孩子们一起度过了11月的第一个周末。几周之前，卢肯夫人雇用了一名新保姆，二十九岁的桑卓·芮韦特。孩子们告诉他，桑卓的休息日是星期四，她会和男友出去约会。

地下室里的尸体

接下来的星期四，晚上9：45分左右，维罗妮卡·卢肯跌跌撞撞地跑进“侦察兵”酒吧，尖声叫喊着救命。

十五分钟后，两名警察赶到卢肯家。他们强行打开了前门，走过典雅的门厅，来到通往地下室的楼梯入口。他们打着手电（楼梯上的照明灯坏了），发现楼梯的平台上有血迹，还发现地下室的地面上有一大摊血迹和一个男人的脚印。警察迅速搜查了家里的其他地方，在一间卧室里发现了一条沾满血迹的毛巾扔在床上。在地板上，他们看到了卢肯的孩子们。两个小的已经睡着了，十岁的大女儿弗朗西斯还醒着，问道："妈咪和桑卓去哪里了？"

被杀害的保姆

桑卓·芮韦特是一名活泼的红发女郎，很受卢肯夫人和孩子的喜爱。芮韦特与她的丈夫分居了。她有一个儿子，由她的父母阿尔伯特和尤妮斯·亨茨比照看，他们住在罕布什尔的大篷车聚居区里。她的男朋友是二十七岁的酒吧管理，叫约翰·汉金斯。约翰已经提出，要她与他一起回悉尼。但在谋杀发生之时，桑卓还没有给他答复。在调查她的死因时，芮韦特的父母抱怨说，在卢肯家族内部，对于卢肯伯爵有罪还是无辜的内讧中，他们的女儿似乎已经被人遗忘了。

然后，警察又做了一次全面搜查，包括厨房和餐厅，墙上溅有血迹。楼梯脚下有打碎的杯子和碟子的碎渣。大约一米以外，有一个美国大帆布邮包，上面浸满了鲜血，包里装着桑卓·芮韦特的尸体，她的头部受到过棍棒袭击。警察还找到了一节弯曲的长铅管，管上缠着手术用的胶布，上面沾满血污。

楼梯口上方的灯泡从灯座上卸了下来，放在一把椅子上——这是从楼上通向地下室的唯一光源。

警方在医院里为卢肯夫人录了口供。她指证她的丈夫就是凶手，对这一点她从没有改变过。

根据卢肯夫人的叙述，晚上8：55分，桑卓到楼下去泡茶。两个小的孩子已经被送到床上睡觉去了，老大弗朗西斯还在她房间看电视。二十分钟后，保姆没有回来，卢肯夫人下去找她。她看到地下室的灯黑着，就出声喊桑卓的名字。一个男人从衣帽间走出来袭击她，用一个重物击打她的头部。她发出了尖叫声，他命令她安静下来。她听出这是她丈夫的声音。卢肯试图把戴着手套的手指放到她的喉咙上，她设法抓住他的睾丸猛拽，才制止了他的袭击，两人都摔倒在楼梯上。卢肯夫人问他保姆在哪里，卢肯承认他已经杀了她。"我想，我们最好到楼上去谈一谈！"他说。

两人来到楼上，弗朗西斯跑了进来。大人告诉她该去睡觉，她听话地照着做了。在卧室里，卢肯夫人躺倒在床上，卢肯在地上不停地来回走动，试图作出下一步的决定。卢肯夫人后来描述说，那是一种很尴尬的沉默，空气中弥漫着冷漠和荒谬的贵族气氛。卢肯走进浴室去拿毛巾给她擦脸。卢肯夫人趁他打开水龙头的时候，从房间里逃了出来，跑到三十米以外的“侦察兵”酒吧求救。

卢肯潜逃了

10点左右，一位住在卢肯家附近的朋友——麦德莱恩·弗罗蒙被疯狂的敲门声惊醒了。她以为是附近的小孩子们在开玩笑，就没有理会。二十分钟过后，她接到一个电话，从激动的声音中她听出是卢肯伯爵，但电话很快就挂掉了。警察后来在她家门口发现了血迹。

与弗罗蒙通过电话之后，卢肯又给他母亲打了电话，告诉她家里发生了“一场大灾难”。他说他在路过家门时，发现屋里有打斗声。他看到维罗妮卡受了伤，地上还流了许多血。“噢，天哪！母亲！”他接着说道，“地下室里发生了可怕的事，我简直无法看上一眼”。他请求母亲把孩子带走，然后挂断了电话。

然后，卢肯开着车来到六十八公里以外的萨塞克斯，他的朋友伊安和苏珊·马克斯维尔–斯考特夫妇就住在那里。他开着一辆蓝色的福特–海盗牌轿车。这是从赌友米歇尔·斯多普那里借来的，他自己的奔驰车的发动机坏了。到达朋友家后，卢肯得知朋友伊安去了伦敦。他的妻子苏珊把他让进了家门，给他倒了一杯威士忌。卢肯的精神状态很糟，苏珊后来回忆道，他的裤腿湿了一大片，好像是为了擦掉污渍弄湿的。卢肯告诉她，他刚刚经历了一场“不可思议的、我认为你或任何其他人都无法相信的事故”，并且把他告诉他母亲的故事进行了一些扩充。他看到有人打架，走进了房子，来到了地下室。在那里，他被一摊血滑倒了，凶手逃跑了。卢肯夫人喊叫着有人杀了桑卓，她指责卢肯雇人杀害

目击卢肯

几乎在每一个洲，都有人声称看到过卢肯伯爵。1974年，澳大利亚墨尔本市的警察逮捕了一名英国人。在他进行了一些可疑的金融交易之后，警方认为他就是卢肯。但结果却证明是抓错了人，警方抓住的人是英国下议院议员约翰·斯通豪斯。他经商失败后伪造了自己的死亡假象。

1975年，有人报告说，卢肯是法国瑟堡市一家旅馆的常客。他还被看到在哥伦比亚一家健身房里哭泣，在澳大利亚的昆士兰工作。卢肯的身影还出现在西西里、爱尔兰、南非和荷兰等地。

了桑卓。

卢肯问苏珊他能否借用一下电话，给他母亲打个电话。母子之间的通话很简单。卢肯的母亲告诉他，孩子们现在她家，很安全，并问他是否想和警察谈一谈，警察就在她身边。卢肯说他早上会给警察打电话的。

然后，卢肯想给朋友比尔·科德打个电话，但没有打通。他坐下来给他写了两封信，然后把信交给苏珊让她帮忙邮寄。苏珊问他是否要在这里过夜，他回答说“不得不回去把事情弄清楚”。午夜1点15分，卢肯驱车离开了苏珊家。

从那以后，再没有人看到过卢肯伯爵。

接下来的星期一，有人在伦敦南部的纽汉温港口发现了一辆福特-海盗牌轿车。汽车的前身沾有血迹，后备厢里有一节缠着绷带的铅管，与犯罪现场找到的凶器一模一样。

偏袒

事情很快就有了眉目。卢肯伯爵作为贵族成员，不会受到普通凶杀嫌疑人一样的对待。尽管卢肯夫人告诉警方发动袭击的嫌疑人是卢肯，但直到接下来的星期二，也就是四天以后，警方才下发了对他的逮捕令。媒体也扮演着类似的角色。虽然在报纸上，整个事件占据头版位置，但主要焦点集中在卢肯的神秘失踪上，而他有可能是杀人凶手的事，实际上并没有被提及。

《死亡“幸运儿”》

2003年，一本名为《死亡“幸运儿”》的书出现在市面上，作者是杜坎·麦克劳克林和别人的合著。麦克劳克林是曾就职于英国苏格兰场的侦探。他在书中称，卢肯用巴利·哈尔平的名字生活在印度的果阿，并于1996年死在了那里。一张有着长头发和大胡子、与卢肯长相非常相似的照片，在全世界被复制出来。此书一出版，哈尔平的朋友就出现了。他们回忆了有点儿古怪的学校老师，说他在来印度果阿工作之前，曾经在英国和澳大利亚工作过。他会弹吉他，吹奏锡笛。他听上去是个有趣的家伙。但不幸的是，他不是卢肯伯爵。

卢肯的亲戚和朋友们立刻封存了他的爵位，他们一致相信他是无辜的。这些人的行动比警方要快得多。谋杀发生后的第二天，赌场老板约翰·阿斯俾那尔召集了一次午餐聚会。会上，卢肯的朋友们坐在一起商讨，该如何帮助失踪的伯爵——在他重新出现的时候。后来，警方指责他们是“克拉蒙特帮”。正如媒体所戏称的那样，他们想方设法阻挠警方调查。同样，苏珊·马克斯维尔-斯考特也觉得没必要把卢肯深夜来访的事情报告给警察。警方追踪到卢肯写给比尔·科德的信，是从她家寄出的。沿着这条线索，他们找到了苏珊，一切才真相大白。

卢肯的所有支持者相信他无辜的理由其实很简单——他看上去似乎不可能有暴力袭击的能力。

赞成和反对卢肯的阵营界线分明。在桑卓·芮韦特死亡事件的调查中，卢肯夫人独自坐在一边，完全被卢肯的母亲和他的其他支持者所忽视。

比尔·科德宣读了两封信。第一封信中，卢肯重复讲述了他进屋打断争斗的故事，说他的妻子会责怪他。“维罗妮卡在过去已经表现出对我的仇恨，她会竭尽全力看到我被起诉。至于乔治和弗朗西斯，让他们知道父亲站在被告席上被指控犯有谋杀罪，对他们来说为时过早。等他们能够理解这一切的时候，再向他们解释这个偏执的噩梦。请帮助照料他们。”第二封信中，卢肯交代了要在即将到来的拍卖会上，拍卖一些祖传银器的事宜——信中，卢肯要求用拍卖所得款项支付他的银行透支。

还有第三封信。赌友米歇尔·斯多普在谋杀发生后的星期一收到了卢肯的信。在这封信中，卢肯谈了“那个令人非常不愉快的夜晚，所发生的令人不可置信的巧合”，谈到他最关心的是孩子们应该受到保护。

卢肯母亲的律师竭尽所能地夸大卢肯夫人对丈夫的所谓仇恨。但无法回避的事实是，所有法医鉴定都支持卢肯夫人的说法。地下室里的血迹主要是B型（桑卓·芮韦特的血型），而楼梯上的血迹主要是A型（卢肯夫人的血型）。铅管上同时有两种血型。没有任何证据可以证明，另有一位袭击者。

审判团只用了半小时就作出裁决——桑卓·芮韦特的死亡是“谋杀，凶手是卢肯伯爵”。

“难以置信的巧合之夜”

警方给出结论：谋杀是卢肯所为。他的意图是杀死自己的妻子，但在黑暗中误把桑卓·芮韦特当成了维罗妮卡·卢肯（她们的身高体型都很相似）。当然，这只是对此事件最普遍的看法，还有其他版本的说法和猜测。

有些人相信卢肯伯爵的叙述，他打断了另一个人的谋杀行为。由于他是唯一有杀害卢肯夫人动机的人，没有人能提供袭击目标是桑卓·芮韦特的任何一个理由，这就表明袭击者是强盗。但疑问是，虽然强盗有可能会杀害保姆（甚至准备了装她的口袋），也没有理由再等待二十分钟左右，袭击卢肯夫人。然而，在卢肯汽车后备厢中发现的完全相同的铅管，才是这种说法最大的障碍。

帕特里克·马纳姆在他的著作《灾难审判》中争辩道，这件事是卢肯雇用杀手做的。他注意到一个细节，卢肯的女儿弗朗西斯在描述当晚发生的事情时，时间比她母亲叙述的提前了二十分钟（弗朗西斯用电视节目开始和结束的时间作为参照）。如果弗朗西斯的时间表是准确的，当天晚上早些时候卢肯被看到在克拉蒙特赌场，他将没有时间赶回家里谋杀保姆。至于另一个疑问，职业杀手不大可能选择铅管作为凶器。马纳姆设想，卢肯雇用的杀手没有能够前来执行谋杀，他们在最后一刻派了一名醉汉，结果贻误了事情。然而，这种说法没有证据。

1975年。英国。警察在寻找失踪的卢肯伯爵时动用了自动搜寻飞机

还有一个几乎和卢肯失踪一样莫名其妙的悬念——如果卢肯是单独作案，他怎么能够相信这次犯罪可以达到他的目的——夺回孩子呢？即使按照计划一切顺利，他杀死了自己的妻子，但用钝器杀死她会在现场留下大量的血迹和其他证据。然后他要处理尸体。假设他把尸体放到汽车的后备厢里，但这又会进一步留下血迹。也有可能他把汽车也处理掉，但对于消失本身又该做何种解释呢？这看上去似乎是“幸运”卢肯永远无法取胜的赌博。

死了还是活着

卢肯的大多数朋友相信，卢肯在谋杀发生之后的几小时就结束了自己的生命。“由于把事情弄得一团糟，出于羞耻。卢肯自杀了。”赌场老板约翰·阿斯俾那尔如是说。“他会认为，如果他不在世上了，他的罪恶就永远是个问号。这对他的孩子有好处。”

卢肯夫人相信，他在纽汉温上了渡轮，然后从甲板上跳了下去。另一些人说，卢肯在事发之前买了一艘快艇（早年，他是狂热的快艇爱好者）。“他在身上绑了一块石头，凿穿了停在纽汉温的快艇，沉了下去”，阿斯俾那尔说。卢肯在伊顿公学的同学，现在身为记者的查尔斯·本森认为应该是另一个故事。“他找到了处理尸体的办法。他可能在一个荒凉的地方发现了密林深处的坑洞。他在这个为维罗妮卡尸体选定的地方，开枪打死了自己。”

> 这么说也许有些奇怪，但当你所爱的人向你发动袭击时，这似乎也不是什么伤害。
>
> ——维罗妮卡·卢肯

其他人仍然相信卢肯还活着。他们的推理是，一个终生以赌博为业的赌徒自然会冒险逃跑。卢肯有很多有钱的朋友，他们会帮他这样做。

2004年，在谋杀三十周年纪念日，英国警方宣布正对此案进行重新审理。他们用计算机为现在的卢肯设计了画像，也会在必要时采用DNA鉴定技术。同一年，卢肯的儿子在一个电视节目中说，他相信父亲是无罪的。他说，凶手是卢肯雇用的强盗来抢劫他们家的，这是精心设计的保险欺诈的一部分。

2002年，卢肯夫人非常罕见地接受了一次采访。她仍然住在贝尔格拉维亚，与三个孩子都很疏远。她生动地回忆了谋杀发生的那个夜晚。“约翰重击了桑卓，用力很猛，把管子都弄弯了。”她说，“这实际上救了我的命，因为他袭击我的时候，无法同样施力。管子落在了我的头部的四周，而没有直接击中要害”。她说，她早已原谅了她的丈夫。记者注意到墙上卢肯伯爵的画像，问她为什么还保留着它。“哦，这只是一件装饰品，不是吗？说真的，这是相当不错的肖像，画得非常好。如果我把它扔掉，就只好再用别的东西来替代它。那又有什么意义呢？”

双 重 生 活

英国工党政治家约翰·斯通豪斯。假造死亡现场后逃匿。此照摄于他返回伦敦，面对欢迎队伍的音乐演奏时。1975年

动机：

愤怒
慈善
嫉妒
忠诚
贪食
贪婪
希望
性欲
骄傲
懒惰

非凡的骗术：泰蕾兹·亨伯特

泰蕾兹·亨伯特。摄于1903年前后。也被称为“大骗子泰蕾兹”。她生活在荒唐虚幻的世界里，编造继承人身份，利用计谋，使许多有影响的大人物相信了她的谎言。泰蕾兹和她的家族成员一起，犯下规模宏大的欺诈罪，以致于骗局被揭穿时，法国的基本经济结构都难免受到影响

主角：泰蕾兹·亨伯特（1856–1918），法国超级诈骗犯。

丑闻：在长达二十多年的时间里，假扮继承人，不断进行巨额诈骗。

原因：生存的需要，加上过于活跃的想象力。

本世纪最大的诈骗案。

——一位法国律师在给亨伯特夫妇成功定罪后说

1902年5月9日，巴黎德拉格兰德-阿密大街。一大群人聚集在奢华富丽的亨伯特府邸门前，急迫地等候着法庭下令打开那个著名保险箱的那一瞬间。他们太想亲眼目睹那个赫赫有名的保险箱里所藏的宝贝了——在过去二十多年中，泰蕾兹·亨伯特一直用此做抵押品，借到了令人咂舌的天文数字一般的巨款！一直以来，人们对这个柜子充满了好奇和希望，认为里面装有价值超过一亿法郎的财富与文件。柜子里珍藏的贵重文件为亨伯特夫妇所欠的每一笔巨额债务——他们的巴黎住所、乡间无数的房产，还有一家商业银行——都起到了庇佑作用！由于亨伯特家没有一个人出席这个开箱仪式，人们无法找到保险柜钥匙，只好找来锁匠挥舞榔头砸开了保险箱。箱子打开之后，所有人都惊呆了。他们吃惊地看到，箱子里仅有一枚意大利硬币、一张旧报纸和一枚裤子纽扣！上帝啊！消息像野火一样迅速传遍了巴黎。本世纪最大的丑闻之一就这样被揭开神秘面纱，展现在世人面前！

泰蕾兹·亨伯特是法国前司法部长葛斯塔夫·亨伯特（也是她的姨父）的儿媳妇。在人生的鼎盛时期，她在巴黎最繁华街区的豪宅里奢侈、骄淫地宴请巴黎社会的达官显贵，经常宾朋满座。可惜的是，这些社交上的辉煌成就建立在谎话连篇的虚幻大厦之上。随着那坚固的保险箱被打开的那一天，她所营建的梦幻大厦也瞬间倒塌，狠狠地把她摔落在监牢里结实冰冷的地面上。她的倒台产生的冲击波，危及了整个法国，引起大规模引咎辞职，无数人尴尬难言，金融业遭受致命打击，甚至造成有权有势的人和无辜受骗者一样自杀。从某种意义上讲，大骗子泰蕾兹就像众所周知的那样，是当今互联网诈骗犯的先驱。但她的骗术要更加优雅，甚至更具有艺术性。虽然滥用无辜者的信任给许多人造成巨大伤害，理应受到谴责，但大骗子泰蕾兹的表演天赋和其多年以来维持谎言不破的能力，的确是一流幻想家杰出欺骗才能的展现。她一而再、再而三地与现实对抗，逼迫现实低下头来，去屈就、迎合和满足她的欲望。她的欺骗才能和无穷的想象力实在是卓越非凡！

骗子的出身

在我们故事的开头，小泰蕾兹·德里格纳克是一个出生在平凡家庭但想象力过于活跃的小姑娘。这个女孩充满魅力，她的天赋在于编造不太真实的神话，却常常让人信以为真。泰蕾兹出生在法国南部陶洛斯省附近的奥萨尼小镇，父母都是文盲。父亲圭劳米是由本地牧师资助长大的一名弃儿，后来变成一个古怪的人，整天耽于幻想。母亲罗莎是一位单身农夫的养女，养父诡计多端，在金钱上吝啬计较。他收养了许多文盲孩子。泰蕾兹的幻想才能来自父亲圭劳米。在她父亲的浪漫梦幻世界里面，他是居住在梦幻城堡中的贵族后裔。这一点，成为他女儿后来撒下弥天大谎的根基。泰蕾兹是父亲的荒诞不经与母亲的商业敏感完美结合所创造出来的杰作。在她童年的大多数时间里，母亲罗莎保持着家庭的正常运行。当时是工业化时期，陶洛斯省在此过程中快速崛起，母亲经营的精品内衣店专门向附近有钱人家的夫人们销售内衣，生意兴隆。她的丈夫比她大许多岁，干的却是镶骨、算命和治疗信仰之类的深奥行当。

法国漫画。约作于1903年。标题为《亨伯特欺诈案》。画面描绘泰蕾兹·亨伯特用虚构和幻想的遗产掠夺借来的果实。当骗局公开之后，许多受害者感到无比尴尬，以致难以走上前来

相对而言，童年的泰蕾兹过着比较富裕舒适的幸福生活，家里有很好的收入，还有一个小农场，她有兄弟姐妹和朋友。但随着母亲的死亡，生活的车轮脱离了原有轨迹。如果死掉的是父亲，她那非凡的幻想力似乎不大可能得到磨练，不至于达到后来她所能发挥的程度。但活着的是年老体迈的父亲，妻子的死亡让他更加退缩到巫术的荒唐世界里。年仅十四岁的泰蕾兹，成了家里说话算数的当家人。

骗子的起步

泰蕾兹总是喜欢讲故事逗她的朋友们，他们也喜欢把她的故事作为调剂品。因为在那个没有电视、电影和收音机的年代，她的调侃让乏味的生活变得比实际上要丰富多彩一些。例如，她想出一个主意，让所有朋友们把首饰都放在一起。这样，每个人都好像拥有了比实际数量多好多的首饰。

但是在母亲死后，泰蕾兹竟落到了要去乞求和借贷的地步。为了让父亲和五个兄弟姐妹吃饱穿暖，对服装有着强烈爱好的泰蕾兹很快就意识到，从农夫手中骗鸡蛋的技术也同样适用于欺骗陶洛斯地区的裁缝和理发师。泰蕾兹虽然不漂亮，但男人们特别迷恋她那一口含糊不清、土里土气、带有陶洛斯口音的法语。商店老板愿意给她赊账，部分原因就是因为喜欢听她说话。这种愿望大大超过让她付钱的愿望。

泰蕾兹第一次施展骗术时，借用的身份是“马科特酒庄”继承人——她说这是位于法国和西班牙边界的一处地产，以此作为抵押为自己贷款。在她“事业”的发展过程中，她一直这样说。这个谎言中，通常有一位好心的老处女姨妈。但泰蕾兹更喜欢动用她的想象力。因此，在这个阶段，故事中讲述的细节从一个到另一个都不相同。

虽然有关“马科特酒庄”的故事很奏效，但陶洛斯商店的老板们的耐心却不是无穷无尽的。到她十七岁时，商店老板们已经对她产生了怀疑。于是，泰蕾兹宣布了一个更加特别的消息，她与波尔多一位船王的儿子订婚了——她说这是双方父亲的约定，是强加在她身上的婚姻，没有爱情基础。就用这个谎言，她设法骗到了新娘嫁妆。不过，她的债主们很快就醒悟过来，识破了她的新诡计，大家合起来把泰蕾兹和她的家庭逼到了破产的境地。她的家被分割了，农场被迫卖掉了。由于丢尽了颜面，泰蕾兹和父亲只好搬到省城陶洛斯去找生计。

幸运便车

泰蕾兹母亲同父异母的妹妹，她的姨妈玛丽·泰尼尔已经在陶洛斯过上了很体面的生活。她做女佣的时候，曾经给房客、法学院学生葛斯塔夫·亨伯特做清洁工作，亨伯特喜欢上了她。最后，他们结了婚。在泰蕾兹一家走下坡路的时候，他们的亲戚亨伯特正在攀登法国社会的最高阶梯。亨伯特是陶洛斯大学的法学教授，后来又成为赞同社会主义的政治家。他为法国第三共和国效力，所做的先驱工作使他成为英雄人物，受到左派进步势力的拥护。1875年，左派进步势力授予他终身议员的荣誉。亨伯特和玛丽有两个孩子。儿子弗雷德里克学习法律，人很聪明，但缺乏父亲的进取心。1878年，泰蕾兹在双人婚礼上嫁给了弗雷德里克·亨伯特——婚礼上的另一对是她的弟弟埃米勒和弗雷德里克的妹妹。就这样，德里格纳克家族和亨伯特家族有了千丝万缕的牵连。

婚礼非常热闹，是比塞乐村（在陶洛斯以外）见到过的最豪华壮观的婚礼。泰蕾兹的婚礼礼服价值五千多法郎——这大约是巴黎豪华公寓一年的租金。陶洛斯的店老板们一定对新郎的社会地位印象深刻。因为他们再一次被她继承财产的故事忽悠了，为她提供了免费信誉服务。

泰蕾兹从这一次的华丽转身中，学会了一个实用的经验：骗子艺术是一个奇怪的悖论——你越是付出勇气，人们就越有可能相信你。在法国，婚礼花销传统上由新娘家负担，但泰蕾兹的娘家却不用付账了。不过没过多久，陶洛斯的店老板们又在摇头叹息了——自己怎么又在小丫头骗子的魅力和咒语下栽了跟头呢？

家族事务

如果说泰蕾兹忽悠家乡农民和省城商店老板的事还容易理解的话，声誉无懈可击的葛斯塔夫·亨伯特——未来的法国司法部部长会允许自己的孩子与来源可疑、道德可疑的穷亲戚泰蕾兹结婚，就令人非常费解了！尤其是他与很多人不同，一定知道泰蕾兹的真实出身和货真价实的祖先！当地人困惑不解，谣言纷纷。但现在回头来看，最有可能的答案，就在于泰蕾兹幻想中的马科特酒庄。葛斯塔夫·亨伯特的社会地位虽然已经得到很大提升，但他没有钱，他缺钱。因此，解决这一问题的办法就是，娶一个有继承权的儿媳妇。这是一个十分诱人的想法。泰蕾兹性格独特，聪明迷人，野心勃勃。而且，亨伯特没有把自己的家人与有产阶层拴在一起，而是偏向于泰蕾兹，可能是因为在许多情况下，那些人是第三共和国的天敌。不管最初亨伯特有没有被泰蕾兹迷住，是不是在事实上相信她编的谎言，或者是因为他洞悉了泰蕾兹而在利用她的幻想能力，现在已经很难说清楚了。甚至也有可能，亨伯特把利用假继承人身份看作是阶级斗争的一种光辉形式。不管怎么说，一位聪明到可以做著名律师、一流大学教授、最终成为法国司法部长的人，不会幼稚到一直相信他那只有一半血缘的侄女加儿媳的阴谋诡计。

泰蕾兹结婚不久，亨伯特就利用自己的社会威望以马科特城堡作抵押贷款七十多万法郎。1882年，他被任命为司法部部长，这是法国最高的司法职务。同一年，他为泰蕾兹的第二处地产充当财产抵押中间人。这块地产同样来自想象。不同的是，这一次是位于葡萄牙的软木橡树庄园。一位心脏病复发的病人跌倒在她母亲的商店外面。这个人得到她母亲的照看和养护，恢复了健康，于是把橡树庄园留给她了。法国西南部一名医生提供六万法郎，作为新上任的司法部长的儿媳妇所继承的庄园不动产的抵押贷款。毫无疑问，亨伯特父子从这时开始，做了泰蕾兹的同谋。尽管亨伯特是第三共和国的英雄，但他向自己的诚信作出妥协，换取了钱财。他参与泰蕾兹的阴谋计划，用自己与重要人物的关系作为渠道，用道德担保的形式，把行骗范围扩大到巴黎乃至全国。难以相信，如果没有亨伯特的帮助与支持，泰蕾兹那些靠想象力作后盾的离谱的非法活动会走得那么远。

完美的政治氛围

上演完继承遗产的剧目之后，亨伯特父子开始用借来的钱购置真正的房地产，再接着把这些地产抵押出去。在很短的时间内，他们从住在巴黎灰溜溜的公寓里幻想拥有城堡，发展成为真正的城堡主人。他们的第一笔生意是在巴黎时尚街区购得一处房产，接着又在离巴黎十五公里的芳汀尼布鲁森林地带买到了一处周围有私人湖泊的别墅。第二年，在全家人去法国南部纳巴尼旅游的回程中，他们出手阔绰，以两百万法郎买下了图卢兹－劳瑞克伯爵的祖宅（伯爵儿子亨利是法国著名画家）。这次购买纯粹是为了摆阔，因为亨伯特家没有人会住在那里。但是，当人们知道亨伯特家人弄到如此贵重的法国土地时，他们的偿贷能力实在值得怀疑！

> **高端生活**
>
> 在亨伯特家族行骗的前半场，泰蕾兹攀登上了她社交生涯的巅峰，款待诸如萨拉·贝恩哈特和埃米尔·左拉这样的客人。在法国，总统费里克斯·福雷更是她家餐桌上的常客。她的支持者是法兰西共和国的社会精英，如警察局局长和法国终审法院的首席法官。泰蕾兹达到了她似乎无法触及的社会高层。

现在，泰蕾兹有了把自己送进法国上流社会的“资本”和政治关系。精明世故的巴黎人与陶洛斯的店老板们一样，被这位装扮成天真少女、操着外省沙哑口音的骗子迷住了。更重要的是，他们同样乐于为她提供贷款。于是，亨伯特家买下了《塞纳－马恩河未来报》。在朋友阿曼德·帕拉里的忠实经营下，这家报纸成为揭露丑闻的激进报纸，有力地支持了亨伯特的进步事业，成功地帮助弗雷德里克当选法国议会共和党议员。与此同时，泰蕾兹也在扩大家族产业，她的投资组合中又多了两处乡村不动产。她还在巴黎豪华时尚的德拉-格朗特阿密大街购买了一座四层城市别墅——“坚固之所”——这里是雄伟的布朗-豪斯曼风格建筑街区，一直通向凯旋门。

泰蕾兹生活在法国工业化时代，人们在创造财富，同时也在消费财富，因此构成了一种奢侈而又动荡的时代特征，后世称之为“美丽的时代”。泰蕾兹降生的这个历史阶段，资金流动迅速，人们热爱冒险、喜欢奢侈、充满乐观精神，还有从第三共和国涌出的大批新型社会精英——所有这一切，为她实施诈骗创造了有利的外部环境。这种环境十分适合发挥她的特殊才能。泰蕾兹很快就成了法国最尊贵的女主人，总统、部长、富豪、金融家在她华丽的巴黎住所围着她献殷勤。随着年龄的增长，她的身材变得臃肿，花在服装上的钱也上升到天文数字。而她购买的时尚物品，通常是带有珠宝、羽毛和水果的豪华帽子——这些东西是年龄已大但又想入非非的女人最完美的猎取品，她们从而也成为商家的主要盘剥对象。

泰蕾兹声称保险箱里有为她信誉作保的财产。但实际上，里面只有一枚硬币、一张报纸和一颗纽扣

当钱发烧般地通过这家人的手不断地流通的时候，他们做了任何有理智的贪婪家庭都会做的事情——开始建立自己的银行。1893年，“终身养老银行”成立了。它吸引了许许多多的投资者，通常都是小投资人。这家银行的保证金只有一份诱人的章程，加上南非（以出产钻石出名的国家，这是泰雷兹从心底里钟爱的东西）总统和教皇未经授权的照片。这是一次巨大的商业成功——或许，再多给他们几十年，这家人也有可能真的成为成功的银行家。

随着社会地位的腾飞，泰蕾兹在巴黎的住所成了巴黎最高档的沙龙，而充满异国情趣的保险柜故事也传遍了整个巴黎。在我们现在生活的这个世俗年代，很难想象当时的人们怎么会源源不断地把钱押在一个永远不会打开、不知道里面为何物的保险柜上！但在当时，一旦一个位高权重的人已经这样做了，其他人就会跟风而行，尤其是泰蕾兹支付的利息在巴黎也是出了名的高。

克劳福德欺诈

有了两次抵押虚有财产的成功经验，泰雷兹开始用想象力开发她行骗的全部潜能。她后来的财富和社会地位就来源于她的这些高超骗术，用虚构的不动产作为抵押，让人们大量借钱给她。

在行骗初期，财产继承人及其背后的故事似乎是她心血来潮时任意编造的。久而久之，她母亲护理的心脏病患者变成了泰蕾兹自己在陶洛斯公寓里曾经照看过的一位房客。这位房客已经不在人间，但死前把她写进了他的遗嘱。

最后，大师级的经典谎言终于编造而成。在这个版本中，在1879年，泰蕾兹乘坐火车时，听到隔壁包间里传来呻吟声。她过去察看，发现有个男人犯了心脏病。她给他吸了自己的嗅盐，救了他的命。后来证明，罗伯特·克劳福德是美国的百万富翁。两年后，他给她寄来一封信，说他把她写进了自己的不动产遗嘱。这笔遗产是个天文数字，价值一亿法郎。

然而，事情并不像克劳福德发病倒下、泰蕾兹获得遗产那么简单。她需要一个死人，所欠的钱也不得不拖着。在这一点上，她那具有法律专业知识的丈夫和公公终于有了用武之地。他们为她进一步炮制谎言，说克劳福德给她留下一个保险箱，里面有价值一亿法郎的无记名债券，保险箱里存有克劳福德的最后一份遗嘱，指定泰蕾兹为唯一受益人。但是，还有一份具有法律效应的遗嘱，这份遗嘱把遗产留给了克劳福德的两个儿子和泰蕾兹的妹妹玛丽亚。第三份文件清楚无误地记录了一个协议，说克劳福德的儿子们授权泰蕾兹暂时监管这笔财产，争议正在解决之中。关键的是第四份文件，克劳福德兄弟主动提出放弃一亿法郎的继承权，条件是泰蕾兹付给他们六百万法郎现金，并允许他们其中一个与第二份遗嘱中提到的小妹妹玛丽亚结婚。这就是泰蕾兹能够以高额利息借到大笔资金的谎言故事。这个谎言的理论依据是，如果她能凑齐六百万法郎付给克劳福德兄弟，那么剩下的一亿法郎就是她的了！

1885年，泰蕾兹运筹帷幄，筹集到了六百万法郎后，一纸诉状把克劳福德兄弟告上了塞纳民事法庭，理由是他们违反保险箱中第四份文件中的有关协议，当她付给他们六百万法郎的时候，他们赖账了。她赢了这场官司，当克劳福德家人开始上诉以后——必须记住这些人根本不存在，她又能够继续实施欺诈了。这件事在许多年中成为法律疑案，因为案子从一个法庭转到另一个法庭，进展十分缓慢。泰蕾兹因此能够用一亿法郎的遗产谎言，继续借钱。

诈骗的黑幕

泰蕾兹诈骗案是家族作案，只有血缘相连的人，才清楚这个家族的暴富完全是建立在幻觉之上的。他们精心维持了这么多年，拖延时间的手段看上去几乎是个奇迹。这一切只有在家族其他成员对泰蕾兹顶礼膜拜的情况下才有可能实现。

亨伯特-德里格纳克姻亲关系在诈骗中，各自扮演了所需要的不同角色。亨伯特扮演心腹谋士“卓越格里斯”。他给这家人带来体面的光环。而泰蕾兹是发挥创造力的天才，她指挥法国社会随着她的节拍跳舞，可谓神奇人物。她的丈夫弗雷德里克是把握细节的人，精雕细琢地打造诈骗情节，提供必不可少的奢侈享受，尽可能保证行骗船只紧随他们设计的航线前进。但他的妻子往往对继承遗产的故事即兴发挥。这种任性的鲁莽最终招致灾难的降临，成为他们毁灭的触发点。

当你通过敲诈来发财时，就一定会有表示不满的客人。在大多数情况下，泰蕾兹能够迷惑或诱惑这些人。但当这种手法失效时，泰蕾兹的弟弟罗蒙就会采取敲诈、强夺、暴力等手段，来维护他们的家族生意。例如，泰蕾兹毁掉了一家报纸。报纸老板的妻子用左轮手枪对准了她，罗蒙就挺身而出，为她挡开子弹（与亨伯特家交情甚好的警察逮捕了这个女人，把她关在精神病院里）。罗蒙住的公寓很隐蔽

游戏人生

在许多年中，不顾根本不存在的事实，克劳福德兄弟不断出现在人们的视野中。他们有时以律师身份出现，有时被在新闻中提到有法警送给他们法律公文。更进一步的谎言是，泰蕾兹的小妹妹玛丽亚拒绝嫁给美国人。这也是遗嘱中第四份文件的一部分。在一次泰蕾兹家举行的家庭晚宴上，小罗伯特·克劳福德试图把镶有宝石的订婚戒指戴在玛丽亚的手指上，但她坚定地拨开了他的手。克劳福德家的人说着带有美国口音的法语，受到了泰蕾兹兄弟罗蒙和埃米勒·德里格纳克的戏弄。他们有演出剧本——他们的大姐让他们做游戏。这是从孩提时代就开始的假面舞会和化装游戏的延伸。

（公寓里有好几间牢房），楼梯间后面有一个通向德拉格朗特-阿密大街上的别墅的暗门。他的公寓和另一条街上一个供商人进出的入口相通。这条街上的律师和商人们经常受到威胁和敲诈。当泰蕾兹把自己的想象力对准上层社会后，罗蒙开始迷恋法律。1894年，葛斯塔夫·亨伯特死了以后，欺诈的温和外表不再存在。为了实现自己的目标，泰蕾兹和弟弟常常攻击和伤害他人，变得与社会无法相融。1895年，亨伯特家的主要债权人保尔·吉拉德的银行倒闭，泰蕾兹行骗活动中开始有了逼人自杀的记录。绝望的银行行长吉拉德拜访泰蕾兹，要求她归还所欠钱款。但泰蕾兹拒绝还钱，吉拉德向她开枪，却没有打中。回到家后，他自杀了。后来，亨伯特家企图在饭桌上贿赂前来接管银行的官方接管人员杜雷特先生，但最后却以罗蒙毒打杜雷特告终。杜雷特提出上诉，法国律师行业的领军人物——大律师马特·布特为亨伯特一家出庭辩护。这场官司在1896年，以两百万法郎的代价庭外和解。杜雷特的律师在法庭上形容亨伯特一家的做法是“本世纪最大的骗局之一”。但这句话主要被当作政治侮辱，是保守势力对第三共和国进步人士的再一次攻击。

要在很短时间内筹集这么大一笔钱，实在不是容易的事，亨伯特家族被迫开始在更远、更广阔的范围内借贷。骗子的车轮开始脱离原有的轨道。他们十分迫切地想要筹到钱款，但支付的利息也比过去高出好多。不过，令人感叹的是，即使在这种情况下，他们纸糊的、摇摇欲坠的骗子帝国竟然又度过了六年，才轰然倒塌。接下来与亨伯特家做生意的商人甚至连自杀的机会也没有。1899年，里尔一家酿酒厂——绍特曼父子酿酒公司老板保罗-绍特曼被人发现死在火车上。真相是绍特曼已经给亨伯特家族贷款两百万法郎，亨伯特家提出在此基础上再追加七百万法郎贷款，绍特曼父子拒绝了。听到消息以后，死者的哥哥和堂兄立刻全力以赴查找凶手。罗蒙的嫌疑最大。但由于亨伯特家族高不可攀的社会地位，警察局的高层官员作出官方保证，说他与此次犯罪没有关联。

真相浮出水面

泰蕾兹在即兴发挥中的随意表现，最终触动了系列诈骗案的多米诺骨牌，导致了她的倒台。1901年，法官在法庭上向泰蕾兹提出一个简单请求，要她提供克劳福德在美国的地址。她随口回答说："1302大街，曼哈顿。"就是这漫不经心的谎言，吹掉了骗子头上的光环！当法庭核实地址时，美国方面的答复是，从来没有克劳福德这个人在那里住过。结果，有人向法庭递交请愿书。在众多债权人的强烈要求下，法官命令打开保险箱。

这个命令发出之后，就没有回旋余地了。在箱子打开的前两天，亨伯特全家溜出了巴黎，丢下了他们的忠实追随者和朋友代人受过。诈骗案一经揭露，冲击波立刻震动了整个巴黎社会。亨伯特家的律师顾问作为大律师被迫辞职，与亨伯特家关系密切的其他重要人物也不得不这样做。"终身养老银行"宣布破产，成千上万的人们失去了终生积攒的积蓄。丑闻名单上写满了在这起欺诈案中失去大笔财产的重要人物，包括欧仁尼皇后、总统的儿子，还有许多来自法国金融界的顶级人物、珠宝商和奢侈品商人。

六个月以后，警方还没有找到亨伯特一家。1902年12月6日，保守党在国会发布消息称，亨伯特家族在激进派共和党中的亲信和朋友压制或钳制国会调查——而且事实的确如此——会场顿时出现混乱，会议不得不暂时中断。最后状况完全无法控制，会议不得不停止。

不过，过了两周以后，泰蕾兹在警察局的老朋友们可能觉得从政治风向看，不逮捕他们已经不可能了，才在马德里找到了亨伯特一家人，把他们带回巴黎接受审判。这场审判成为法国人最期待的事情，相关消息完全主宰了每天的新闻。债权人一个接一个出庭作证。泰蕾兹·亨伯特的债务多达一亿法郎。然而，权力集团中的权威人士竭力想要避免更多尴尬局面的出现，也不想让一些不干净的金融交易被进一步揭露出来，就进行了幕后交易。因此，泰蕾兹一家被从轻发落：泰蕾兹和弗雷德里克被判处五年徒刑、弟弟罗蒙三年徒刑、弟弟埃米勒两年。作为交换条件，亨伯特-德里格纳克家族对此永远保持沉默。判刑后，亨伯特一家遵守了讨价还价中自己要遵守的那一部分承诺。从此以后，没有人再听到过他们中任何人的消息。

动机：

愤怒
慈善
嫉妒
忠诚
贪食
贪婪
希望
性欲
骄傲
懒惰

影子的肖像：安东尼·布朗特的秘密

主角： 安东尼·布朗特（1907–1983）。英国女王的艺术顾问。

丑闻： 英国反间谍机构军情五处特工，苏联间谍。

原因： 反法西斯主义者，具有颠覆性格。

安东尼·布朗特爵士。英国艺术史教授、王室艺术顾问、苏联间谍。身份暴露后，被人们称为“没有廉耻的间谍”

上周四，哈特里浦区议员阁下（里德比特先生）以书面形式提出一个重要问题。作为回应，我觉得证实布朗特教授的确做过苏联间谍并对众议院作出明确答复是正确的。今天，我们有机会对整个事件展开辩论。

——英国首相玛格丽特·撒切尔

1951年5月25日下午，王太后的茶会上，气氛轻松舒适一如往常，安东尼·布朗特爵士却显得心事重重。在这再熟悉不过的宫廷应酬上，布朗特一边与表妹伊丽莎白二世谈着话，一边还想着心事：新近刚刚裱装过的一幅古代名画不知挂在哪里合适？此时此刻，亲密的合作伙伴盖尔·伯吉斯和多纳德·麦克林（后来臭名昭著的“剑桥间谍”成员）正在各自收拾自己最贵重的财物，打点行装，为秘密叛逃苏联做着准备。他们的身份已经暴露，现在已经到了一触即发的关键时刻。在伦敦的另一个地方，还有一名间谍成员吉姆·费尔拜，两人的叛逃会波及到他。布朗特知道这之后，就该轮到他自己了。

在战争期间叛国投敌的人都将受到法律的严厉制裁。布朗特，剑桥间谍网中的“第四人”，是四个人中知名度最高的一个。他的暴露会在社会上激起更大的浪花。布朗特是大英帝国艺术界光芒耀眼的艺术专家、女王艺术收藏品的艺术顾问、画廊里的权威、电视上的红人——他不仅是油画和素描鉴赏专家，还是“公众人物”，与王室家族有密切的血缘关系。伯吉斯和麦克林的叛逃，让他处在了一种特别危险的境地。在第二次世界大战中，他在英国反间谍机构军情五处工作，秘密从事双重间谍活动，冒着生命危险把绝密军事情报传递给他的苏联上司。现在，他所面临的局面与当初冒死向克格勃传递情报一样危险。

二十多年斗转星移，时光正在快速地吞噬着他们心中的秘密。就在这个时候，酗酒成性、放荡不羁的伯吉斯在伦敦地下同性恋场所酒后吐真言，泄露了身份秘密。他的轻率使圈子里所有人的生命受到威胁。布朗特明白，头两个叛国者的失踪会留下把柄，最终导致费尔拜成为这个团伙中第三个被查出来的人，然后镜头就会对准他——长期以来谣传中的“影子人物”。这将是一个具有约翰-卡雷新闻效应的消息，会成为所有间谍剧目中最臭名昭著的一幕。

但是现在，从布朗特泰然自若的神情和举止中，人们永远也无法猜测到这种见不得人的内心世界，还有令人伤脑筋的复杂局面。他端着茶杯，每一次呷上一小口，然后把茶杯放回茶托。整个下午，手没有抖过一次，茶水没有洒落过一滴。这是布朗特最典型的表演。他像往常一样，返回自己位于考陶尔德艺术学院的寓所。这里环境幽雅。考陶尔德学院附近聚集着许多艺术家，他们大多是当时欧洲很耀眼的印象派代表人物。这所艺术学院也是近三十年来布朗特赖以生存的学术天地。在顶层公寓雅致的房间里，他的男朋友会做好晚饭，斟上最好的杜松子酒，熬好补药，等着他回来。在布朗特所有的秘密中，他的同性恋身份可能是最不保险的一个秘密。王室的贵族成员们知道他是同性恋，但他们对此装聋作哑。艺术界的朋友们（主要是男同性恋者）也知道他的性趣味。更有甚者，他过去在战争中的战友也知道他那些泡沫肥皂剧般的爱情故事。

盖尔·吉伯斯。英国外交官。与布朗特、费尔拜和麦克林一起，被苏联人招为苏联间谍

1951年6月7日，消息终于泄露了，全世界都知道了英国在追捕“失踪的外交家”伯吉斯和麦克林。间谍案在媒体的炒作下不断升温，狮身人面的布朗特也露出了马脚，但他自称对他们的失踪十分震惊。

作为国家公务员，布朗特的事业正处于巅峰时期，但即使对最亲密的朋友（包括皇室成员）来说，布朗特也是一个谜。他才华出众、忠诚勤奋、性格乏味，几乎完全不可能是詹姆斯·邦德式的人物。然而，在他人生中的每一个阶段，无论是窃取官方情报的时候，还是操纵艺术品价格的时候，随着冒险程度的不断增大，他在欺骗的深渊里也越陷越深。他的双重生活可以用千变万化来形容。在温文尔雅和冷若冰霜的外表之下，他竭力隐藏自己的同性恋身份，但这种外表上的冷酷，却往往激起许多贵族妇女的进攻欲望，吸引无数女人对他产生单相思般的爱恋。1939年，陆军作战部提升他为高级军官。从那时开始，他有了大量接触机密文件的机会，他把数千份机密文件送给了他的苏联上线。作为女王艺术收藏品的指导顾问，他是女王身边最亲密的顾问，英国美术界最具影响力的权威专家。不论在政治上，还是在文化上，他都位于权力阶梯的上层。他利用自己的特权和优势，一次又一次背叛那些欣赏他、崇拜他的权威们——这是他从早期生活中养成的习惯。

从学生时代开始，布朗特已经养成了欺骗的习惯。因为只要涉及他的性取向，欺骗就是他生活中必不可少的一部分。直到1967年，英联邦仍然把同性恋视为要坐牢的犯罪行为。布朗特喜欢年轻男孩，他的亲密朋友（包括盖尔·伯吉斯）无一能够逃脱法律的威胁在职场上生存下来，更不用说那些经常受到的敲诈。正是由于伯吉斯自己的粗心大意，加上政府官员的穷追不舍，才把他送进了监牢。

揭穿“第四人”身份

伯吉斯和麦克林叛逃苏联，轰动朝野。新闻媒体穷追猛打，迫使官方出面呼吁彻底调查这宗叛逃案，布朗特才得以侥幸逃过一劫。十二年之后，也就是1963年年底，吉姆·费尔拜身份败露后，也逃往莫斯科，情况变得更加危机。安东尼·布朗特爵士倒台的时间终于来临，真相大白的时刻完全可以用科学的精确性来描述。

1979年11月15日，星期四下午。女王的艺术顾问，也就是即将曝光的苏联间谍布朗特，此时正躲在位于汉莫斯密斯的一位朋友家中。这位内阁部长向他透露，首相撒切尔夫人将在下议院质询会上揭露剑桥间谍悬疑案中“第四人”的身份。撒切尔夫人当着她的保守党同仁，当着过道对面政治对手工党的面，宣读了事先起草好的声明，证实了几个小时之前震惊英国朝野的谣言：安东尼·布朗特爵士，英国艺术界最出色和最有影响力的人物，已经承认在二战期间窃取英国情报局绝密情报送往苏联。白金汉宫立刻就此发表简短声明，称英国王室已经取消了布朗特的爵士头衔。声明还说，女王伊丽莎白二世，布朗特的表亲，永远不想再提起这位在过去四十年中一直担任王室亲密顾问的人的名字。女王的母亲王太后要宽容得多。她告诉朋友们说，她感到这是一种耻辱，但她仍然佩服他。

在世界名人画廊，反应也是出奇地一致。英国历史上最热门的秘密间谍就站在他们面前，一直以来活跃在媒体的聚光灯下、公众舞台的中央。媒体此时有了用武之地，好像在举办布朗特公开艺术展一样，全面报道与他有关的一切新闻：同性恋绯闻，艺术界充满风险的黑幕交易，他与他的剑桥哥儿们——已经众所周知的剑桥间谍和叛国者吉姆·费尔拜、盖尔·伯吉斯和多纳德·麦克林之间的友谊。这些消息无一不是耸人听闻。布朗特是四人中唯一没有逃离祖国的人。事实证明，早在1964年，他就与保守党政府达成了一项交易：政府对他免于起诉，交换条件是他主动向英国军情五处提供剑桥间谍网的人员名单和相关信息。

布朗特小心翼翼护卫的私生活土崩瓦解了。一直以来，躲在暗处与他一起经受所有严峻考验的男朋友约翰·加斯金，从考陶尔德艺术学院顶层公寓的阳台上跳了下去，企图自杀以结束生命。布朗特的学术头衔和荣誉被全部收回。随着丑闻逐渐升级，事情渐渐走向极端。他遭受到来自各个方面的猛烈攻击，他的律师失去了为他辩护的能力。四年之后，压力和酗酒消耗掉了他的生命。他死了。

欺骗生活

从儿童时代起，到1979年揭开神秘面纱的那个难忘瞬间，在外表与现实生活之间，布朗特身上一直存在着具有讽刺意味的对比。他是伯恩莫斯教派中牧师的儿子，苏格兰贵族的后裔（他母亲与斯特拉斯莫伯爵、王太后的父亲有血缘关系，王太后是布朗特在王室中最坚定的支持者）。布朗特是英格兰顶级寄宿学校——马尔伯勒寄宿学校的高才生。他一进校，就立刻加入了一个名叫“匿名社团”的小团体——一个反叛美学的组织，并且很快成为其中的核心成员。布朗特从学生时代开始，就养成了组织秘密团体的习惯，在排外的小团体和秘密社团成员的陪伴下度过学生时代。这些人中有些恶名在外，但他的这一习惯保持终身。虽然大多数中产阶级家庭的父母把自己的儿子送进马尔伯勒寄宿学校，是为了让他们与富人和名门望族的富家子弟一起学习生活。但这些附庸风雅的纨绔子弟却有意避开足球、棒球等社会上流行的体育活动，不切实际地对艺术表现出狂热的热情，在这方面你追我赶（也为漂亮的小男孩竞相追逐），把对美的热爱推向了叛逆性的极端。给自己取名“匿名社团”的这个美学鉴赏小团体就是为了以此表达他们期待秘密生活的强烈愿望，并且以其与强势团体和其他男孩的行为规范相对抗的形式，显示自己的重要和与众不同。

布朗特对艺术的热爱是一种自学成才式的迷恋，早在马尔伯勒寄宿学校就已经开始了。那时，他常去伦敦查林-克罗斯路上的兹维墨书店。这是一家1921年开业的艺术图书书店。店里有彩色版印的图书，还可以把普通墨版印刷的图书借出来阅览。布朗特经常从这里借书带回学校。他十六岁时发表了第一篇关于艺术的论文，提出了艺术越是“不雅”就越好的论点。这种论调并不令人吃惊，因为英国唯美主义的代表、爱尔兰诗人和作家奥斯卡·王尔德是他的艺术守护神。

“匿名社团”是布朗特加入的第一个秘密社团。在剑桥读书期间，他是“宗徒”社团的成员，并且很快成为“布鲁姆斯伯里”最年轻有为的成员之一。“布鲁姆斯伯里”是一个以英国伦敦布鲁姆斯伯里地区为活动中心的英国艺术家和学者参加的文人团体。在上世纪20年代，“布鲁姆斯伯雷”组织是“前卫精英”的代名词。这个团体常常在剑桥本科生中招募知识精英。与他先前参加过的那些排外的小圈子一样，布朗特参加的“布鲁姆斯伯里”也是臭名远扬。这是一个名副其实的邪教，有自己的高级牧师，作家李顿·斯特雷奇、弗吉尼亚·伍尔夫，经济学家约翰·凯恩斯，还有布朗特崇拜的英雄罗杰·弗莱——前卫的艺术品位本身就是一种危险的诱惑。布朗特成了弗莱的得意门生，他们自称为“自我选举的阴谋团体，只对彼此作出回应”。这些志同道合的高智商发达头脑的聚会中，暗藏着一股巨大的同性恋暗流。在这种影响下，布朗特自然而然地形成了蔑视权贵的人生态度，不管是挑战学校权威，还是颠覆时代道德或抨击艺术现状。

天衣无缝的位置

间谍既需要天赋，也需要意识形态的理想，这是成为间谍的必备素质。布朗特在剑桥大学学习数学和艺术史，本科阶段表现优秀，获得了令许多人垂涎三尺的三一学院奖学金。在剑桥，布朗特受到经济学教授毛利斯·道伯的影响，选修了“苏联学”这门课程。毛利斯是忠诚的共产主义信仰者。20世纪30年代，剑桥的知识精英中有许多人具有强烈的反法西斯情绪，这种情绪使他们成为苏联间谍机构最完美的间谍采集目标。

苏联人招募到的第一个间谍是剑桥“黄金男孩”吉姆·费尔拜。到1933年，费尔拜已经成为一名坚定的共产主义者。实际上，费尔拜与擅长交际的麦克林、伯吉斯和布朗特等不是一伙人，但他被认为是一条大鱼，因为他的父亲圣约翰与沙特王室关系甚好（克格勃的前身NKVD误以为他是英国情报机构的特工人员）。天平的另一端就是性。费尔拜在维也纳中了美人计，他看中了一位漂亮女郎，而这位美人在为苏联效力。费尔拜与共产主义者的对话就在这种不情不愿的情况下发生了。如果他们新招募到的人是同性恋，比如他们所了解的布朗特和伯吉斯，那就方便多了，直接对他们进行威胁和敲诈就能达到目的。在这些间谍中，布朗特在政治上不是最极端的分子，他是左翼英国知识分子中的一员，1935年去过西班牙，对屠杀了许多聪明智慧的优秀人才的法西斯主义进行过实地考察。

艺术权威的力量

布朗特在伦敦艺术界影响巨大，只要他随意走进一家画廊或拍卖行，对某一张画扫上一眼——他对此画有兴趣的谣言，很快就会推动此画价格上涨。

麦克林、伯吉斯和布朗特的上线是亚历山大·奥罗夫。此人是克格勃特工，1934年到达伦敦。苏联人认为，以布朗特为代表的这群年轻人经济富裕，社交广泛，最有可能渗透到白金汉宫和陆军作战部的高层。

但布朗特间谍职业开始的时候，进展非常缓慢。在参加间谍的第一年，他基本在单独行动，直到他（惊人地）成为军情五处高度敏感但风度翩翩的B组成员以后，这得感谢他的语言天赋。他的性取向并没有他想象的那么容易隐瞒（在他背后，他的同事都知道这一点）。因为这个原因，他的间谍上司没有他所希望的那么信任他。但他擅长发展和签约新的天才，布朗特十分巧妙地招募到了他的剑桥同伙盖尔·伯吉斯和多纳德·麦克林这两个充满魅力、激情四射的小伙子。

在二战期间，布朗特凭借自己的智慧步步高升，成为深受高层信赖的军事战略家。起初，他驻扎在法国，德国入侵法国之后被召回伦敦，监视伦敦使馆区里中立国家的大使馆或代表团。他参加联合情报委员会会议，完全可以接触机密情报处和军情五处的文件，包括布莱切利公园密码破译报告。许多敏感文件，包括来自密码破译专家的“绝密”文件，通过他传递到了他的苏联东家手里。

即使在战争期间，布朗特也在坚持艺术史研究和写作。战争结束之后，由于对祖国有功，得到王室的欣赏，布朗特当上了女王的艺术顾问。这使他有机会接触全世界最大的私人收藏，也把他带入了王室家族的生活圈子，王室成员们把他视为知己和密友。当布朗特被暴露之后，他与女王的频繁接触成为最令人震惊的背叛之一。

没有廉耻的间谍

艺术界是这样一个圈子——你要么置身其中，要么徘徊在外。作为女王收藏品的艺术顾问、考陶尔德艺术学院院长，布朗特处在艺术界的中心位置。当一个人像布朗特这样，尤其是通过与温莎大厦的关系达到奥林匹亚高度的时候，他就处在了支配别人命运的位置上——画家、博物馆馆长、经销商、收藏家、评论家、展览馆经理和出版商。画品的标准由他确定，他的观点和评价左右着市场价格。在布朗特时代，随着油画价格的飙升，发生了许多争夺归属权的诉讼案件。布朗特开始以似乎无害的方式，玩弄他的强大威力。法国画家普森的画几乎没人喜欢，但如果布朗特说他的某一幅画是精品，没有人会真正感到困惑。然而，冒着被同行识破的风险操纵市场，风险越大，诱惑力就越大，成功的果实也更加甜美。与艺术界有些臭名昭著的玩家，如其中之首的伯纳德·贝伦森和杜威恩勋爵不同，布朗特置身其中并不完全是为了钱，但当他真的给赝品授权，重新分配油画素描的归属时，这种行为会使他的朋友在市场上大发横财，获取暴利。

1979年11月20日，安东尼·布朗特在一次记者招待会上。继20世纪50年代英国的费尔拜、伯吉斯和麦克林间谍网被破获之后，布朗特成为第四个被揭露出来的苏联间谍

最令人震惊的骗术发生在60年代，布朗特给一幅卡斯蒂格里尼的作品和一幅鲍陶莫的画作了鉴定。这实际上是天才造假专家埃里克·赫伯恩所画的赝品，而赫伯恩是布朗特在伦敦艺术界同性恋圈子中最亲密也

最危险的朋友。有些传记作者甚至暗示，布朗特是在用擦鼻涕般的骗术蔑视英国艺术界的权威，而不是为了钱。

布朗特在间谍和艺术两个方面都欺骗成功的秘诀，是因为他风度优雅、技能娴熟、不以功自居——这是一块理想的画布，陌生人可以在上面随意描绘自己心目中的鉴赏家、朝臣或叛国者。

布朗特被人们称为"不知廉耻的间谍"。但揭开安东尼·布朗特的面纱，并不意味着故事的最终结局。在布朗特的欺骗行为中，最蔚为壮观的一幕是自我欺骗，这是最难以捉摸、令人费解的事。一个分析能力如此之强却又不诚实到讽刺地步的人，怎么能够不顾叛国者的身份和信仰之间存在的根深蒂固的矛盾为自己的祖国服务呢？众多布朗特的传记作家，甚至是其中最挑剔的人，也在为他的背叛行为辩解。他们指出，布朗特实际上可能相信他在与法西斯主义做斗争，因此是以帮助苏联的形式为英国的利益而战。

他不是唯一相信共产主义能够改变欧洲的人，牛津和剑桥大学许多头脑聪颖的人在20世纪30年代都采取相似态度，转向左倾。克格勃给布朗特提供的报酬，相对与他所提供的服务非常微薄（有几次一百英镑的奖金，还有因一批特别重要的情报给过一笔较大的数目）。这些几乎不能构成他背叛祖国的全部动机。更有可能的原因是，颠覆政府的危险对他具有深层次的心理诱惑。他的男朋友们在考陶尔德艺术学院他的公寓里进进出出。他在不恰当的时候炫耀他的非法爱情，招来是非。在职业生涯中，他对失败者充满同情。苏联人需要布朗特窃取和传递的情报。他在艺术界的习惯也是如此。当布朗特作为名人、馆长处在权力巅峰的时候，尽管他经常站在聚光灯下，但受到影子人物的吸引，他还是无法抵御这种诱惑。在早期获得的奖学金中，他所捍卫和声援的艺术家是一名失败者。18世纪法的国画家尼古拉·普森一直以来不受欢迎，以至于布朗特费尽了心力，才把他提升到欧洲艺术大师的行列。难道布朗特欺骗成瘾的最后理由，仅仅是向往血腥、从堡垒内部摧毁所有权威的冲动？

动机：

愤怒
慈善
嫉妒
忠诚
贪食
贪婪
希望
性欲
骄傲
懒惰

善良与邪恶：彼得洛夫事件

1954年，弗拉基米尔·彼得洛夫在澳大利亚申请政治避难。理由是他能够提供驻苏联、澳大利亚使馆区以外苏联间谍网的活动情报

主角：弗拉基米尔·彼得洛夫（1907–1985）和他的妻子伊娃达卡雅·彼得洛夫（1915–2002），苏联外交官和间谍。

丑闻：冷战高峰时叛逃澳大利亚，引发政治事件，改变了澳大利亚的政治面貌。

原因：斯大林的去世使得彼得洛夫回到苏联后前途黯淡，安全存在隐患。

没有朋友，没有未来，我希望死掉算了。没有人能想象得到我们的悲惨。

——弗拉基米尔·彼得洛夫

伊娃达卡雅·彼得洛夫不只是害怕，而是感到恐惧极了。她坐在澳大利亚首都堪培拉苏联大使馆的桌边，一根接一根地抽着烟。时间是1954年4月中旬。十多天来，她没有得到丈夫弗拉基米尔的任何消息。他失踪了。当然，她知道他是间谍，如同她也是间谍一样。但他的最新使命几乎没有危险，只是去悉尼执行一个常规任务，但从此就杳无音信。

大使馆没有人哪怕是在表面上对她的困境，表现出一丝的同情。事实恰恰相反，从4月6日起，她实际上处于“软禁”状态，被要求只能在大使馆范围内活动。更糟糕的是，不准她看报纸、杂志或听收音机。为什么在她为苏维埃政权奉献这么多年以后，会受到这样的对待呢？是什么使他们要让她与世隔绝呢？伊娃达卡雅感到自己正在被冻结起来。在苏联时，她见到过这样的事情发生在别人身上，但她从来没有想过也会在自己身上发生。她的血都凉了。

她开始听到大使馆同事们的嘀嘀咕咕，她的丈夫被澳大利亚的安全情报组织抓进了监狱。甚至有人说，在权衡各种可能性后，他有可能已经死了。如果这些谣言是真的，她会怎么样呢？

随着斯大林的去世，苏联的政治局势正在发生变化。伊娃达卡雅和弗拉基米尔·彼得洛夫失去了以前支持者们的保护，正在受到批评和粗暴对待。根据莫斯科的上级的观点，彼得洛夫夫妇没有尽职尽责地执行他们的间谍职能。伊娃达卡雅开始想知道，她丈夫是否已经叛逃了。虽然他好像喜欢澳大利亚生活，但他从未对她提起过叛逃的事。她安慰自己，他不会这么自私，作出如此鲁莽的行动，让后方全家人处于危险之中。他会吗？她的心理防线开始瓦解，抑郁症开始发作。让她感到害怕的还有大使馆外面已经开始出现的闲逛、徘徊的人群。从她在二楼房间的窗口望出去，她能够看到满载着观光游客的公共汽车停在前门外面。他们是在看她吗？一定是她有点儿偏执。这只是不断向她袭来的压力。

然而，大使馆来了两名全副武装、结实强壮的苏联宪兵。他们的到来，更增添了她的困惑和恐惧。这两人叫卡宾斯基和扎可夫。他们于1954年4月16日到达大使馆，正式通知彼得洛夫夫人，他们的工作是“护送”她返回苏联。没有解释任何理由。

4月19日，伊娃达卡雅在两个男人的挟持下，来到悉尼的莫斯科特机场。澳大利亚总理罗伯特·孟席斯，已经公开宣布了弗拉基米尔·彼得洛夫叛逃的消息，但她对此毫不知情。新闻媒体和一千多名苏联人——大部分是东欧移民——在等候着看一眼叛国者的妻子。

那一天，人群亲眼看到的是被人扶持着的、号啕大哭的彼得洛夫夫人，她正被拉着前往停机坪上一架等候在那里的飞机。骚动的人群向她涌过来，可以听到人们在尖叫："不要回去！如果回去你会被杀掉的！"还有一种声音尖叫道："不要让她走！她不想走！"人群把伊娃达卡雅围了起来，试图营救她，结果撞到飞机舷梯上。在那一刻，闪光灯亮成一片。澳大利亚有自己的间谍案，但不可能有很上相的女英雄。伊娃达卡雅即将成为自由斗士，冷战时期苏联暴政的邪恶与西方世界善良的象征。彼得洛夫夫妇在不知情的情况下，已经在澳大利亚的冷战史上刻下了自己的名字。

莫斯科特机场发生的骚乱

在莫斯科特机场，伊娃达卡雅在书面声明中写道："我很不安，这些天来，哭了许多次——身体很糟糕。我和带我的人一下车，人群中就有人开始朝我喊道'不要回去'。人群中有人抓住了我的腰带——我对此感到非常害怕……人群开始拥挤——我丢掉了一只鞋，手提包被挤坏了，外套上的两颗扣子也被撕掉了。

然而，每个人嘴边最想问的问题是，澳大利亚政府，尤其是总理，是否会干预和保护伊娃达卡雅，在她返回莫斯科之后免受处罚和可能的死刑。人们觉得，即使是间谍也值得营救。从政治上看，彼得洛夫夫妇对澳大利亚总理有巨大的用处。

澳大利亚的冷战时期

彼得洛夫夫妇1951年2月到达澳大利亚，名义上是在苏联大使馆做顾问。此时，离丘吉尔发表他的著名讲话——"铁幕"已经"在整个欧洲降下"只有五年时间。丘吉尔所指的"铁幕"当然是共产主义。西方大多数领导人的意见是，布尔什维克思想应该在"出生时就被掐死"。澳大利亚在冷战的阴影下进入了保守时期。由于英国在二战期间经济遭到破坏，澳大利亚已经开始在亲美的轨道上寻找和展望自己的未来。甚至连总理罗伯特·孟席斯也吞下了他的"亲英"理念，相应地调整了澳大利亚外交政策。

作为夫妻，彼得洛夫夫妇并不般配。除了出身低微、同属社会中下阶层之外，他们是完全相反的人物。弗拉基米尔·彼得洛夫是圆脸盘，身体笨重，性格单调。他穿着同一件呆板的华达呢大衣和同色调的西装和帽子，每天进进出出。他大量饮用白兰地，他的体形可以显示出酒精中毒的反应。他一根接一根地吸烟，头发被汗浸湿，手不断颤抖。他的英语听力很差，操着生硬的、带俄国口音的英语，几乎连一次谈话都无法进行，经常要求对方重复或解释。伊娃达卡雅则恰恰相反，就像一缕清新的空气。她身材苗条，穿着得体，涂脂抹粉打扮得十分漂亮，还能讲一口漂亮流利的英语。她懂得享受"购物"的乐趣，在这方面所花时间更在其他消遣之上。她时尚而有品位，衣柜里装满了格调优雅、华丽时髦的服装配饰。从各方面来看，彼得洛夫夫妇的关系岌岌可危，在许多方面只是名义上的婚姻而已。伊娃达卡雅除了不得不面对丈夫的严重酗酒和风流成性以外，还发现他行动诡秘、不负责任、自私自利、自以为是。他们之间缺乏亲密感，伊娃达卡雅不知道丈夫从1954年初就在考虑叛逃就是例证。

来自冷战国家的间谍

1951年4月，弗拉基米尔·彼得洛夫被提升为苏联驻堪培拉大使馆三等秘书。这个中级外交职位为他在悉尼和墨尔本从事监视和间谍活动提供了他所需要的伪装。他的正式职责包括破译来自莫斯科的情报，在当地建立间谍网，组织监视苏联移民、渗透流亡组织和难民组织。尽管费了很大力气，他的间谍活动没有多大进展，唯一的成功是重新激活了在悉尼的前苏联间谍安德烈·富雷登伯克斯——代号西格马·富雷登伯克斯提供了被苏联军队占领的拉托维亚政府的信息。伊娃达卡雅在大使馆工作的主要职能是行政事务。然而，有时候她的间谍职能也包括一些加密和辅助工作。

> 在澳大利亚安全情报中心，叛国者的编码术语是"小屋候选人"——弗拉基米尔被称为"小屋候选人12"。

由于对共产主义的不满情绪，彼得洛夫已经引发了身份危机。他喜欢悉尼和墨尔本肮脏的夜生活，尤其以喜欢和妓女鬼混出名。他也喜欢在悉尼的苏联社交俱乐部消磨时光。他在那里遇到了米歇尔·比埃罗加斯基，一位技术精湛的悉尼医生和音乐家。彼得罗夫的叛国行为基本上要归因于他与比埃罗加斯基的友谊。在他们相识的日子里，彼得洛夫不知道比埃罗加斯基是为澳大利亚安全情报组织工作的业余间谍。比埃罗加斯基十分精明地瞄准了彼得洛夫，把他作为潜在的策反对象。他唤醒和利用了彼得洛夫缺乏安全感的性格，说服彼得洛夫相信他一回到苏联就会被逮捕，因为彼得洛夫是“贝利亚”的同情者——贝利亚是斯大林最亲密的顾问，斯大林死后被处死。即使这样，彼得洛夫仍然抱有比埃罗加斯基不知道他是间谍的印象。

两个新朋友一起喝酒、吃饭，谈论未来。比埃罗加斯基设法让彼得洛夫相信，从本质上讲他很重要，他注定是要做大事情的人。到1954年2月，彼得洛夫已经向比埃罗加斯基坦白他是苏联的秘密间谍，对共产主义的生活方式不抱幻想。他这样说道，“我不再相信共产主义，自从我看到澳大利亚的生活方式以后”。比埃罗加斯基感觉到一个巨大的机会的来临，向澳大利亚安全情报中心的副主任罗恩·理查德建议，策反彼得洛夫的条件已经成熟，可以抓捕，也有可能用恰当的诱饵收买他，策划他的叛逃。理查德提出用五千英镑策反彼得洛夫，条件是彼得洛夫提供从事间谍活动的文件资料。澳大利亚安全情报中心特别想得到苏联对外事务部向外渗透的情报。理查德在争取彼得洛夫信任的过程中，告诉他“在这件事上我们必须彼此信任。我的意思是，当我说我们会照顾你的时候，你真的应该相信我”。而彼得洛夫急于想在历史上贴上自己的标签，同意提供比埃罗加斯基所需要的情报。两人以真正的间谍形式在堪培拉数个奇异场所，比如在昆比亚大桥附近见面，在J. B. 杨家店及在苏联大使馆对面的金斯顿旅馆接头。彼得洛夫感觉到了自己的重要性。尽管很危险，他喜欢当他等待传递秘密情报时肾上腺素激增的感觉。但同时，伊娃达卡雅完全不知道丈夫的行动。的确，他似乎想在没有她的情况下独自叛逃。也许，他想在没有伊娃达卡雅这个“包袱”的情况下开始新生活。

1954年4月2日，弗拉基米尔·彼得洛夫到达澳大利亚安全情报中心设在悉尼的安全部门。在那里，他会见了罗恩·理查德和情报中心的头目查尔斯·斯布里准将。彼得洛夫坐在安全部门喝着白兰地，安全情报中心的两大支柱在阅读他在过去几个月中收集到的秘密情报。那天晚上，他们给这些文件贴上了A–J的标签。这些文件提供了在澳大利亚外交部和工党内部工作的间谍人员名单，它将成为重要的政治武器。在接下来的十年中，它们的重要性将回荡在澳大利亚政治高层的权力走廊，并将帮助引发澳大利亚工党的自我焚毁。彼得洛夫根据要求，提供了必要的解释。那天晚上他签署了要求政治避难的文件。他在申请中写道："我，本文件的签名人，根据我自己的自由愿望在澳大利亚寻求避难。"

自由战士伊娃达卡雅

4月13日，澳大利亚总理孟席斯对媒体公布了弗拉基米尔·彼得洛夫叛逃的消息。他意识到这是一个巨大的政治机会，因此当着澳大利亚众议院皇家间谍委员会的面，宣布了这个消息。他预告了一个大丑闻，一个他可以利用的丑闻。人们将会看到，一些外国使馆正在被利用进行损害澳大利亚利益的间谍活动，以至于后来发现共产主义已经渗透到了外交部和反对党工党内部，则是额外的奖励。

没穿鞋的伊娃达卡雅·彼得洛夫。两名苏联人左右挟持着她，走向等候在悉尼莫斯科特机场的飞机。1954年。这张照片成为20世纪50年代反共产主义的标志性形象

孟席斯使用政治手段，巧妙地剔除了工党中的反对派领导人赫伯特·伊瓦特。他告诉伊瓦特，在5月份大选之前的最后一次议会会议上，没有需要讨论的重大事项。但事实是，他已经知道伊瓦特派系中有几个成员已经被彼得洛夫指认出来贴上了间谍标签。孟席斯钻了伊瓦特完全不知情的空子。

一个星期之后，孟席斯接到莫斯科特机场发生惨案的消息，颇为吃惊。一张显示伊娃达卡雅疲惫不堪的照片已经通过电讯，传到了世界各地。照片上的伊娃达卡雅脚上只穿着一只鞋，在阴险的苏联特工的搀扶下，走向等候起飞的飞机，她的脸部表情充满悲惨绝望的恐怖。这是20世纪50年代最著名的照片之一，将被永远铭刻在澳大利亚的民族意识

1954年，弗拉基米尔·彼得洛夫表情复杂地来到墨尔本高级法庭，向皇家间谍委员会递交有关间谍情况的证据

中。电报雪片般飞来，孟席斯办公室里的电传机都发热了。一条消息说，“自由和人道要求彼得洛夫夫人乘坐的飞机降落，接受全面调查”；另一条说，“非常震惊。莫斯科特的见证人。警方和政府的航班似乎与苏联警方绑架彼得洛夫夫人之间有某种合作。你还有时间发布命令，以澳大利亚民主的名义澄清真相”。

由于担心允许伊娃达卡雅返回苏联后，可能造成死亡而受到民众的指责，孟席斯下令斯布里准将在彼得洛夫夫人的飞机抵达达温机场时接近她，命令斯布赖准将使用他的权力去做任何可以说服彼得洛夫夫人与丈夫一起叛变的努力。从政治角度看，孟西斯的举措不能说是不主动，最关键的是在大选只剩几周的时候，他采取了主动。

在伊娃达卡雅乘坐的飞机上，连乘务人员都参与了营救行动。他们受澳大利亚安全情报机构的鼓励，试图说服伊娃达卡雅留下来。特别是一名空中小姐，与伊娃达卡雅交谈起来，建立了友好关系，甚至送给她一双鹿皮凉鞋，换掉了伊娃达卡雅在停机坪上丢了一只的鞋子。

伊娃达卡雅试图用啤酒和香烟麻痹自己的神经，向她的新朋友倾诉自己的痛苦。她一边哭着，一边告诉她，“我想我的丈夫已经死了”。

然后，她被告知，她的丈夫叛逃了。这时，她的恐惧和无助变成了愤怒。为什么他没有告诉她他的计划？他怎么能让她经受这些无端的痛苦和折磨？但伊娃达卡雅仍然相信，她注定要回苏联。她告诉空中小姐，“没人能帮我。这些人有枪”。伊娃达卡雅被告知不用担心，空中小姐提醒机长，机长又向达温机场的警方发出警告。在他们飞抵达温机场后，警方用暴力解除了卡宾斯基和扎可夫的武器。让伊娃达卡雅感到放松的是，她与绑架者被隔离了开来。伊娃达卡雅通过特殊安排的线路与丈夫通话之后，决定叛逃，但这不是一个轻易的决定。

现在被称为“彼得洛夫事件”的风波，径直地把澳大利亚送到了国际事务的版图之中。彼得洛夫夫妇叛逃的决定出现在冷战的高峰时刻，伊娃达卡雅成为西方民主战胜苏联极权主义的完美视觉隐喻。第二天，电影院的新闻纪录片就开始播放发生在莫斯科特机场的纠葛。报纸和杂志主导了这种情绪。《明镜报》的标题是《她留下来了》；《墨尔本阿古斯报》称她为“伊娃达卡雅：年度女人”。她获得了“金发彼得洛夫”的美称。后来，在1956年，伊娃达卡雅写道：“我发现自己像电影明星一样出名。我就像一个以前从未有过的奇怪生物，间谍影片中的女主角。”

在飞机抵达达温机场之后，媒体停止在无助和悲惨的灯光下展现伊娃达卡雅。现在，她被描述成了投奔自由的女人。她被“澳大利亚道路”所感动，义无反顾地改变了自己的道路。伊娃达卡雅从一开始就没有被当作逮捕的罪犯，而是被描绘为时尚偶像，一位因品位和自行决定权而闻名的女士。她的经典造型是几周之后在市政大厅的阳台上拍摄的。1954年4月26日的《堪培拉时报》这样报道：“她看上去在享受一杯茶，已经改变了在飞机上的装束，穿上了印有花卉图案的夏季工装。”

彼得洛夫夫妇在获得政治赦免之后，被改名为塞温·阿里森夫妇。他们在墨尔本市维多利亚区的本特赖恩附近购置了一所房屋，生活在“D级关注”之下。这是澳大利亚政府和媒体为保护他们的隐私和身份达成的一个协议。然而，他们必须继续给澳大利亚军事情报中心（ASIO）提供帮助，从事指认大约五百多名苏联特工的工作。但这些人中，只有少数人居住在澳大利亚。苏联政府对澳大利亚的“干预”非常恼火，从苏联驻澳大利亚大使馆撤回了领事馆的全体工作人员，也把澳大利亚驻莫斯科领事馆的工作人员驱逐出境了。

政治后果

1954年5月29日，澳大利亚举行大选，孟席斯领导的自由党政府以微弱优势重新执政，但“彼得洛夫事件”的冲击力还没有从政治舞台上完全消退。不过，皇家间谍委员会给孟席斯提供的重磅弹药实际上扼杀了工党的政治资本，却是不争的事实。如果不是工党的反对派领导人赫伯特·伊瓦特博士表现得如此糟糕，孟席斯根本没有取胜的可能。皇家间谍委员会的目的是调查彼得洛夫夫妇指控的间谍，也想借此查出“叛国者之巢”。但问题在于，这个动机背后的思路是所有被指证的共产主义分子都是潜在的外国间谍。最让伊瓦特愤怒的是，间谍名单涉及到了他的工作人员，甚至连他的新闻秘书费尔根·奥苏里凡也在彼得洛夫的名单上。最终，没有任何证据能够证明奥苏里凡有任何错误行为，但他的事业因此被毁掉了。然而，伊瓦特没有选择支持奥苏里凡，反而解雇了他。报纸上每天都印着共产党员或共产党同情分子的名单。这些名字所指代的人们遭遇的后果是，他们失去了工作，他们的孩子在学校受到侮辱……大多数人以这样或那样的形式成为这次事件的受害者。

红场上的哀悼

莫斯科澳大利亚使馆内，在彼得洛夫叛逃之后，两名澳大利亚外交官之间正在进行一场有趣的谈话。迪克·伍尔科特郑重地告诉他的朋友比尔·莫里斯：“两周之内，我们两人中有一人要从这里被赶走。苏联人将要报复，他们总是这样做。”莫里斯反驳道：“如果我们被驱逐，我将在红场上脱掉我的裤子。”四十八小时之内，两个人都被苏联政府驱逐出境。在红场上，莫里斯请出租车司机停车，他走下车，脱掉自己的裤子，在几十个目瞪口呆的苏联人面前，为克里姆林宫“哀悼”。伍尔科特笑得眼泪都流下来了。莫里斯跳回车上，命令司机赶紧开车。

伊瓦特咒骂皇家间谍委员会有“麦卡锡主义”倾向，还声称彼得洛夫文件中的许多人名是伪造和弄虚作假。根据当时大多数的报道，伊瓦特开始变得不能理智行事。9月7日，在针对皇家间谍委员会成员和证人发作一通暴怒之后，他被禁止提出辩论或上诉。皇家间谍委员会成员声称：“很明显，作为一个倡导者，你不能从自己的职责出发分开个人利益和政治利益。”在那之后，伊瓦特把攻击的目标转向了议会。他开始纠缠不清地企图证明存在有一个庞大的右翼阴谋集团。这个阴谋集团涉嫌孟席斯、澳大利亚军事情报中心（ASIO）、彼得洛夫夫妇、工党内部的天主教右翼分子。工党右派不同意伊瓦特的阴谋论调。工党的党团会议开始因为其疯狂的指责和实际上的拳打脚踢而出名。工党就这样被分裂了，天主教右派分裂出来成立了新的政党——民主劳动党（DLP）。在以后的十七年中，工党被排除在政权之外，直到1972年高夫·韦特兰姆当选总理。

身份危机

尽管彼得洛夫夫妇受到皇家间谍委员会的保护和支持，但他们的家庭事务与理想状态距离非常遥远。从所有的报道中可以得知，他们吃尽了苦头。当彼得洛夫夫妇最终于1954年4月末在悉尼重逢时，他们发生了激烈的争吵。伊娃达卡雅指责丈夫是不折不扣的蠢货。她问，现在，她的母亲和姐姐会发生什么事呢?

他们在悉尼的棕榈滩获得了居留权。彼得洛夫的邻居报告说，连续几个月中，他都听到伊娃达卡雅在深夜大哭。彼得洛夫写道："没有人能够想象得出我们的悲惨。"伊娃达卡雅甚至更有口才："它是痛苦的，痛苦的。因为仍然在某个地方，在我或我丈夫内心的某个地方总有一种感觉——你离开了你的祖国，你感到你是个叛国者。"他们用五千英镑的"回报"最终在本特赖恩定居了下来。开始时，他们生活在被暗杀的恐惧之中。除了偶尔出去钓鱼、打猎，弗拉基米尔·彼得洛夫很少离开家。伊娃达卡雅表现时好时坏，她姐姐于1965年移民澳大利亚，他们关系密切。伊娃达卡雅继续放纵她喜爱购物的嗜好，以消磨时光。然而，他们的存在本身具有非常可悲的成分。为了避免媒体的追踪，彼得洛夫1985年去世时，伊娃达卡雅没有能够参加丈夫的葬礼。伊娃达卡雅比她丈夫多活了十七年。

动机：

愤怒
慈善
嫉妒
忠诚
贪食
贪婪
希望
性欲
骄傲
懒惰

约翰·斯通豪斯离开位于豪斯菲力路上的地方治安法院。1975年11月5日。伦敦。这位英国工党议员伪造假死现场，以欺诈罪、阴谋罪和伪造罪而获刑

虚伪的政治家：约翰·斯通豪斯

主角：约翰·斯通豪斯（1925–1988），英国内阁大臣。

丑闻：在对自己公司作假之后逃离祖国，伪造死亡假象，用不同的假名生活。

原因：金融黑幕交易失败，陷入财务困境。

仅仅凭借丑闻中的暗示，还有那些明显由心理失调或者扭曲的人们传播的站不住脚的证据，怎么能抹去一个由崇高理想所激发出来的积极努力的人生呢？

——约翰·斯通豪斯

许多人在丑闻事件被揭穿后选择自杀，但极为少数的人会发挥他们的想象力捏造事实。1974年，约翰·斯通豪斯，一位身材高挑、相貌英俊、充满魅力而又十分自恋的英国工党政治家，恰恰选择这样做了。

约翰·斯通豪斯的事业顶峰，是20世纪60年代在哈罗德·威尔逊首相的政府中担任大臣。他出生于英格兰的南安普敦，是四个孩子中最小的一个。他的父母体现了劳工运动的理想。父亲威廉姆是邮电工程师，后来成为工会官员；母亲罗斯娜从前是厨房管家，她征服了英国的阶级体制，在1959年当选南安普敦市市长。

与妻子芭芭拉的合影。约翰·斯通豪斯在1957年温斯伯格补选中取胜，来到下议院就职

父母的生活让斯通豪斯从童年时期就接触到了政治。否则，他的童年似乎非常正常。十八岁时，斯通豪斯参加英国空军，二战期间在美国接受训练成为飞行员。战争结束后，他进入大学，获得伦敦经济学院的经济学学位，之后结了婚。1952年，他离开妻子芭芭拉和刚刚建立的家庭前往乌干达，向那里的非洲社会介绍合作社。在去罗得西亚①的途中，他被驱赶了出来。后来在南非，因为替非洲黑人说话被逮捕关押——作为一个有前途的反传统左派青年，这些为他赢得了声誉。

1957年，从非洲回来的几年以后，斯通豪斯当选为韦德内斯伯里的议员。这是一个煤炭矿区小镇，在英格兰的伯明翰附近。由于英国国会议员在国会以外兼职是很普遍的现象，斯通豪斯也在伦敦寇奥普公司兼职。这家公司有一百多万员工，是世界上最大的零售合作公司。但合作社的官僚主义和委员会式的民主极大地打击了斯通豪斯的积极性——这

① 即今天的津巴布韦。

是他对规则、制度和社会权限缺乏耐心的早期征兆。

工党内的岁月

斯通豪斯是英国工党内冉冉升起的新星。有人甚至认为他前途坦荡，有朝一日会成为工党的领袖人物。1964年，哈罗德·威尔逊当选英国首相，斯通豪斯被任命为副部长。他起初担任航空部副部长，后来担任殖民地管理部的副部长（1966–1967），主管博茨瓦纳、莱索托和塞舌尔共和国领土的去殖民化工作。他对自己在毛里求斯的工作尤为满意。在他的回忆录《理想家的灭亡》（1975年）中，他有点儿不太谦虚地吹嘘自己“临危不惧地从充满威胁的混乱中抢走了一份复杂的协议”。1967年，斯通豪斯重返航空部。这一次他担任航空部部长，帮助协调根据英法之间的协议生产“协和”式飞机的落实工作。

斯通豪斯竭力为英国的飞机制造商宣传游说，但在与商业大亨、中东当权者和军火商的交往过程中，他对快钱和金融欺诈的胃口也被逐渐吊了起来。在担任国家科技部部长期间，他被任命为枢密院委员。从表面上看，这是对他向阿拉伯世界推销飞机的褒奖。但事实上，这是他职业生涯的顶峰。

首相哈罗德·威尔逊既不喜欢斯通豪斯，也不信任他。有谣言说，威尔逊想给他邮政部长的职务（1968年），希望他把一切搞乱之后解雇他。斯通豪斯虽然担任过部长，但从未进入过内阁——这是威尔逊认为他不大可靠的又一证据。1970年，威尔逊竞选失利，但令人大失所望的是，斯通豪斯甚至连影子内阁都没有进入。据推测，威尔逊对斯通豪斯失去信任的时间，是在一名捷克叛逃者指认他是间谍的时候——然而，威尔逊后来说，“我从来没有想过他是个间谍，但我总是认为他是个恶棍”。

由于斯通豪斯与他效忠的党派对他的能力产生了分歧，随着时间的推移，他被留在了冷板凳上。他开始腾出手来做生意，成立了好几家公司。然后，当印巴战争发生时，斯通豪斯支持孟加拉，成为英国最著名的孟加拉事业倡导者。而基辛格之类的人物和美国出于政治地理因素的考虑，在背后支持巴基斯坦。斯通豪斯帮助设计、发行了第一套孟加拉国邮票。在印度军队击败巴基斯坦军队、孟加拉获得独立以后，斯通豪斯成为具有英国和孟加拉国双重国籍的人。大约在这个时期，他开始与自己的秘书睡觉。那是一位名叫希拉·巴克里、比他小将近二十岁的离婚女人。这三个因素综合在一起，才导致他作出了改变人生的决定。

作为结局的开端

> **多重人格**
>
> 尽管我当时没有充分意识到，我正在三个层面上做人。第一个是公众眼里的我，沉着、冷静，从表面看，能够控制所有的感情，让生活按照人们所期待的正常方向平稳运行。第二个是真实的我，背负着公众人物的层层伪装，内心十分鄙视这个角色，当处境越来越令人绝望时，内心遭受着痛苦煎熬。第三个人，涅槃的"凤凰男"：一个虚构的人物，没有麻烦和压力的困扰，生活在放松的自然状态，给另外两个人带来安慰。前两个人必须死掉。对他们来说，生活的压力太大了。我想让他们死掉。我想死，没有别的出路。
>
> ——约翰·斯通豪斯《理想家的灭亡》（1975年）

我们现在很难确切地知道斯通豪斯资金周转开始出现困难的时间。但由《星期日泰晤士报》刊登的一篇文章引发的苏格兰场调查热潮中，他被击中了。这篇文章揭露他参与了孟加拉国银行的建立，他的财政事务是个烂摊子。凭借充满魅力的劝说能力和用语言描绘蓝图的口才，斯通豪斯成为优秀的推销人员。但这种才能的反面是在他获取这种创造性牌照的同时所要承担的现实责任。到底是为了掩盖自己的能力欠缺所进行的自我努力使得问题进一步恶化，还是因为从一开始他就监守自盗，我们现在很难知道了。但不论是哪一种情况，结果都是触犯了法律。与之前的许多人一样，为了制造公司财务健康的假象，斯通豪斯在他的二十多家公司之间不断转账，以掩盖他的财务窘况。但随着官方审计调查的不断深入，事情越来越清楚，即使他神通广大、关系众多，但也在较长时间内无法从中脱身，除非……

第一次诈死

斯通豪斯购买了价值十八万五千英镑的人身保险，收益人是他的家庭成员。他侵吞一大笔公司资金，为自己谋利。1974年11月4日，他在下议院公开发表言论，指责工党同事。根据他在回忆录中的记载，几天以后他逃往迈阿密，带着两本假护照，随时准备"杀掉"约翰·斯通豪斯，用约瑟夫·马克汉姆的假名——这是其中一张假护照上的名字——

移民澳大利亚。

到达迈阿密时，他先以斯通豪斯的身份通过美国移民局的检查，然后改换身份变成马克汉姆。他在枫丹白露旅馆租了两间房，一间以斯通豪斯的名义，另一间以马克汉姆的名义。他把属于斯通豪斯的所有东西放在旅馆，然后把房门钥匙交给旅馆前台。在旅馆阳台上脱掉衣服，然后去海里长时间地游泳。他一直等到海滩上没有人的时候，才返回海滩，取出藏匿在艾登-罗克旅馆的马克汉姆的财物，以乔治·莱维斯的名字飞往休斯敦，以制造出约翰·斯通豪斯已经被淹死的假象。

然后，他从休斯敦飞往墨西哥。但在墨西哥，他没有赶上飞往悉尼的班机。迫不得已，他只好改飞洛杉矶，住进了万豪机场旅馆。他形容这家旅馆是“为塑料人搭建的塑料地方”。事实证明，这是一个错误。他在这家旅馆呆了几个星期。这里唤起了他对约翰·斯通豪斯的生活记忆：一个四处走动、到处握手的人，一个可塑性极强的典范。他对抛弃原有生活开始产生犹豫。作为他的一部分伪装，他与加勒特航空航天公司总裁哈利·韦特泽尔一起组织了一个会议。他保留了自己的职务。在会议结束时，他在一间办公室里看到他的女儿从英国发来的一本小册子，上面印有埃史尔的版画。于是，他决定不再诈死。他打电话给妻子，说晚些时候会回家。然后，他匆忙赶回迈阿密，取回他的行李和护照。尽管一堆衣服已经不翼而飞，但枫丹白露旅馆没有人注意到斯通豪斯失踪的事。

第二次诈死

斯通豪斯在回忆录中写道，第二天早晨醒来之后，他对自己缺乏决心感到害怕。毫无疑问，他的内心充满了挣扎。但这一次，他下定决心要摆脱烦恼。他把马克汉姆的物品又放回艾登-罗克旅馆，把整个过程又重复了一遍。这一次，他赶上了飞往芝加哥的航班，打算直飞旧金山，然后从那里飞到澳大利亚，开始新生活。在这次飞行中，他感到心理充满创伤。包括在机场对着洗漱间的镜子大喊：“你为什么要这样对待我？”他决定在旧金山折回，飞回迈阿密，恢复他的斯通豪斯身份。在迈阿密，再一次没有人注意到他的失踪。斯通豪斯飞回伦敦，出席议会召开的会议，对那些他不相信的问题进行投票表决。其间，他以下棋消磨时间。他还与妻子一起，在他们喜欢的意大利餐厅庆祝了二十六周年结婚纪念。在回忆录中他声称："我感到我与她同以往任何时候一样亲密——非常亲密。"然而，他对自己的困境只字未提。

斯通豪斯在英国政界的全盛时期，希拉·巴克里成为他的情人。希拉给斯通豪斯做了大约二十年的助理，支持他度过整个审判的考验。他们最终于1978年他出狱后不久结婚

第三次运气

如果斯通豪斯的回忆录是真实的，值得相信，那他很快又以商务旅行的身份返回了迈阿密，意图是继续保留约翰·斯通豪斯的身份，消除先前两次"假死"企图造成的影响。但他的生意无法按他设计的规划获得成功，他再次陷入沮丧之中，导致他再一次在枫丹白露旅馆丢下一堆衣服，去进行长时间的游泳，企图制造斯通豪斯被淹死的假象。他离开迈阿密飞往旧金山。在旧金山，他只花了单间的价格，订到了费尔蒙特旅馆最好的房间——这对一个正在舍弃自己的身份、拿大好的社会地位来冒险的人来说，或许是一个好兆头。

斯通豪斯从旧金山飞往火奴鲁鲁。在飞往澳大利亚之前，他在火奴鲁鲁的瓦济吉海滩徘徊了五天。他用乔·马克汉姆的名字在墨尔本登记入境，获得成功。他在新南威尔士银行以马克汉姆的名义开设了一个账号，开始建立他的澳大利亚生活。

斯通豪斯将用自己的聪明才智把自己逼上绝境，这一点似乎已经无法避免了。他深谋远虑地提前预计到，乔·马克汉姆可能会和约翰·斯通豪斯有关联——因为两个人在迈阿密的时间和地点都相同——所以，

他提前计划好了让马克汉姆也消失，变成克莱夫·米尔顿。这是他另一个假护照上的名字。这个，加上他在英国不得不拥有两个假护照的事实（名字取自以前选区死去的人），显示了他对整个事件的深思熟虑。

如果不是因为一丝微弱的坏运气的话，他的计划将会获得圆满成功。当他在新西兰银行用米尔顿的名字开设新账户时，事有凑巧，一名来自先前银行的职员碰巧也在这家银行。他注意到了斯通豪斯在用不同的名字开立账户，把这件事报告给了警察局。警方刚刚抓获火车大盗罗尼·比格斯，开始以为斯通豪斯可能是失踪的英国贵族卢肯伯爵。此人据称在杀死孩子的保姆之后就消失了。

斯通豪斯假护照上的两个名字——马克汉姆和米尔顿，是从英国选区盗取的一个寡妇的丈夫的身份。

为了验证第二次的身份变换，斯通豪斯不得不再次离开澳大利亚。他以马克汉姆的名义飞往哥本哈根，途经新加坡、曼谷和塔什干。在哥本哈根，他看到了英国报纸。这一次他的失踪不仅引起关注（斯通豪斯告诉过他的情人，以引起人们的注意），而且引起了轰动。报纸上没有对一个公众人物的死亡悲剧给予应有的尊重，而是塞满了他双重性格的故事和可疑活动的传说。斯通豪斯被报纸对待斯通豪斯的先前自我的方式吓坏了。他在回忆录中写道：“怎么能仅仅凭借丑闻中的线索，根据微不足道的证据——那些显而易见是由心理失调或心灵扭曲的人传播出来的小道消息，就抹杀一个人由最崇高的理想所激发出来的积极努力的人生呢？有些英国报纸充满诽谤诋毁、含沙射影、毫无根据的指控，每一篇报道都深入分析乔·马克汉姆的心理。他孤独地坐着，在繁忙的哥本哈根与世隔绝，没有朋友，一个人准备过圣诞节。”然而，斯通豪斯不是单独一人，尽管在回忆录中没有提及，希拉·巴克里在哥本哈根等着他。这样的省略把斯通豪斯自传的真实性置于可疑的地位。在他们亲密会合之后，希拉·巴克里要求斯通豪斯带着她返回澳大利亚，但他告诉她要有耐心。他搭乘俄罗斯国际航空公司的班机途经莫斯科、新德里和新加坡返回澳大利亚。这一次，他用克莱夫·米尔顿的名义安检入关。

澳大利亚的生活

斯通豪斯在墨尔本租了一套公寓，开始为自己建立新生活。他加入了维多利亚爵士俱乐部，喜欢参加那里的聚会。他还参加了一个国际象棋俱乐部。然而，他无法从以前的生活中完全解脱出来，开始新生活。当他看到澳大利亚报纸上刊登着他的照片，指控他为捷克间谍时，起初感到极度恐惧，但后来，当威尔逊总理在下议院为他澄清这项罪责的时候，他又松了口气。然而，留给克莱夫·米尔顿的时间并不多。便衣警察不了解斯通豪斯，他们潜入他租的公寓，监视他的每一步行动。1974年圣诞节前夕，当他正在“圣－吉尔达（墨尔本的红灯区）徒步旅行”的时候，警察叫住了他，把他带到了牢房。在那里，警察告诉他，他们知道他是约翰·斯通豪斯，这场游戏结束了。他改变自我的简短生活就这样结束了。

漏洞与家庭真相

作为英国政治家，斯通豪斯享有外交豁免权。而且因为他在澳大利亚并没有实施实质性的犯罪，澳大利亚的权威人士违背英国政府的意愿，开始的时候允许他留下来。他的妻子对丈夫还活着的消息感到欣喜若狂，带着圣诞节礼物飞了过来。她还不知道希拉·巴克里的事情，然而，媒体却知道。警方检查了巴克里所住旅馆的电话记录，与斯通豪斯在墨尔本接到的电话号码一致。在结婚二十六年之后，斯通豪斯夫人从记者们的口中知道了丈夫对她的背叛和不忠。

请求保护

当英国和澳大利亚之间的驱逐战不断升级时，斯通豪斯写信向包括瑞士、博茨瓦纳、毛里求斯、肯尼亚和赞比亚的一系列国家申请居留权。所有国家都拒绝了他。

希拉·巴克里不顾芭芭拉·斯通豪斯在场，也匆匆忙忙赶到澳大利亚要与她的情人在一起。这个令人不快的三角关系移师东海岸，想要提前一步走在成群英国记者的前面。但他们在昆士兰海滩上发生激烈争吵，芭芭拉·斯通豪斯返回伦敦提出离婚诉讼，而巴克里与她所爱的男人呆在一起。

六个月之后，在进行了全世界范围的诈骗调查之后，斯通豪斯和巴克里于1975年6月被递解出境、返回英国。斯通豪斯返回英国后，仍然是国会议员，获得保释等候审判。厚脸皮的斯通豪斯不顾羞耻，带着巴克里去下议院的茶室喝茶。他去参加工党在布莱克浦举行的代表大会时，代表们发出一片嘘声，他们喊道：“滚回澳大利亚去，工贼！”斯通豪斯对此作出的回应是加入了英国民族党。

> 在生命的最后阶段，他责备了每一个人、每一件事，却没有因为自己所犯的一系列罪行或欺骗责备过自己。这些罪行和欺骗毁掉了他的政治生涯。
>
> ——斯通豪斯去世时的讣告

六十八天听证在当时英国法律史上是审判时间最长的诈骗案。约翰·斯通豪斯被判定有罪，受到十八项起诉，其中包括盗取、诈骗、1976年8月6日的欺骗等，判处七年监禁。希拉·巴克里因在此事件中协从作案，判处有期徒刑两年。她的母亲在旁听席上大声哭喊起来：“爱一个人也犯法吗？”法庭接受巴克里在斯通豪斯魅力诱惑下栽了跟头的辩护，改判两年徒刑，缓期执行。但他们反驳说，她意识到并且参与了斯通豪斯的诈骗活动。斯通豪斯定罪之后，于1976年8月26日辞去了下议院的职务。这时距他第一次被捕，已过去了十八个月。

牢狱生活和以后

斯通豪斯只服了三年刑期。他在服刑期间做了心脏手术。1978年被释放时，希拉·巴克里还在等着他。几周之后他们结了婚，后来还生了儿子。

约翰·斯通豪斯与希拉一起度过了他的余生。他后来从事写作，这是一个适合像他这样具有想象力的人的职业。1988年，由于突发心脏病，他在电视直播现场死去。对比于他一生中充满奇妙的冒险经历，斯通豪斯的文学生涯很稳定，没有什么波澜壮阔的事迹。

约翰·斯通豪斯是一个具有远大抱负的人，想象力丰富，但他辜负了自己的诺言，后来又不能妥善处理好自己的现实状况。他的丑闻和倒台构成了一个想象力丰富、充满魅力的人由于放纵而脱缰失控的传奇故事。

隐私与变态行为

霍华德·休斯在参议院战争调查委员会举行的听证会上。1947年

动机：

愤怒
慈善
嫉妒
忠诚
贪食
贪婪
希望
性欲
骄傲
懒惰

在痛苦中寻找快乐：萨德侯爵

19世纪版画。刻画的是萨德侯爵在狱中。萨德总计在监狱中度过了二十七年的铁窗生涯

主角：萨德侯爵（1740—1814）。

丑闻：多次由于强奸、性虐待和淫乱罪受到监禁，并最终被关进精神病院。

原因：儿童时期被迫接受滥交性启蒙，目睹狂欢场面，毁掉正常人生态度，由此引发他为所欲为的愿望，认为上天赐予了他随心所欲去做任何事情的权利。

没有一种感觉比痛苦更鲜活生动。这种感觉给人明确可靠的印象，从来不会骗人，不像女人假装快乐，却从来没有体验过快乐。

——萨德侯爵

1768年4月，春光明媚。春日的温暖无法遮掩多奈庭·阿尔芬斯·弗朗索斯·萨德侯爵焦虑紧张的心情。他在一次性行为中，残酷虐待了罗斯·凯勒。事情发生整整一周了，它已经成为一个公开的大丑闻，谣言正在四处流传，似乎每个人都知道这场发生在夜幕下的灾难。萨德侯爵曾在文森斯监狱的地牢里被关过一段时间，他不想重温这样的经历。不幸的是，这次的丑闻很可能使他再次陷入牢狱之灾。他从小道消息得知，此次负责案子的警方检察官仍然是马雷斯警官，也就是上一次把他抓起来的那个人。更糟的是，他的岳母蒙特维尔夫人请求国王签署国王通缉令，要求快速把萨德缉拿归案，投进监牢。很显然，让马雷斯警官负责他的案子也是丈母娘的主意。既然妻子佩拉吉一直都在默默地支持他，丈母娘大人为何要如此恼羞成怒呢？萨德回忆着他与罗斯·凯勒性交的场面，不明白有什么可以大惊小怪的。

1768年4月初，萨德侯爵在巴黎郊外的奥克鲁尔租了一座小屋。他在那里自由地纵情欲海，品尝性爱的欢乐。他经常把妓女和女演员带到小屋来，放弃尊严，尽情满足自己的欲望。4月3日，萨德见到了罗斯·凯勒，一位新近守寡、正在失业的厨子。她身上的某种东西——可能是她的天真吸引了萨德。萨德侯爵把她带到小屋，告诉她说有一些简单的家务琐事要做，完成后会付给她报酬。然而，一进屋子，萨德就要求凯勒脱掉衣服。当她拒绝他的无理要求时，他撕掉了她的衣服，把她赤身裸体地绑在床上。凯勒请求他的怜悯，但不幸的是，凯勒楚楚动人的请求恰好激发了萨德的兽欲。在萨德看来，性欲与痛苦是连为一体的——事实上，对他来说，快乐与痛苦是根本无法区分的感觉。他用九尾鞭抽打凯勒的屁股，直到打得皮开肉绽，然后把刀子刺进她的皮肤，紧接着又把烧热的蜡烛滴进她的伤口。她越是尖叫，他就越感到兴奋和刺激。

上帝赋予的权利

萨德作为贵族后裔、波旁王室的远亲，相信上帝赋予他权利，让他为所欲为地放纵欲海。他曾这样写道："我想依着来自于真实自我的冲动生活。为什么这会如此艰难呢？"

萨德希望享受所有的贵族特权，但没有丝毫的责任感。另一次，在反思"邪恶"这个概念时，他写道："如果你喜欢邪恶，那表明老天有意让你作恶。如果你不去做，那才是真正的作孽。"

后来，凯勒在萨德离开小屋之后，趁机逃了出来。她把亚麻床单撕开做成绳子，从窗户那里把自己吊放了下来。很快，附近的当地村民发现了满身是血、语无伦次、正在徘徊的她。他们替她包扎了伤口，把她送到了当地警察局。听了她的叙述之后，他们决定对萨德提出正式起诉。

萨德暗自琢磨着那天晚上发生的事情，觉得唯一的错误就是，他不应该在没有付给凯勒应得的报酬之前让她逃走。他原本应该更聪明一点，不要给她独自呆着的机会。他相信，他有权按照自己的意愿使用她。但他也觉得，他应该更小心谨慎一些，把这个不妥协的“普通女孩”盯得更紧一些。

4月10日，萨德主动提出给凯勒一笔非常巨大的安抚费，让她保持沉默。然而，有关这件事的谣言已经获得了自己的生命力，它们在不断地强化和添油加醋之下，越长越茂盛。因此，萨德决定逃之夭夭，低调地过上几个月，直到人们淡忘他的轻率行为后，再返回巴黎或他在康普特的城堡。他必须付出一切代价，躲过马雷斯警官的追捕。但是，萨德还不知道，就在这一时刻，马雷斯检察官已经开始对他进行收网。4月14日，萨德落入法网，随后在监狱里呆了六个多月。

成长的岁月

多奈庭·萨德出生于1740年6月2日。他的成长经历可以说是非常罕见。母亲没有时间照顾早熟的儿子，也不懂得给儿子展示母爱或慈祥。刚一出生，他就被送到了附近的修道院，由那里的修女抚养。他的父亲是法国宫廷派往巴伐利亚的大使。他性格冷淡、牢骚满腹。就任大使期间，由于不善管理，财务出现问题，受到上司的责难，一直没有能够得到升迁的机会。因此，他在贵族中一直处于较低位置。他的父亲还是一名双性恋者，肆意放纵自己的激情，而且常常当着儿子的面。尽管萨德很爱他的父亲，也尊敬他，但他的感情并没有得到父亲投桃报李的回报。这一点对他影响深远。

> **人生哲学**
>
> 萨德刚成年时，他的人生哲学可以总结为：“人类所有的幸福在于男人的想象力。男人不可能获得幸福，除非他臣服于他所有的任性。最幸运的人，是能用多种方式和手段满足自己奇思妙想的人。”

萨德五岁的时候，被送去与祖母一起生活。他的五位姑姑对他宠爱有加，但这种宠溺促成了他的早熟。对这段生活，他后来评价道：“我受到的奉承使我变得傲慢、专横，脾气暴躁，易怒。”他有四个姑姑做了修女，但这似乎并没有妨碍她们经常参加狂欢聚会。虽然鸡奸在当时的法国是非法行为，但当时许多法国贵族都有这种性行为，萨德的家庭也不例外。

后来，萨德又被送去与他的叔叔阿贝·萨德一起生活。叔叔阿贝是一名牧师，但他拥有情人，而且还开着一家妓院。阿贝也是双性恋，把性欲看作重要的娱乐追求，经常参加修道院和修女院高墙之内混杂着牧师、修女和妓女的狂欢聚会。萨德从儿童时代起，就懂得教廷道德教化的虚伪，对此十分鄙视。他后来写道："宗教是暴政的摇篮。"

十岁的时候，萨德再一次被连根拔起，送到了著名的耶稣会学校——路易大帝学校。在这所学校里，严格的宗教教育时常伴随着严酷的体罚，鞭打事件每周都有发生，缘由却往往只是因为各种轻微的过错。在这里，萨德发现，他对这种鞭笞具有强烈的兴趣。与其他同学不同，他开始向往和期待这些酷刑的降临。萨德在他人生的这个阶段，第一次把痛苦和快乐联系在了一起。也就是从这一时期开始，他开始尝试鸡奸式性交。

十五岁时，萨德被转到一所非常优秀的军事院校，很快被接纳为国王麾下的轻骑兵。1757年，七年战争爆发，萨德开始得到迅速升职的机会。1757年年底，他被任命为卡拉比尔战役的"旗手"。十八岁驻扎在德国时，他参加了一场严酷的战斗，表现英勇，因而再次获得提升。这一次，他当上了上尉。

据说，外表上有点儿像纨绔子弟的萨德在军队逐渐成长为潇洒帅气、魅力十足的领导人。但他不能接受批评，也不愿从自己的过错中吸取经验教训。这个缺点成为他人生中最主要的败笔。他性格傲慢，脾气粗暴，任性无比，不善于妥协。他穿梭在各种各样的女演员和妓女之间，同时脚踩几只船，完全沉迷于欲海情魔之中。

性虐待的根源

七年战争之后，萨德发现自己这个"自由的灵魂"，很难接受来自上级的命令，于是就从军队退役了。返回巴黎后，他在追求著名女演员和与妓女的性实践中消磨时光。1763年4月，他迷上了来自外省贵族家庭的劳拉·劳里斯女士，并向她求婚，但她拒绝了他的求婚。他恼羞成怒，出于斗气，当众指责劳拉，说她让他得上了淋病，使她非常难堪。萨德的情绪越来越不稳定，剧烈波动已经到了令人可怕的地步。他的父亲也开始为儿子感到担心，快速地撮合成了儿子与蕾妮-佩拉吉·蒙特雷尔的婚事。佩拉吉家的社会地位较低，却非常富有。萨德在结婚前两天，才见到佩拉吉。尽管毫无热情，但他还是默许了这场婚事，仅仅是为了安抚父亲。他们于1763年5月17日结婚了。

佩拉吉在许多年中都爱着自己的丈夫，用任何可以想象的方式支持他，甚至购买青春年少的少男少女供他取乐。然而，萨德觉得妻子相貌平平，面色苍老，缺乏性吸引。从他的人生哲学来看，他也反对婚姻的束缚。在度过几年的婚姻生活后，他写道：“婚姻生活很恐怖，其中最令人恐怖、最令人不愉快的是人类为自己所设计的不适和束缚。”然而，他的父亲虽然对儿子关心甚少，对这场婚姻却非常满意。他写道：“对我而言，这场婚姻最好的地方，就是放下了这个孩子的负担。他身上没有一个好品德，却具有所有的坏毛病！”

在他们结合后的几个月中，萨德说服妻子，与他一起组织巴黎花园舞会。这些所谓的“舞会”实际是各种性变态，尤其是群交和鸡奸的聚会。萨德喜欢把性与社会禁忌，特别是亵渎上帝的行为结合在一起，震慑一起寻欢作乐的玩伴。佩拉吉虽然不是特别喜欢性变态，但她担当了萨德的帮凶，因为她愿意做任何让丈夫感到快乐的事情。但不幸的是，1763年10月，萨德卷入了他人生中的第一桩大丑闻。

苔丝塔德丑闻

珍妮·苔丝塔德是一位非常有吸引力的妓女。萨德为了得到她的青睐花了很多钱，带着她去了一家租来的公寓。当苔丝塔德告知萨德，她是天主教徒时，萨德丧失了所有表面上的平静。他把圣杯和十字架作为性工具，用一连串亵渎圣明的方式对她进行性虐待。当她对这种亵渎圣灵的行为发出抱怨时，

无神论者和无政府主义者

对于上帝，萨德坚持认为，“世上没有上帝。大自然足以塑造好她自己，没有理由再需要一位创造者”。对于法律，他写道：“栖居于激情之中的法律，难道不是更危险吗？把有史以来的无政府状态和任何一个国家最牢固的法律体系加以比较，你更喜欢也会真的看到，只有在法律保持缄默时，才会出现伟大的行为。”

萨德尖叫道："如果你是上帝，你就自己来报仇。"萨德强迫苔丝塔德用九尾鞭抽打他，然后把圣饼塞进了她的阴道。他挥舞着剑，强迫苔丝塔德否认上帝的存在，逼迫她重复亵渎圣灵的话语。苔丝塔德既恐惧，又厌恶，她设法逃了出来。第二天一早，她就到警察局报了案。十天以后，警官马雷斯逮捕了萨德，把他关在文森斯的地牢里。惊骇于萨德的行为，马雷斯警官向巴黎所有妓院的老板发出警告，告诉他们不要让妓女单独与这个恶魔呆在一起。从这时起，马雷斯就盯上了萨德，在后来的许多场合，他都逮捕和关押过萨德。

1767年1月，萨德的父亲去世，没有人能够再来约束他的过激行为，萨德变本加厉地寻求过分离谱的刺激。他重新装修了自己的"拉考斯特"城堡，专门设置了放置性爱作品和性玩具的房间。他和崇拜他的妻子在那里举行了许多"特别的疯狂酒会"。

萨德小说《朱丽艾特》中的版画所刻画的狂欢场面。在18世纪的法国，尽管鸡奸是非法行为，但许多法国贵族都有这种性行为

罗斯·凯勒之后的生活

萨德因罗斯·凯勒性虐待事件被关进了监狱。从监狱放出来后，他的行为比以前更加放荡，性行为比以前更加荒唐猥亵。监禁没有对他起到威慑作用，他跌入了堕落的深渊，道德彻底沦丧。他甚至在性交过程中用呕吐物和粪便来震慑性伙伴。

1772年，对萨德来说是命运多舛的一年。7月，他组织了一次招来灾难的聚会，厄运再次降临。他在聚会中给客人们提供了各种各样的"西班牙苍蝇（一种春药）"，一些客人服用后突然发病，不得不送进医院抢救。其中一个叫玛格丽特·考斯特的客人向警察报案，说她被下了毒，遭到强奸和鸡奸。萨德听到将要遭到逮捕的风声，又逃跑了。他与他的男仆兼同性恋伴侣莱图尔，逃到了撒丁岛。他同时说服佩拉吉最小的妹妹安娜-普罗斯佩——他与她也有一腿——与他一起逃跑！这一次他因鸡奸罪，被缺席判处死刑！

萨德在撒丁岛度过了六个月。他的丈母娘一路尾随而来，直到把他逮捕归案。他被送进了米尔兰斯监狱。在那里，他装成十分听话顺从的模范犯人，看守相信了他的诡计，撤走了守卫。1773年4月30日，他设法成功地越狱逃跑。他十分傲慢地留下一封感谢信，感谢看守们对他的友好照顾。

在逃避追捕的过程中，萨德再一次发挥他的劝说才能，说服妻子佩拉吉收留了他。然而，几个月之后，他又故伎重演。这一次他发展成了恋童癖，迷恋上了侵害无辜儿童的丑恶游戏。在他的著作《闺房哲学》中，他这样写道："从这些年轻的心中，剥去和扼杀所有道德和宗教的虚伪外衣是多么美妙的事啊！" 1774年6月到8月，他利用妻子搜罗到六名花季少女，供他进行性娱乐。他不顾警方的通缉，胆大包天地把六位姑娘圈在他的拉考斯特城堡中，把她们当作他的私有财产，任他发泄。其中一位姑娘的父亲找到萨德，想要开枪打死他。但很可惜，萨德没有被射中。佩拉吉把所有女孩转移到了附近的修道院。萨德不得不再次逃跑。这一次他跑到意大利，躲了两年时间。

1777年2月13日，马雷斯警官终于抓到了萨德。他因强奸、酷刑和兽奸等多项罪名被判处徒刑，这一次他被关了十三年，大部分时间被关在文森斯监狱。最后，在1784年被转移到巴士底监狱。佩拉吉终于厌倦了丈夫的荒唐行为，提出了离婚。

这是他最后一次牢狱生活。在狱中，萨德开始致力于写作。由于无法把他的荒淫猥亵付诸实践，他决定把它们封存在自己的文字中。到1790年他被释放时，衣冠楚楚的他经过岁月的打磨，已经变成了体态臃肿、头发蓬乱的老头，模样滑稽可笑。

文学成就

萨德文学作品的主题永远只有一个：性欲是人类行为的主体。他

萨德侯爵在查林顿精神病院。他于1803年被关进这里，直到生命结束

提出，“相对于其他激情，性欲就如血液之对于生命。它支持所有的激情，带给它们力量……所有的野心、残忍、贪婪、报复都建立在性欲的基础之上”。他的作品尽管数量众多，但多有重复，而且常常令人十分不安。几乎所有的作品都围绕着强奸、恋童癖、恋尸癖、口交、鸡奸、乱伦、兽交、群交，还有用人类排泄物换取性快乐的“恋粪癖”和“恋屁癖”。从思想内容上看，他的思想理念非常简单：性变态和性犯罪是客观存在，因此，它们肯定是“合理的”。他劝说人们根据个人的本能采取同步行动。人们从他的作品总结出了一种现象——“萨德现象”。“施虐癖（Sadism）”和“受虐狂（Masochism）”两词即由此而来。

坐牢期间，萨德创作了一系列名气不大的色情文学作品。他的主要作品有：《索多玛的一百二十天》（1785年）、《朱斯汀娜》（1791年）、《朱丽埃特》（1798年）、《闺房哲学》（1795年）。在《索多玛的一百二十天》里，他列出了大约六百个施加在一群被绑架和奴役的青年男女身上的性变态行为。这本小说的描写极其生动逼真。他最著名的作品是《朱斯汀娜》，被人们形容为具有“腐蚀魔鬼”的能力。小说刻画了一个虔诚地相信上帝的姑娘朱斯汀娜的不幸生活。它的姊妹篇

《朱丽艾特》描写了朱斯汀娜的妹妹朱丽艾特的冒险生涯。她拒绝参加教会，信奉享乐主义，结果却过上了幸福快乐的生活。《闺房哲学》描写了特权阶层的一位青年贵族淑女性觉醒的过程。

公民萨德

1790年，萨德被释放出狱之后，他的职业生涯又有了起色和发展，作为激进的左派成员，被选入国民大会。他重新给自己取名为“公民萨德”。在法国大革命的鼎盛时期，他撰写文章，歌颂和支持法国主要革命领袖马拉特，非常明智地逃过了法律的追究。然而，萨德的色情作品还是给他惹上了麻烦。大家一致的说法是，拿破仑在1801年读了《朱斯汀娜》和《朱丽艾特》之后，下令逮捕萨德。他先是被送进监狱，后来又被转到一座堡垒。最终，在1803年，他被宣布得了疯病，关进了查林顿精神病院。

> 《朱斯汀娜》是最没有想象力的人涂写出的有史以来最令人作呕的书
>
> ——拿破仑·波拿巴

萨德不顾自己被关在精神病院的事实，继续他的创作。但他不得不偷偷地把写出来的东西带出去，用笔名发表。他还设法把疯人院里一位十三岁的女工玛德林娜·克拉克搞到了手。这段风流韵事从1810年起，一直持续到1814年他死为止。宫廷里的内政大臣禁止萨德写作，于是写信给精神病院院长，要求“（必须）采取最伟大的照顾，防止他使用铅笔、墨水和纸张”。

从历史角度来看，萨德是一位有历史意义的人物。他的作品引起强烈的争议。对有些人而言，他是性解放和政治自由的先驱，甚至有人称他为“有史以来最自由的灵魂”。另一些人把他捧为超现实主义、心理分析和存在主义的先驱。还有人把他看作法国文学史上最大的败类。他提出了极端对立的观点。如果这些观点没有起到别的作用，起码具有令人震惊的、充满活力的原创性。如果让他埋没在历史之中，我们会背上教条和专制的恶名。最起码，他确立了一种观点，作为人类，我们可以通过尝试每一件事逐渐了解人类自己，了解我们的信仰、我们的爱好和我们所厌恶并加以拒绝的东西。

动机：

愤怒
慈善
嫉妒
忠诚
贪食
贪婪
希望
性欲
骄傲
懒惰

皮鞭与《乡村花园》：珀西·格兰杰

主角：珀西·格兰杰（1882–1961），澳大利亚作曲家。

丑闻：施虐受虐狂，种族歧视者，死亡时他本人和他曾经广受欢迎的音乐已经被人们淡忘。

原因：有一位强悍的母亲，用宠爱和皮鞭交替对待他。

澳大利亚作曲家珀西·格兰杰是一位才华横溢的音乐家和音乐实验家。他还热衷于鞭笞自我，持有北欧种族至上的种族观念

除了性行为，我并不是一个坏家伙。但事实是，除了性，我真的对什么都不感兴趣，因此事情就变成了这样：除了性，我几乎不会想到任何东西。我所有的性幻想都充满着罪恶和残忍。

——珀西·格兰杰

珀西·格兰杰对待每一件事情都热情似火，不论是作曲、弹钢琴、发表荒谬的种族歧视演说、修改英语书面语，还是鞭打自己——或是他人——直到血流不止！这位澳大利亚出生的作曲家，在20世纪上半叶事业辉煌腾达。但是伴随着巨大成功的却是他古怪的行为和变态的性取向。然而，对格兰杰而言，音乐与他的变态是不可分割的。

珀西·格兰杰，1882年7月8日出生于澳大利亚的墨尔本。他的父亲约翰·格兰杰是一名建筑师，在建筑行业卓有成就，澳大利亚的许多公共建筑都是他设计的。然而，他酗酒成性，还从妓女身上感染了梅毒，并把这种脏病传染给了他的妻子萝丝。1891年，约翰·格兰杰"为了健康"去了伦敦，从此再也没有和妻子萝丝一起生活过。

珀西在学校受到同学的欺负。三个月之后，他的母亲萝丝接管了他的教育，在家里给他教英语、历史和钢琴。萝丝禁止珀西与同年龄段的孩子交往，他每天至少要练习两个小时的钢琴。在他练琴的时候，萝丝就坐在他的身边。母子之间的关系如此紧密，令人喘不过气来。

萝丝受过良好教育，爱好艺术、文学和音乐。她意志坚定、盛气凌人，控制着儿子生活的方方面面。她过去常常举着马鞭对待她的色鬼丈夫，现在如果儿子珀西不能好好完成功课的话，她就用鞭子抽他。鞭子就放在门厅的前面——时刻提醒他必须不断进步。

萝丝对儿子的期望值甚高。在她怀着珀西的时候，她每天都花时间对着一尊希腊神像静思，希望在她的子宫里有相似的形象出现。这种方法似乎有所奏效，因为珀西成了出色的钢琴家。珀西十二岁的时候，就举行了他的首场音乐会，音乐评论家们赞扬他为音乐神童。第二年，在一场公益演出中获得五十英镑报酬之后，母子两人动身前往德国。珀西在法兰克福霍克博士开办的著名音乐学校学习作曲和钢琴演奏。

"北欧高贵论"

珀西的种族观恰好是在德国期间逐渐形成的——这是来自萝丝的另一遗产。她向珀西传授和灌输斯堪的纳维亚神话和传说，珀西喜欢听这些东西。萝丝的家族成员全都是金发碧眼的北欧人，他们对自己的北欧血统引以为豪。萝丝还教育儿子要提防黑眼睛——珀西的父亲约翰·格兰杰就是棕褐色的眼睛。她的这种理论一定来源于此。

珀西把他对北欧高贵论的信仰也运用到了音乐之中，认为德国和意大利作曲家对音乐影响太大，这些音乐脱离生活，缺乏个性和创新，已经到了无可救药的地步。他认为盎格鲁—撒克逊和斯堪的纳维亚文化的文艺复兴时代即将来到。珀西的音乐作品非常超前，音乐中不规则的节奏和奇怪的时间标记使他的音乐领先于他所生活的时代。那些独特的元素往往出乎听众的意料，令人咂舌。

慢跑钢琴家

1901年，萝丝和珀西搬到了伦敦。由于他习惯跑着穿过一条条街道，在音乐会开始前的最后一分钟登上舞台（他喜欢在演奏前处于一种精疲力竭的状态），获得了“慢跑钢琴家”的名声。珀西旺盛的精力也使他充满了传奇色彩。有一次在南非巡回演出时，他在一个镇子上演出完后，还要去参加另一场演出。他步行一百零五公里，在第二天傍晚六点前赶到音乐会现场。在弹奏钢琴时，他的身体总是极大幅度地左摇右晃或不断抽搐。他有时一谈起音乐就滔滔不绝，更因为在一次演奏中间挪动钢琴而名噪一时。大多数钢琴演奏家对他们的双手倍加呵护，但如果珀西坐船旅行，就会毫不犹豫地脱掉所穿外衣，在锅炉房里帮助司炉铲煤。

珀西具有独特鲜明的个性。他长着一双蓝眼睛，目光锐利，满头浓密的厚发呈亮橙色。他从不戴帽子，有时还会穿短裤，这在当时几乎是够得上犯罪的行为。事实上，珀西在美国被警察抓过两次，他被误以为是流浪汉。在新西兰巡回演出时，受到毛利人的启发，他让母亲用颜色鲜亮的毛巾为他做成衬衫和短裤穿在身上。

由于频繁参加演出，珀西经常会遇到当时顶尖的作曲家和音乐家，所到之处受到社会各界的追捧和殷勤款待。1915年，珀西和母亲乘船到美国参加演出。之后，他们决定留在美国。当美国加入第一世界次大战时，珀西应召入伍，成为军乐队成员。在重要国事活动中，在美国总统面前演奏国歌和军乐。他还创作行军曲鼓舞士气。

珀西是民间音乐的先驱和领军人物，他有撼动音乐世界的强烈愿望。早在1906年，他就徒步在英国各地收集整理民间乐曲，用爱迪生腊筒录制所采集到的民间歌曲，成为英国第一个采用此法进行田野录音的人。1918年，经过反复琢磨之后，珀西把一首英国古老舞曲改编成了钢琴曲《乡村花园》。这首乐曲一经发表，立刻产生了不同凡响的效果。令人难以置信的是，它受到了全世界的欢迎。人们疯狂购买这首乐曲的乐谱，销售数量十分可观。《乡村花园》完全遮盖了其他音乐作品的光辉，使他的其他作品黯然失色。观众在他的音乐会上听不到他演奏这首乐曲，就不肯离去。渐渐地，珀西产生了厌烦之情。

珀西通过音乐会、乐曲录音和乐谱出售大赚了一笔，就和母亲萝丝搬进了位于纽约郊外白平原上的一所大房子。他让人在天花板上安装了两套防火设备，以保护他的手稿和作品。

与他在英国一样，珀西在美国也同样被称赞为天才，但他是个怪癖与音乐才能一样出名的天才。他乘坐火车旅行时从不坐卧铺，喜欢直直地坐在座位上睡觉；他很少穿大衣，即使是在最冷的天气，好像他体内燃烧的创作火焰在给他保暖一样；他只在饥饿的时候吃东西；他从不熨烫衬衣，连续数日穿着同一套衣服，还解释说，观众辨认不出它们之间的区别，他把大部分的收入捐了出去。

珀西是个自我暴露狂。他有时会为了媒体的利益，而夸大自己的癖好。但毫无疑问，他对他所说或所做的几乎每一件事，都不墨守成规。

鞭子与谣言

萝丝继续主宰着儿子珀西的生活。每当有朋友拜访儿子时，她都坐在旁边监听。她也能接受有朝一日儿子要娶妻生子的事实，偶尔会为他挑选女朋友。但过一段时间，她通常会找出各种理由让儿子结束这些关系。珀西永远只有服从的份儿。

珀西·格兰杰的性生活与其他任何与他有关的事情一样不同寻常。他亲爱

珀西·格兰杰的“自传式”博物馆于1935年在澳大利亚的墨尔本市正式开放。但直到20世纪60年代初期，研究者才真正接触到馆藏之物。博物馆内收藏了珀西大量的乐谱手稿和自制乐器（包括“袋鼠–鼠袋自由音乐机”等），甚至还收藏了他的一些作曲家朋友的衣服。同时，博物馆也是他的鞭笞嗜好的纪念馆，共藏有八十三条鞭子，由皮革、竹子和其他材料制成；护裆；一条沾满血迹的短裤和一些满是鞭打痕迹的珀西的粉红色臀部的照片。

的母亲手持皮鞭对他施以酷刑——这种行为一直持续到珀西十五六岁的时候——直到把他变成一个执著和渴望被鞭子抽打的鞭笞狂。他发现，抽打女人或被女人抽打最能激发起强烈的快感。我们能够知道这些细节，是因为珀西在写给朋友的数百封信中详细地描述了这些情节。在一封信中，他描述了他在荷兰一家书店碰到一些公开出售的关于鞭笞的书籍，“在我第一次参加在荷兰的演出之前，我没有急于阅读，我把它们收了起来——直到我的音乐会结束之后。我不想在音乐会之前消耗自己

珀西演出途中，经常遇到当时的顶尖艺术家。他走到哪里，都会受到社会各界人士的追捧。这是他与墨西哥演员、《飞翔舰队》男主角拉蒙·诺瓦罗（右）在一起。1929年

的精力。音乐会之后，我整夜地阅读这些书籍。我想，那是我人生中最快乐的夜晚”。珀西不带够二十根鞭子，就不会去参加巡回演出。

珀西在写给他的女朋友、一位名叫卡琳·霍尔敦的丹麦学生的信中，详细描写了他希望与她进行鞭笞的过程：“你身上不应该有丝毫的衣服，但我‘作为男人’，必须被允许戴上护裆，保护那令人生厌、十分脆弱的男性器官（珀西为保护眼睛和生殖器设计了若干件防护装备）。我想鞭子抽打在乳房上，你一定会极度疼痛。难道你不这样认为吗？”他还给她写信说，他想要孩子，梦想着也用鞭子抽打他们，“去鞭打那柔软的、从未受到伤害的皮肤一定非常美妙……而且，当我的女儿们开始有了性意识时，我会渐渐与她们分享性欲方面的知识……”所幸的是——必须这么讲，珀西从来没有过孩子。

珀西继续与他的母亲保持着最强烈的关系。尽管备受梅毒折磨——梅毒在当时属于不治之症，萝丝依然是美丽漂亮的女人。他们母子常常被人误以为是夫妻。1922年，有谣言说他们之间有乱伦关系。谣言好像是从许多年轻女子中间开始传播的，她们痴迷于珀西·格兰杰，对他母亲对他的控制非常憎恨。这些谣言似乎超出了萝丝的承受能力，她开始遭受噩梦和幻觉的折磨，精神和身体健康开始迅速恶化。有一天，萝丝去找珀西在美国的经纪人安东尼亚·索亚。经纪人的办公室在纽约风城大厦十八层楼上，萝丝对索亚抱怨说她感觉不舒服。索亚起身去找大夫给她拿药。当索亚离开之后，萝丝站在椅子上，从窗户里跳了下去，身体落在了十四楼以下毗邻建筑物的屋顶上。当医生赶到时，萝丝的意识还很清楚，但没过多久她就停止了呼吸了。在洛杉矶爱乐音乐厅，珀西刚刚从一场座无虚席的音乐会舞台走下来，就有人递过一封电报，告诉他这个令他痛彻心扉的消息。

后来，珀西在整理萝丝的遗物时，发现了一封萝丝在临死前一天晚上写给他的信。上面写道：“你必须讲出真相——不管我说过什么——我对你的爱或你对我的爱，没有一分钟是错误的——也丝毫没有产生过那样做的瞬间念头。整个事情逼得我要发疯了，我在为自己从来没有产生过的念头指责自己。你和我之间除了纯洁高尚的母子之情，没有任何不正当的暧昧关系。没有人会相信——但你知道这是事实！”遗书上的签名是“你的可怜的疯了的母亲”。在以后的许多年中，珀西把这封信装在一个小盒子里挂在脖子上。他在冲动之下，烧毁了他与母亲之间的数百封通信，这次的鲁莽之举让他后来懊悔不迭。

与母亲乱伦的谣言似乎没有在珀西·格兰杰心理上留下阴影，因为谣言本身没有事实根据。除去别的不说，萝丝怎么也不会冒险给儿子传染梅毒。

母亲死后，珀西几乎像疯了一样。他编选了一部萝丝的相册，其中还包括两张她躺在棺材里的照片和她写的一些文字，以安慰自己痛苦的心。他印刷了数千册精美的相册，给每位朋友都送了一本，然后，独自一人外出旅游。

除了性，我不是一个坏家伙

1926年，珀西·格兰杰结束在澳大利亚的演出后，乘坐一艘轮船返回美国。途中，他遇到了三十七岁的瑞士诗人和艺术家艾拉·斯特罗姆。艾拉是蓝眼睛的北欧人，这让他十分迷恋和倾慕。她还长得像他的母亲，珀西对她一见钟情。两年后，在一次典型的自我促销演出中，在好莱坞露天剧场的一场音乐会上，面对着两万多名观众，珀西与艾拉结了婚。珀西演奏了他最新创作的乐曲《献给北欧公主》。他把这首曲子献给了他美丽的新娘。

> 与性生活有关的一切都完全让我倾倒。我喜欢单纯地在紧张激动、毫无休止的性思绪中嬉水、游玩……追随自己的欲望，偶尔在闲暇时进行创作。这就是我的生活方式。

珀西在他们结婚之前，给艾拉写了一封长信，详细说明了他的性趣味，她当时被惊呆了。但她爱他，如果她想和他在一起，除了参与——带着热情，别无选择！珀西写了另一封信，把它封存了起来，明确指示只有在他或艾拉，或者他们两人一起在鞭笞过程中死去，才可以拆开。

对珀西来说，鞭笞不只是畸形与变态，而且是他灵感的源泉，“许多孩子对动物非常残忍，许多小男孩对小女孩很苛刻，”他写道，“但随着他们渐渐长大，这种凶猛就逐渐减弱。可我在这方面一直没有长大，残暴是我音乐的主基调……”他花费了很多时间，为他的受虐行为辩护，证实他性格中存在的悖论。“除了性行为，我并不是一个坏家伙。但事实是，除了性，我真的对什么都不感兴趣，因此事情就变成了这样：除了性，我几乎不会想到任何东西。我所有的性幻想都充满罪恶和残忍。”

珀西对鞭笞的疯狂行为丝毫不感到羞愧。他认为，重要的是把鞭笞的过程详细记录下来，以供后世学习和研究。作为一位业余摄影爱好者，珀西把他和妻子的鞭挞过程记录了下来。为了能从各个角度自我拍摄，他在墙上和天花板上装上了镜子。他在每张照片的背后注上了拍摄日期和地点，还有鞭打的数目。

品位问题

直到生命的尽头，珀西都活得很有个性。他在遗嘱中请求剔除他遗体上的腐肉，把他的骨架摆在他献给自己的博物馆中展出。但墨尔本大学以品位为理由，拒绝实现他的愿望。

为了庆祝自己的人生和所有怪癖，珀西出钱为自己修建了一个博物馆。为了修建和维护这座博物馆，他把1934年和1935年绝大部分的收入捐给了墨尔本大学。他亲自设计了一座半圆形的博物馆，为博物馆捐献了大量的具有纪念意义的收藏品，摆设了一些石头，还请艺术家为他和艾拉做了真人石膏像和木雕，摆在博物馆四周。

“蓝眼睛英语”和“无节奏”音乐

珀西一直怀着稀奇古怪的想法与几个思想古怪的人保持往来。他是一个充满矛盾的混合体，而且一直是。他是一个社会主义者，却混迹于上流社会；他是个反犹太分子，却有许多犹太朋友；他信奉北欧高贵论，却为美国的黑人事业捐款，并把艾灵顿公爵捧为有史以来最伟大的作曲家；他甚至是一个憎恨蔬菜的素食主义者，他的主要食谱是米饭、牛奶、坚果、谷类和橙子。

珀西的种族信仰促生了他创造“蓝眼睛英语”的想法。在他创造的这种语言中，拉丁语、希腊语、法语或意大利语的词根统统被纯粹的盎格鲁-撒克逊（英语）词汇所取代。在他写的信件中，作曲家被称为“tone-smith（乐师）”，钢琴被称为“keyed-hammer-string（锤子键盘）”，饭馆叫作“eat-shop（吃饭的商店）”等等。他还憎恨传统上用意大利语作乐谱标注，因此“Poco a poco crescendo molto”被改成了“louden lots bit by bit”（渐渐变大）。

在20世纪30年代，珀西曾在好几所美国大学任教。他两次拒绝了大学授予他荣誉音乐博士，他说："我觉得我的音乐必须被看作是非教育的产品。"然而，30年代以后，作为作曲家和钢琴演奏家，他的职业生涯开始走下坡路。评论家们开始嘲讽他的作品，如他最受欢迎的《乡村花园》，他的乐谱没人愿意印刷，其他的音乐家也不再演出他的作品。但珀西却急切地希望别人听到他的音乐，他做低收入，甚至无收入演出，条件是他能够在节目中演出一些自己的作品。结果，这样的举措完全终结了他在音乐会演出方面的收入。

第二次世界大战后，珀西致力于所谓的"自由"或"无节奏"音乐创作，这种音乐主要模仿大自然的声音。从他还是个小伙子的时候起，珀西就一直梦想能够创作出这样的音乐。他开始制作一些奇怪的演奏器。他利用牛皮纸、绳子、牛奶瓶、棉花卷筒、乒乓球、吹风机和任何随手可得的东西充当制作乐器的材料。他制作的乐器中有一个叫"袋鼠-鼠袋自由音乐机"，是一个以两个半卷的垂直地毯卷为主要特征的三米高的玩意儿。珀西和他忠诚的妻子艾拉穿着他们最好的衣服（为了避免被逮捕），在夜晚冒着风险从废弃物中寻找制作材料。他在一些音乐中采用了简单的电子技术，因而被尊崇为电子音乐的先驱。但在当时，大多数人认为他是个疯子。他没有能够制作出一台完整的电子音乐机。

珀西六十多岁时，精力还像三十几岁的人那样充沛旺盛。但他晚年中的最后几年，受到腹腔肿瘤的折磨，癌症最终在1961年夺去了他的生命。他死时几乎被音乐界遗忘了。

毫无疑问，珀西因各种各样的怪癖和另辟蹊径的坚定决心，把他的事业搞得一团糟。而他所有的习性和怪癖，又都与他的母亲有着千丝万缕的联系。他在临终前写到，他与他母亲的关系，是"我生命中唯一真正充满激情的恋情"。但没有他的母亲，也不会有他的事业与成就。有一次当被人问到他是否继承了音乐天赋时，珀西说他不相信音乐天赋，尤其是他没有任何天赋，自己的事业"完全是因为我母亲的影响和她想让我成为作曲家的愿望"。他还应该再加上一点，那就是母亲对他无时无刻的鞭策！

动机：

愤怒
慈善
嫉妒
忠诚
贪食
贪婪
希望
性欲
骄傲
懒惰

患有强迫症的亿万富翁：霍华德·休斯

1938年处于事业巅峰的霍华德·休斯。霍华德是美国飞机制造商和电影大亨。1946年在一次飞机失事中身受重伤，逐渐淡出事业，过着隐居生活。1976年去世

主角：小霍华德·罗伯特·休斯（1905–1976）。实业家、飞行家、电影制片人。

丑闻：从英俊潇洒的亿万富翁蜕化为深受毒瘾折磨、衰弱古怪的老人，身旁没有朋友或家人。

原因：强迫症患者，瘾君子。

我不是神经错乱的偏执狂百万富翁！该死！我是个亿万富翁！

——霍华德·休斯

1976年4月，实业家霍华德·休斯曾经的左右手罗伯特·马耶四处打电话求证最近听到的谣传——休斯，世界上最富有的人，真的死了吗？或者，这是休斯身边那些人为了摆脱媒体骚扰编造的又一通遁词？这位隐匿世外的亿万富翁似乎一直被谣言包围着，每周都有新谣言传出。罗伯特·马耶在联邦调查局和中央情报局都有熟人，决定查个水落石出。他的关系告诉他，验尸官正在对一具疑似休斯的尸体进行解剖。但麻烦的是，休斯已经有二十来年没有公开露过面，尸体的外貌与联邦调查局存档的资料大相径庭。他们不得不采用指纹鉴定技术，来确定死者的真实身份，因为休斯有二十亿美元的遗产等待分配，容不得半点儿马虎！

第二天，马耶得到了他想要的情报——霍华德·休斯真的死了！死亡日期明显比4月5日要早几天。他是在乘坐私人飞机前往休斯敦医疗中心的途中去世的。在送往医院之前，他已经昏迷了三天。听到这个消息，马耶愤怒了，他强压着怒火说道："如果长期疏于照料也是一种武器的话，他们（休斯身边信赖和依靠的摩门教徒）用这种武器杀了他！"马耶已经有近十年时间没有见过休斯了，但一提起他来，还是气得发抖！根据他在情报局的朋友传出来的消息，以前那个风度翩翩、叱咤风云的休斯，在死去时已经变为过去的影子，可怜可叹！尽管他的个头有一米九高，但验尸报告提供的数据表明，由于营养不良和严重脱水，他的体重只剩下四十来公斤。他浑身肮脏，没有剃须，胡子长得就像瑞普–凡–温克的胡子一样；他的头发长达腰际，油腻恶心，发出阵阵恶臭；指甲有二十厘米长，向内卷曲着；脚趾甲也有十厘米之长，长满黑色污垢。休斯的食谱显然以甜食、蛋糕和广告食品为主，他的牙齿由于长时间没有得到清洁，已经全部腐烂了。显而易见，休斯有一年多时间没有洗过澡了，自然而然，身上油腻不堪，散发着令人作呕的难闻气味。验尸报告还揭示了一个惊人的事实，他的两只胳膊上，有几十个注射针头的针孔，已经发炎腐烂，甚至连腿上也有。这些针孔，明白无误地表明他的血液中可卡因（采自鸦片的镇痛剂）的含量已经达到了致命水平（1.9微克）。糟糕的身体状况赫然表明，休斯没有得到应有的良好照顾，他被人十分凄惨地疏忽了！

在马耶的心中，有一点是确定无疑的，休斯身边的摩门亲信杀了他！马耶认为，如果他还继续负责工作的话，这一切永远不会发生。但马耶早在1966年，就失去了信任，被休斯无情地抛弃了。当时，公司内部的摩门教徒赢得了休斯的信任，休斯选择了相信他们而放弃马耶，然后乘着夜色跑到拉斯维加斯去了。就这样，马耶被不清不白地甩掉了。马耶在心里叹息，这是一条多么可悲的道路呀！

休斯曾经是多么地光辉耀眼，高高在上，仿佛一位漫画书中的人物——牛仔飞行员、好莱坞电影制片人、花花公子、爱国军火制造商、特立独行的金融家、暴徒的克星。而现在，由于疏于照料，他悲惨地死去了！

杰出的电影制片人

小霍华德·休斯出生于1905年12月24日。他的父亲老霍华德·休斯是钻探石油使用的双锥旋转钻头的发明者。这项发明在石油钻探史上具有革命意义，改变了石油开采的作业形式。老霍华德·休斯由此在1909年获得专利权，成为百万富翁。不幸的是，他并没有多少时间疼爱自己的儿子。母亲是小霍华德·休斯的生活中对他产生主要影响的人物，但她与丈夫一样，也在很早的时候就死去了。到十九岁时，休斯已经失去了双亲。不过，他的母亲给自己的儿子留下了深远的影响。作为强迫症患者，她对病菌十分恐惧，坚持让休斯每天洗几十遍手。她订立了许多规矩以消除病菌和细菌的影响，甚至不让休斯和其他孩子玩耍，认为他们可能携带着潜在的病菌。如果小休斯稍有鼻塞或咳嗽的症状，她就会领他去看医生。霍华德·休斯在后来的岁月里，逐渐继承了母亲的许多怪癖。从20世纪50年代起，他就深受强迫症的困扰。

1976年12月13日美国《时代》杂志的封面。杂志介绍了年老体衰、早已被人们遗忘的霍华德·休斯

1924年，老霍华德·休斯去世，当时刚满十八周岁的小休斯继承了父亲在“休斯工具公司”百分之七十五的遗产。因不满于持有少数股份的亲戚对他的横加干涉，休斯走上法庭，确立了自己的成人继承身份。

然后，他从亲戚手中，收购了所有剩余的股份。

父母都已离开人世，霍华德只好从一位叔叔那里寻求建议。这位叔叔是好莱坞戈尔德温电影工作室的编剧和创作人员。由于这个便利条件，休斯决定进军电影行业。休斯热衷于自己的事业，对其一生所从事的每一项事业，都全情投入。这一次也不例外，休斯充满激情地全身心投入了电影这个新的行业。1925年，休斯与莱斯大学校长的千金艾拉·莱斯喜结连理，之后搬到好莱坞，开始了电影投资事业。他的第一部影片《全体行动》没有获得商业成功，但他非常精明，很快找到了问题的症结。休斯雇用了诺阿·迪特里奇，负责休斯旗下的电影分公司。迪特里奇不负重望，为他创造了丰厚的利润（每年超过五千万美元），而且是年复一年。1928年，休斯完成了他的第二部电影《阿拉伯之夜》的拍摄。这部电影在票房上大获成功，获得了奥斯卡最佳喜剧片奖。接下来的《地狱天使》（1930年）表现了第一次世界大战中的空战历史，但这部电影带给他许多创伤。休斯，患有强迫症的完美主义者，在这部电影上投入了三百八十万美元，创下了有史以来投资最大的电影纪录。这部电影的票房虽然很可观，但仍然没有能够完全收回成本。休斯对拍摄过程中的细节要求非常苛刻，例如，他对天空中的朵朵白云或乌云密布非常在意，为了取得逼真的天气效果，《地狱天使》的拍摄工作被他延迟了数周，直到天空中出现大片轻柔松软的云彩——他争辩说，没有云彩，飞机看上去是静止的，不真实。《地狱天使》拍摄接近尾声时，三名飞行员在拍摄中失去了生命，已经考取飞行执照的休斯自行驾驶飞机，潇洒自如地完成了一些关键和艰难场景的拍摄。在拍摄过程中，为了取得飞机坠毁的镜头，他甚至设法坠毁了自己驾驶的飞机。

> **强迫症**
>
> 强迫症是一种焦虑性的神经紊乱，以反复持久的强迫观念或/和强迫动作为主要症状。强迫动作如不断清洗、检查和清洁自己的双手，以减轻强迫的感觉。但是，这些动作只能暂时缓解或解脱患者的痛苦，当患者停止这些行为时，焦虑就会大幅度增加。

休斯拍摄和制作了一系列成功的电影，其中最重要的是《伤疤脸》（1932年）、《比利小子》（1942年）和《不法之徒》（1943年）。从20世纪30年代开始，休斯与电影审查部门之间发生了不可调和的冲突，使得电影迟迟不能发行。例如，由于影片审查部门认为电影歌颂了暴力和犯罪，《伤疤脸》一直无法发行。最后，休斯不得不动用法律武器，把审查人员告上法庭，影片才成功发行。《不法之徒》也因其中的暴露情节和男女主角之间的性爱场面而成为丑闻。它早在1941年即拍摄完成，但直到1946年才公开发行。《不法之徒》也是休斯执著于细微情节的一个范本。在电影制作的过程中，休斯发现女主角简·拉塞尔所穿的衬衣紧束在身上，以至于看起来她每边胸部上有两个乳头。为了解决这个问题，休斯动心思专为拉塞尔设计了半罩杯的胸罩，使之看起来又自然又性感。

大约就在这个时期，休斯的强迫症症状变得越来越明显了。他命令家里的厨师和仆人，必须对他所吃的所有豆子进行测量——豆子是他喜爱的食物，大小必须完全一致。他甚至专门设计了一种叉子，用来测量豌豆。如果发现盘子里有一颗豆子比其他的豆子大一些或小一些，休斯就会突然大发雷霆。

1929年，休斯与艾拉·莱斯的婚姻宣告结束。他从此走上追逐好莱坞女明星的猎艳之旅。他把自己视为花花公子。据说，他与凯萨琳·赫本、贝蒂·戴维斯、爱娃·加德纳、吉恩·蒂尔尼、贝瑟·拉维等知名演员睡过觉。还有证据显示，他可能是双性恋。据说，他与本·里昂、卡里·格兰特、杰克·布埃勒发生过性关系。不幸的是，也就是大约在这一时期，他染上了梅毒，手上开始出现疱疹。从被诊断出梅毒起，休斯坚决拒绝与任何人握手——这给人造成一种傲慢无礼、目中无人、高高在上的印象。实际上，他是在极力防止给他人传染这种可恶的疾病。很难讲休斯后来的古怪行为是由于强迫症引起的，还是第三期梅毒造成的。

飞行家休斯与飞机制造商

在拍摄《地狱天使》期间，已经获得飞行员资格的休斯迷上了与飞行、航空机械、飞行速度、距离测定等相关的各种技术。1932年，他创立休斯飞机公司。作为休斯工具公司下属的一个分公司，他全力以赴地钻研当时最先进的飞机设计理念和制造工艺，多次打破了当时已有的航空纪录。1934年，休斯在迈阿密全美航空比赛中独占鳌头。1934至1935年，休斯公司推出了当时世界上最先进的H-1型飞机，休斯亲自驾机对其性能进行了测试。1935年9月，休斯创造了每小时飞行五百六十六公里的最新世界纪录。H-1型飞机因其优良的技术性能而闻名于世：可伸缩起落架，机身的铆钉和接头是内镶式冲洗钢铆，可以减少空气阻力。1935年到1937年之间，休斯创立了两项横跨大陆的飞行纪录。1938年7月10日，休斯驾驶一架洛克西德“超级电动”飞机进行了三天零十九小时的环球飞行，打破了他人先前保持的令人惊奇的四天环游世界的飞行纪录。他还把从巴黎林伯格机场到纽约机场的飞行时间缩短了一半。休斯获得过多项航空奖项，深得同行的赞誉。

进入1940年之后，休斯致力于设计和制造带有加压舱的民用飞机，一切进展顺利。但到1946年，在洛杉矶上空试飞XF-11美军侦察机时，飞机发生故障，休斯在这次飞机事故中差点儿丧命。绝望之中为了自救，他想方设法把飞机降落在洛杉矶乡村高尔夫球场上，但由于飞机失去控制，最后撞毁了三栋房屋并引燃大火。休斯幸运地活了下来，但锁骨处骨折，六根肋骨折断，肋骨刺穿了肺部，双手、手臂和大腿大面积烧伤。所幸的是，刚好在附近访友的美国海军陆战队军士长威廉姆·德金把休斯从失事飞机中拖了出来。在医院接受治疗的过程中，医生采用了大剂量静脉吗啡注射，休斯因此染上了毒瘾，有生之年不得不与鸦片为伴。

休斯在“云杉鹅”的驾驶舱里。1947年11月，洛杉矶

第二次世界大战爆发后，休斯把他的时间和精力投入到了军用飞机的生产制造上。但他严格要求保密技术，同时又讨厌军事协议的要求和限制，这就意味着他在这方面不会太成功。他有两次都没有定期完成合同，结果公开受到嘲笑。而最大的尴尬来自建造HK-1大型运输飞机。这种飞机被人们称为“云杉鹅”，其设计理念是制造一艘巨大的“飞船”，机身选用的材料主要是白桦木，因此这实际上是一种大型的木制货运飞机。不幸的是，这架飞机直到1947年二战结束后，才制造完成。原因是飞机的设计和构造非常特殊，几乎没有试飞员相信这架飞机能够起飞。1947年11月，休斯亲自驾驶飞机进行了试飞。他亲自操纵飞机在长滩港高出水面二十一米的上空飞行了仅仅一点六公里多一点儿。休斯

飞机公司在战争中表现如此糟糕，战后，他受到美国参议院战争调查委员会的传唤，质问他在战争中为何有如此多的军事合同没有如期履行。

到1954年，休斯身边的高级管理人员大多已经离开了这家公司，理由基本上大同小异。休斯有强迫症式的控制欲，但同时又优柔寡断，令人绝望，这成为他在商业活动中最主要的困扰。50年代，他参与了多个项目的生产制造，包括飞机设计和制造，直升飞机、卫星、无线电和电子原件生产、武器导航系统、军备设施和慈善事业。此外，他表示支持美国中央情报局，允许他们在需要的时候把他的公司作为前沿阵地。1954年，美国空军部长命令他立刻下台，任命称职的管理人员。由于担心失去获利丰厚的国防订单，休斯任命劳伦斯·“帕特”·海兰德接管了他的职务。

休斯十分迫切地希望找到一位值得信赖、精明能干的得力助手。到1957年时，他的药物成瘾已经变得不可救药了，不得不过上了隐居生活。他常常连续几天把自己关在黑房子里，避免与人接触，通过备忘录与职员交谈。那一年，他与女演员琼·彼得斯结婚了。但几个月之后，他们就分居了。休斯在再三犹豫之后，让罗伯特·马耶接管了他的生意。马耶曾在联邦调查局干过，休斯感到与他在一起很舒心。他付给马耶五十二万美元的年薪，给他乘坐私人飞机的权利，并给他空白支票用于费用支付。马耶这样描述这次合作：“他（休斯）决定让我成为他的第二自我，以便他永远不用再公开露面。”

大约就是从这个时候起，霍华德·休斯退出了公众视野，街头小报不断报道发生在这个事业辉煌、声名显赫的人物身上的任何琐事，尤其是他的行为和行踪。大报纸也隔三差五地变换内容，报道他身患绝症、死亡、精神错乱、身体残废、性变态等消息！

根据大多数传记作者的描述，休斯此时的行为越来越古怪了。他把尿液储存在坛子里，然后把坛子放在橱柜里。因为害怕细菌感染，他只用纸巾拿东西。但矛盾的是，他不再洗澡，好像他只担心其他人给他传染上病菌，而不担心他自身会携带细菌。他有时会穿上纸巾盒，作为临时的拖鞋。他关掉所有的灯，光着身子看电视，一连数小时一动不动。尽管他定期去看医生，却非常固执，很少听取医生的建议。

摩门教心腹和拉斯维加斯

1966年，休斯以五亿四千六百万美元的价格出售了他在环球航空公司的股份。他想要迎接新的挑战，但又害怕与媒体、其他管理人员和一般人打交道，这种恐惧已经到了无可救药的地步。渐渐地，他开始不再信任马耶，却越来越依赖由摩门教徒组成的商人圈子。这些人包括比尔·盖伊、切斯特·戴维斯、雷蒙德·郝里德。尽管休斯不是后期圣徒运动的成员，但他认为他们充满活力、值得信赖。此时，他对马耶的看法已经发生了巨大的变化，形容他是一个“没有良心、缺乏诚信的婊子养的，当我瞎了一样偷我的东西”。休斯在马耶毫不知情的情况下作出决定，把他的随行人员从一个酒店转移到了另一个酒店。在完成巴哈马和伦敦的访问之后，他把自己的未来发展的大本营定在了拉斯维加斯。1966年11月27日，休斯带着他的随从到达拉斯维加斯，之前丝毫没有向马耶透露他的去向。开除马耶之后，休斯制定了一个长远规划。他要买下拉斯维加斯的赌场和旅馆，要改变拉斯维加斯的肮脏形象。他这样说道：“我喜欢把拉斯维加斯想象成一位衣冠楚楚的绅士或一位珠光宝气的美丽女郎正从一辆豪华轿车里走出来的样子。”

> **核威胁**
>
> 休斯对核辐射非常恐惧，他命令马耶向两位总统候选人理查德·尼克松和林登·约翰逊各提供一百万美元，让他们停止在内华达进行的地下核试验。马耶担心这个消息泄露出去后来自媒体的反应，决定不让两位总统候选人知道休斯想要行贿的事。

休斯在深夜乘坐太平洋联合专列，到达拉斯维加斯，入住沙漠酒店的顶层。他在那里呆了十多天后，赌场老板莫伊·达利斯和拉贝·克拉德就变得很不耐烦了。酒店顶层是为挥金如土的豪华赌徒预备的，但休斯似乎没有离开的打算。达利斯非常生气地通知休斯的心腹：“从这儿滚出去！否则我们将扔掉你的屁股！”休斯叫来了工会领头人加暴徒吉米·霍发，请他出面干预此事。同一天，霍发给达利斯通了电话，很不客气地告诉他：“让我的朋友单独呆着！”最后，休斯决定解决问题的最好办法是买下沙漠酒店——他以一千三百五十万美元的价格收购了这家酒店，这个价格远远高于酒店的实际价值。然后，他继续进行疯狂收购，买下了一系列旅馆和赌场，包括卡斯塔威(现Mirage和Treasure Island所在地）、纽弗朗迪尔、置地广场酒店（现拉斯维加斯会展中心所在地）、银拖鞋（Silver Slipper）等。休斯为清理和整顿拉斯维加斯社会秩序立下了功劳，他帮助拉斯维加斯摆脱了黑手党的控制。

个人隔离

休斯给他的家政人员颁布了复杂而又详细的指令。例如，在给他递叉子或汤匙等餐具之前，必须先用餐巾纸把餐具包起来，然后用胶带封上，再在第一个保护层上裹上第二层餐巾纸。他还要求工作人员在转动房门把手时，手里要垫上六到八张纸。

自从安住沙漠酒店顶层复式套房以后，休斯就拒绝离开这个地方。他在黑暗的房间里一呆就是四年多。不过在此期间，他于1970年去过伦敦。在伦敦旅行时，他摔了一跤，造成髋骨骨折。但由于拒绝接受医生们的建议，手术后没有进行康复训练，因此造成长期卧床。他的精神变得极不正常，常常在地板上撒尿。他还养成了一个古怪的嗜好，一丝不挂地在公寓四周懒洋洋地闲逛——不分白天黑夜。同一时期，他还得上了电话恐惧症，与员工的所有交流都要通过手写的备忘录进行，而这些东西，常常既详细又怪异。这一时期，休斯的大部分时间是在毒瘾产生的梦幻中伴着电影度过的。由于长期失眠，他喜欢看电视，一直看到深夜。但当地的电视转播在凌晨一点结束，休斯对此很不满意。他与KLAS电视台老板进行协商，希望电视台在深夜播出西方和战争题材的影片。KLAS电视台的媒体大亨们对这些近乎无礼的要求同样感到很不可思议。据说，电台合伙人汉克·格林斯潘大声喊道：“他为什么不能买下这该死的东西，然后按照自己的方式去运作呢？”当手下把格林斯潘的反应告诉他时，休斯以三百六十五万美元的价格买下了这个频道——这是它实际价值的两倍。现在，如果休斯在看电影时打了瞌睡，就会下令让手下打电话给电视台，要求把错过的片段重新播放一遍。有时，他会一遍又一遍地反复观看同一部电影。有传言说，他喜欢《冰站斑马》这部电影，一共看了一百五十遍。

1976年4月，休斯卧病在床，变得十分麻木，他不愿花费心思去写遗嘱。休斯4月5日的死讯在开始时被怀疑为谣言——在过去二十年间，全世界的小道消息不停地报告他的死亡消息，但这一次无疑是真的。他留下二十亿美元的遗产，不得不通过法院分割。最后，他的二十二位堂兄弟瓜分了这些遗产。令人悲伤和具有讽刺意味的是，这位曾经取得辉煌成就、活力四射、勇于创新的成功商人，死时却异常地孤独——他的晚年被一群傀儡所包围，身边没有一位亲密的朋友或亲人陪伴。

图字：010-2010-7689号

图书在版编目（CIP）数据

历史大丑闻：我们不可不知道的历史事实 /［澳］埃德·赖特 著；李天紫译. -- 北京：群众出版社, 2011.10

ISBN 978-7-5014-4890-6

Ⅰ. ①历… Ⅱ. ①赖… ②李… Ⅲ. ①世界史—通俗读物 Ⅳ. ①K109

中国版本图书馆CIP数据核字(2011)第114439号

历史大丑闻：我们不可不知道的历史事实

著　　者：［澳］埃德·赖特
译　　者：李天紫
出版发行：群众出版社
地　　址：北京市西城区木樨地南里甲 1 号
邮政编码：100038
经　　销：新华书店

印　　刷：北京通天印刷有限责任公司
版　　次：2012年5月第1版
印　　次：2012 年 12 月第 2 次
印　　张：18印张
开　　本：787毫米 × 1092毫米　1/16
字　　数：260千字

书　　号：ISBN 978-7-5014-4890-6/K109
定　　价：38.00元

网　　址：www.qzcbs.com
电子邮箱：exiaoxiaohong@hotmail.com
营销中心电话（批销）：010-83903253
读者俱乐部电话（邮购）：010-83903253
读者服务部电话（门市）：010-83903257
文艺分社电话：010-83901730